"É TUDO NOVO", DE NOVO

COLEÇÃO
Mundo do Trabalho
Coordenação **Ricardo Antunes**
Conselho editorial **Graça Druck, Luci Praun, Marco Aurélio Santana, Murillo van der Laan, Ricardo Festi, Ruy Braga**

ALÉM DA FÁBRICA
Marco Aurélio Santana e
José Ricardo Ramalho (orgs.)

O ARDIL DA FLEXIBILIDADE
Sadi Dal Rosso

ATUALIDADE HISTÓRICA DA
OFENSIVA SOCIALISTA
István Mészáros

A CÂMARA ESCURA
Jesus Ranieri

O CARACOL E SUA CONCHA
Ricardo Antunes

A CLASSE TRABALHADORA
Marcelo Badaró Mattos

O CONCEITO DE DIALÉTICA
EM LUKÁCS
István Mészáros

O CONTINENTE DO LABOR
Ricardo Antunes

A CRISE ESTRUTURAL DO CAPITAL
István Mészáros

DA GRANDE NOITE À
ALTERNATIVA
Alain Bihr

DA MISÉRIA IDEOLÓGICA À CRISE
DO CAPITAL
Maria Orlanda Pinassi

A DÉCADA NEOLIBERAL E A CRISE
DOS SINDICATOS NO BRASIL
Adalberto Moreira Cardoso

A DESMEDIDA DO CAPITAL
Danièle Linhart

O DESAFIO E O FARDO DO
TEMPO HISTÓRICO
István Mészáros

DO CORPORATIVISMO AO
NEOLIBERALISMO
Angela Araújo (org.)

A EDUCAÇÃO PARA ALÉM
DO CAPITAL
István Mészáros

O EMPREGO NA GLOBALIZAÇÃO
Marcio Pochmann

O EMPREGO NO
DESENVOLVIMENTO DA NAÇÃO
Marcio Pochmann

ESTRUTURA SOCIAL E FORMAS DE
CONSCIÊNCIA, 2 v.
István Mészáros

FILOSOFIA, IDEOLOGIA E
CIÊNCIA SOCIAL
István Mészáros

FORÇAS DO TRABALHO
Beverly J. Silver

FORDISMO E TOYOTISMO
Thomas Gounet

GÊNERO E TRABALHO
NO BRASIL E NA FRANÇA
Alice Rangel de Paiva Abreu, Helena
Hirata e Maria Rosa Lombardi (orgs.)

HOMENS PARTIDOS
Marco Aurélio Santana

INFOPROLETÁRIOS
Ricardo Antunes e Ruy Braga (orgs.)

OS LABORATÓRIOS DO
TRABALHO DIGITAL
Rafael Grohmann (org.)

LINHAS DE MONTAGEM
Antonio Luigi Negro

A MÁQUINA AUTOMOTIVA
EM SUAS PARTES
Geraldo Augusto Pinto

MAIS TRABALHO!
Sadi Dal Rosso

O MISTER DE FAZER DINHEIRO
Nise Jinkings

O MITO DA GRANDE CLASSE
MÉDIA
Marcio Pochmann

A MONTANHA QUE DEVEMOS
CONQUISTAR
István Mészáros

NEOLIBERALISMO, TRABALHO
E SINDICATOS
Huw Beynon, José Ricardo Ramalho,
John McIlroy e Ricardo Antunes (orgs.)

NOVA DIVISÃO SEXUAL
DO TRABALHO?
Helena Hirata

NOVA CLASSE MÉDIA
Marcio Pochmann

O NOVO (E PRECÁRIO) MUNDO
DO TRABALHO
Giovanni Alves

A OBRA DE SARTRE
István Mészáros

PARA ALÉM DO CAPITAL
István Mészáros

A PERDA DA RAZÃO SOCIAL
DO TRABALHO
Maria da Graça Druck e Tânia Franco
(orgs.)

POBREZA E EXPLORAÇÃO DO
TRABALHO NA AMÉRICA LATINA
Pierre Salama

O PODER DA IDEOLOGIA
István Mészáros

A POLÍTICA DO PRECARIADO
Ruy Braga

O PRIVILÉGIO DA SERVIDÃO
Ricardo Antunes

A REBELDIA DO PRECARIADO
Ruy Braga

RETORNO À CONDIÇÃO OPERÁRIA
Stéphane Beaud e Michel Pialoux

RIQUEZA E MISÉRIA DO TRABALHO
NO BRASIL, 4 v.
Ricardo Antunes (org.)

O ROUBO DA FALA
Adalberto Paranhos

O SÉCULO XXI
István Mészáros

SEM MAQUIAGEM
Ludmila Costhek Abílio

OS SENTIDOS DO TRABALHO
Ricardo Antunes

SHOPPING CENTER
Valquíria Padilha

A SITUAÇÃO DA CLASSE
TRABALHADORA NA INGLATERRA
Friedrich Engels

SUB-HUMANOS
Tiago Muniz Cavalcanti

A TEORIA DA ALIENAÇÃO EM MARX
István Mészáros

TERCEIRIZAÇÃO: (DES)
FORDIZANDO A FÁBRICA
Maria da Graça Druck

TRABALHO E DIALÉTICA
Jesus Ranieri

TRABALHO E SUBJETIVIDADE
Giovanni Alves

TRANSNACIONALIZAÇÃO DO
CAPITAL E FRAGMENTAÇÃO DOS
TRABALHADORES
João Bernardo

UBERIZAÇÃO, TRABALHO
DIGITAL E INDÚSTRIA 4.0
Ricardo Antunes (org.)

Vitor Araújo Filgueiras

"É TUDO NOVO", DE NOVO

as narrativas sobre grandes mudanças no mundo do trabalho como ferramenta do capital

© Boitempo, 2021

Direção-geral Ivana Jinkings
Edição Carolina Mercês
Assistência editorial Pedro Davoglio
Preparação André Albert
Revisão Fernanda Lobo
Coordenação de produção Livia Campos
Diagramação Dadá Marques e Antonio Kehl
Capa Antonio Kehl

Equipe de apoio Camila Nakazone, Débora Rodrigues, Elaine Ramos, Frederico Indiani, Higor Alves, Isabella Meucci, Ivam Oliveira, Kim Doria, Lígia Colares, Luciana Capelli, Marcos Duarte, Marina Valeriano, Marissol Robles, Marlene Baptista, Maurício Barbosa, Raí Alves, Thais Rimkus, Tulio Candiotto, Uva Costriuba

---

CIP-BRASIL. CATALOGAÇÃO NA PUBLICAÇÃO
SINDICATO NACIONAL DOS EDITORES DE LIVROS, RJ

F512e

Filgueiras, Vitor
 "É tudo novo", de novo : as narrativas sobre grandes mudanças no mundo do trabalho como ferramenta do capital / Vitor Filgueiras. - 1. ed. - São Paulo : Boitempo, 2021.
 (Mundo do trabalho)

 Inclui bibliografia
 ISBN 978-65-5717-107-3

 1. Sociologia do trabalho. 2. Força de trabalho - Efeito das inovações tecnológicas. 3. Trabalho - Aspectos sociais. 4. Política de mão-de-obra. 5. Trabalho - Aspectos econômicos. I. Título. II. Série.

21-73964   CDD: 331.12
            CDU: 331.5.024.5

Meri Gleice Rodrigues de Souza - Bibliotecária - CRB-7/6439

É vedada a reprodução de qualquer parte deste livro sem a expressa autorização da editora.

1ª edição: novembro de 2021

BOITEMPO
Jinkings Editores Associados Ltda.
Rua Pereira Leite, 373
05442-000 São Paulo SP
Tel.: (11) 3875-7250 / 3875-7285
editor@boitempoeditorial.com.br
boitempoeditorial.com.br | blogdaboitempo.com.br
facebook.com/boitempo | twitter.com/editoraboitempo
youtube.com/tvboitempo | instagram.com/boitempo

SUMÁRIO

APRESENTAÇÃO 7

PREFÁCIO – *José Dari Krein* 11

INTRODUÇÃO 15

1. "É TUDO NOVO" 25
    1.1. Novo cenário internacional e políticas nacionais 26
    1.2. Novas tecnologias 31
    1.3. Novas empresas e novas relações de trabalho 34
    1.4. Novos trabalhadores 38
    1.5. As novidades e suas promessas 42

2. DE NOVO… 45
    2.1. Novo cenário internacional e políticas públicas 46
    2.2. Novas tecnologias 50
    2.3. Novas empresas e novas relações de trabalho 55
    2.4. Novos trabalhadores 61
    2.5. "É tudo novo", de novo 66

3. É TUDO NOVO? DE NOVO? 69
    3.1. Novo cenário internacional e políticas públicas 69
    3.2. Novas tecnologias 77
    3.3. Novas empresas e novas relações de trabalho? 85
    3.4. Novos trabalhadores? 108
    3.5. As "novidades" como ferramenta de promoção do "velho" 116

4. A ASSIMILAÇÃO DO "NOVO" E AS PROFECIAS AUTORREALIZÁVEIS......119
    4.1. Novo cenário e políticas públicas...120
    4.2. Novas tecnologias..127
    4.3. "Novas" empresas e "novas" relações de trabalho......................................133
    4.4. "Novos" trabalhadores...146
    4.5. Os desejos empresariais como profecias autorrealizáveis.......................157

5. PRECISAMOS DE NOVIDADES 161
    5.1. Cenário internacional, trabalho e política do pleno emprego..............163
    5.2. Novas tecnologias, proteção e emancipação do trabalho 169
    5.3. Novas empresas e democratização das relações de trabalho 174
    5.4. Novos trabalhadores, ou para além das empresas....................................179
    5.5. A pandemia e a janela de oportunidade 184

CONSIDERAÇÕES FINAIS..189

REFERÊNCIAS BIBLIOGRÁFICAS..195

Apresentação

Às vezes, passamos por situações de ruptura que nos deixam atônitos. Isso acontece, por exemplo, quando, ao atravessarmos uma rua pacata que pensamos ser de mão única, um carro surge na direção inesperada. Pegos de surpresa, tendemos a ficar paralisados ou não reagir como faríamos se pudéssemos pensar com calma. Esse tipo de situação, quando criado deliberadamente como forma de ataque – seja em um assalto, no esporte ou na luta política –, em geral deixa a vítima sem reação ou resposta adequada para se defender, facilitando o sucesso do atacante.

Nas últimas décadas, o mundo tem sido palco de ataques sistemáticos às pessoas que dependem do trabalho para sobreviver. O aumento da desigualdade entre quem trabalha e quem tem renda da propriedade, a elevação do desemprego e do subemprego e a piora das condições de trabalho são produtos dessa ofensiva e, ao mesmo tempo, a retroalimentam, pois têm reduzido a capacidade de reação dos atingidos. Esses ataques ganham eficiência porque as forças empresariais têm usado uma estratégia de ruptura para surpreender e deixar atônitos trabalhadores e instituições que os representam ou deveriam representá-los.

Surpreender é, por definição, mudar de modo inesperado a situação que estava estabelecida, apresentando algo novo. Na disputa política, em que os discursos jogam papel muito importante, nada mais lógico que usar a ideia da novidade, de que há uma realidade "nova", para surpreender o adversário, deixando-o atônito. É isso que empresários e seus representantes têm conseguido, fazendo alusões a transformações reais (no cenário internacional, nas tecnologias, nas empresas e nos trabalhadores) para exagerar, distorcer ou mesmo inverter a natureza e/ou os impactos dessas mudanças. O objetivo é sempre o mesmo: convencer trabalhadores e instituições da necessidade de adaptação à suposta nova realidade, por meio de mudanças nas leis, na regulação protetiva, na postura individual dos trabalhadores, nas ações coletivas etc.

Há trechos muito conhecidos dessas narrativas, como: "as novas relações de trabalho tiram o sentido do contrato de emprego", "agora as empresas só focam em seu *core business*", "com as mudanças tecnológicas, qualificação é a solução para promover o emprego", "neste novo mundo, empreendedorismo é a saída contra o desemprego".

Em geral, um tempo após a surpresa, a pessoa se refaz. Olha o carro que quase a atropelou e presta mais atenção ao trânsito. No caso do mundo do trabalho, contudo, o capital tem surpreendido constantemente o adversário, dificultando sua recuperação. Isso é feito por meio do uso sistemático da retórica do "novo", da reedição ou do aprofundamento de narrativas sobre alterações na realidade que também exigiriam mudanças dos trabalhadores e de suas ferramentas de proteção. Quando o discurso empresarial começa a se enfraquecer, uma nova "novidade" é vinculada a alguma transformação em curso: um modelo de empresa e de gestão do trabalho, uma crise nacional ou internacional, uma ferramenta tecnológica etc.[1]

É verdade que profundas mudanças têm atingido o mundo do trabalho nas últimas décadas. Por exemplo, a terceirização e, mais recentemente, as "plataformas" têm provocado modificações nas relações de trabalho. Mas o que é terceirização? "Plataformas" dão mais autonomia aos trabalhadores? O cenário internacional das últimas quatro décadas é menos favorável para políticas de desenvolvimento e piorou depois da crise de 2008. Contudo, reformas que "flexibilizam" o trabalho são solução para o desemprego? Não há alternativas? As tecnologias mudaram fortemente com as chamadas terceira e agora quarta revoluções tecnológicas. Todavia, qualificação e "flexibilização" do trabalho resolvem os desafios relacionados a essas transformações? O desemprego se tornou um problema mundial. Porém, o empreendedorismo e sua atualização, o neoempreendedorismo, melhoram a situação?

Este livro busca apresentar e analisar as narrativas sobre o "novo" mobilizadas estrategicamente pelo capital para criar surpresas permanentes, legitimando e ajudando a reproduzir e a radicalizar práticas empresariais e políticas públicas que atacam aqueles que vivem do trabalho. Pretendo demonstrar que há uma linha de coerência e continuidade nessa tática. Desse modo, espero ajudar os agentes do campo do trabalho a problematizar esse longo círculo vicioso.

Com a pandemia iniciada em 2020, houve ampliação do desemprego, queda dos rendimentos do trabalho e incremento da desigualdade ao redor do mundo. No Brasil, a crise tem sido usada como mais uma novidade que exigiria aprofundar o desmonte da legislação de proteção ao trabalho. Contudo, como em toda grande crise, há uma janela de oportunidade para pensar alternativas e, eventualmente, conseguir avanços civilizatórios. Esta conjuntura permite problematizar dogmas, particularmente os do liberalismo de *playground* que ainda reina pelo planeta.

Para aproveitar essa janela de oportunidade, é necessário entender a atual dinâmica da luta entre as classes sociais e pensar criticamente no caminho percorrido.

---

[1] O leitor pode ter se lembrado da "doutrina do choque", de Naomi Klein. As crises, contudo, são apenas um entre vários acontecimentos que constam nas narrativas das "novidades" e que são mobilizados reiteradamente para se perpetuarem e se radicalizarem cada vez mais, como veremos.

Refletir não apenas para denunciar o adversário, mas também para entender como o campo que se pretende progressista e aliado aos trabalhadores colaborou ou, no mínimo, tem deixado as coisas mais fáceis para o capital. Para isso, é preciso deixar de tomar as retóricas empresariais como verdadeiras (a começar por seus pressupostos), fato que tem levado as forças do trabalho a atuar no terreno delimitado por seu antagonista.

Essa atuação restrita aos limites traçados pelo adversário tem ficado cada vez mais dramática com a ascensão da extrema direita, em nível mundial, nos últimos anos. O debate tem sido pautado pelo reacionarismo exacerbado, sem que haja um polo na esquerda para buscar equilibrar o jogo. Com isso, os temas e as discussões tendem a ficar muito à (extrema) direita, pois as posições intermediárias da disputa (consideradas como "centro") ficam bem próximas desta última. Assim, agentes que negam direitos elementares da seguridade social e do trabalho assalariado são enquadrados hoje como de centro – ou mesmo de esquerda – apenas por afirmarem que a Terra não é plana. E propostas que estariam em programas da direita racional no pós-guerra, como a aceitação de direitos sociais básicos, agora são tomadas como de extrema esquerda ou radicais (isso quando aparecem na pauta de debates).

A situação atual é tão drástica que o mero reconhecimento do vínculo de emprego, procedimento civilizatório elementar para qualquer sociedade capitalista, é comumente considerado uma medida extrema de regulação do trabalho. A partir da análise crítica da retórica empresarial sobre os novos fenômenos que atingem o mundo do trabalho, é preciso criar, praticar e divulgar efetivas novidades nesse campo, apresentando alternativas que confrontem as narrativas hegemônicas e que, ao menos, ajudem a restabelecer parâmetros menos reacionários à disputa entre capital e trabalho. A história nos mostra que, nos períodos em que as forças do trabalho foram menos tímidas no conteúdo de suas plataformas e iniciativas, o "sarrafo" de referência para as relações de trabalho tendeu a ser muito mais alto; mais ainda, que o respeito a parâmetros mínimos de dignidade já fez parte da normalidade do trabalho assalariado em muitos países.

O presente livro sintetiza achados e argumentos de minhas pesquisas e atividades profissionais nos últimos quinze anos. Parte fundamental das percepções e análises desenvolvidas nesse período decorre de minhas atividades como auditor fiscal do trabalho, cargo que ocupei entre 2007 e 2017. Tive a oportunidade de conhecer, *in loco*, empresas de todos os portes, origens, setores e regiões. Conversei com milhares de trabalhadores, empresários e prepostos, analisei grande variedade de documentos, instalações, máquinas, equipamentos, culturas, procedimentos de organização e gestão. Aproveitando essa experiência, realizei no período a pesquisa que deu origem à minha tese de doutorado, defendida em 2012 – o Ministério do Trabalho me licenciou, por um ano, para redigir o texto –, e que serviu como pontapé para algumas investigações que se aprofundaram e constam neste livro.

Ainda como auditor fiscal, me licenciei, sem remuneração, para realizar duas pesquisas de pós-doutoramento que deram subsídios à redação da presente obra: "Indicadores de regulação do emprego no Brasil" (executada entre 2014 e 2016, na Universidade Estadual de Campinas – Unicamp) e "Brasilianização do trabalho no Reino Unido? Indicadores de condições de trabalho nas últimas décadas" (efetuada em 2015 na SOAS, Universidade de Londres), ambas apoiadas pela Fundação de Amparo à Pesquisa do Estado de São Paulo (Fapesp).

Outros projetos de pesquisa e extensão, mais recentes, foram fundamentais para a consecução deste texto, a saber: o projeto "Caminhos do trabalho: tendências, dinâmicas e interfaces, do local ao global", parceria da Universidade Federal da Bahia (UFBA) com a Procuradoria Regional do Trabalho (PRT) da 5ª Região, iniciado em 2017 e ainda em curso; o projeto "Vida pós-resgate: trabalhadores resgatados em situação análoga à de escravos: investigação dos seus destinos e análise das políticas públicas de assistência", também iniciado em 2017 e ainda em execução, parceria entre a UFBA e a PRT da 23ª Região; a pesquisa "Os impactos jurídicos, econômicos e sociais da reforma trabalhista: análise teórica e empírica das experiências internacionais", realizada em 2018 e 2019, e financiada pela Escola Superior do Ministério Público da União (ESMPU); as atividades da Rede de Estudos e Monitoramento Interdisciplinar da Reforma Trabalhista (Remir), que têm se desenvolvido desde 2018, congregando professores e pesquisadores de instituições brasileiras que se debruçam sobre a temática; por fim, a pesquisa "Impactos da reforma trabalhista: comparação entre Brasil e Espanha", realizada na Espanha, em 2020, em parceria entre a UFBA e a Universidade Complutense de Madri, como parte do Programa Institucional de Internacionalização da Coordenação de Aperfeiçoamento de Pessoal de Nível Superior (Capes-PrInt).

Agradeço a todas as instituições citadas, que viabilizaram as pesquisas que permitiram a redação deste livro. Centenas de pessoas colaboraram nas várias investigações ao longo desse período, fornecendo dados, documentos e entrevistas, conseguindo contatos, lendo e criticando meus textos ou trabalhando comigo em coautoria. É inviável enumerá-las nesta apresentação, mas registro aqui minha profunda gratidão a elas. No processo de redação desta obra contribuíram, com críticas e sugestões, Alice Magalhães, Dadá Marques, Dari Krein, Enrique Araújo, Fabrício Pitombo, Geraldina Marques, Leonardo Dantas, Leonardo Moura, Lys Sobral, Manoel Waldon, Marcelo Galiza, Nuno Teles, Patrícia Trópia, Renata Dutra, Ricardo Antunes, Sara Costa, Sávio Cavalcante e Victória Vilas Boas, aos quais agradeço muito, eximindo-os, evidentemente, de qualquer responsabilidade em falhas que constem no resultado. Dari, Renata e, em especial, Ricardo deram incentivo e apoio, sem os quais não haveria livro.

Prefácio

Este livro vem, muito oportunamente, num momento em que é necessário repensar a organização da vida social e, em consequência, a forma de produzir os bens e os serviços que atendem às necessidades básicas das pessoas. Com a pandemia, ficou ainda mais evidente que o mercado autorregulado é incapaz de enfrentar graves problemas sanitários, econômicos e sociais; que a globalização financeira e a atual geopolítica internacional criaram uma situação de assimetria entre capital e trabalho e colocaram os Estados nacionais e as políticas públicas fundamentalmente a serviço dos conglomerados empresariais na sua busca insaciável pela acumulação; que as desigualdades sociais alcançaram níveis inimagináveis, com tendências de esgarçamento do tecido social e exclusão que atingem com mais contundência algumas etnias/raças e nações, migrantes, mulheres e jovens; que as formas de representação política e a institucionalidade não conseguem responder aos problemas reais da humanidade. Ou seja, é uma crise profunda, em que os termos do debate precisam mudar.

Vitor Filgueiras traz luz neste livro, ao apontar que as soluções empresariais e do pensamento econômico dominante não foram capazes de entregar o que prometeram, em contexto de mudanças tecnológicas e do rearranjo institucional com a globalização financeira, sob a hegemonia do neoliberalismo. Mais do que isso, que suas promessas integravam retóricas de convencimento e de busca de legitimação para uma sociedade à *imagem e semelhança das finanças*. E que tais narrativas precisam ser desconstruídas, assinalando não somente os seus limites, mas a sua falta de base empírica. As evidências apresentadas no decorrer do texto indicam uma realidade muito distinta dos anúncios do capital, pois crescem atualmente a ausência estrutural de oportunidades de trabalho, a vulnerabilidade, a precariedade, as desigualdades, a violência física e simbólica, e são reafirmadas as situações de discriminação e exploração. Portanto, a obra traz uma importante contribuição para a identificação e a desmistificação das narrativas dominantes que têm justificado e legitimado as políticas em favor do capital nos últimos quarenta anos.

A preocupação didática do autor faz com que a análise comece pelas falas dominantes, mostrando como as "novidades" são mobilizadas para a defesa das políticas de corte de gastos sociais, de diminuição da proteção social e de retirada de direitos trabalhistas. Por exemplo, a falaciosa tese de que a "flexibilização" gera empregos e formalizações. Na verdade, são construções que visam à ampliação do poder empresarial para determinar as condições de contratação, uso e remuneração do trabalho, responsabilizando os indivíduos por sua situação no mercado, na perspectiva de submeter os trabalhadores à concorrência entre si, dada a sua absoluta necessidade de sobreviver.

O livro admite que há mudanças profundas no mundo do trabalho, mas estas são política e ideologicamente utilizadas para afirmar as saídas mais conservadoras para enfrentar essas transformações. Assim, os trocadilhos com o "novo, de novo" fazem muito sentido e expressam o conteúdo da obra. Em termos similares, Luiz Gonzaga Belluzzo afirma que, no capitalismo, tudo parece mudar para nada mudar, ou seja, as mudanças não alteram a sua essência e buscam novos patamares de acumulação da riqueza abstrata. Como Vitor Filgueiras bem sintetiza, a apresentação das "novidades" é uma ferramenta para reafirmação do "velho".

Os capítulos apresentam uma estrutura similar, organizando as narrativas a partir do novo cenário global, da reorganização das empresas, das novas tecnologias e da exigência de "novos" trabalhadores. Para ilustrar a riqueza de análise conduzida, pode-se citar o debate em torno das novas tecnologias, que trariam como imperativo relações de trabalho mais flexíveis, com aumento da autonomia e da criatividade. Porém, as tecnologias são mediadas por relações sociais que tendem a subjugar trabalhadores e trabalhadoras e a impor mais sofrimento. Aqui também cabe um paralelo com Belluzzo, que afirma que as inovações tecnológicas, no contexto econômico e político recente, parecem ser uma *procissão de desgraças* aos trabalhadores, pois geram mais desocupação que emprego e contribuem para aprofundar a assimetria entre capital e trabalho.

Diante dos resultados não alcançados pelas narrativas, elas precisam ser constantemente reafirmadas. Por exemplo: a redefinição das políticas públicas não resolveu o problema do emprego depois de duas décadas, mas novas alterações legais são propostas sempre com a mesma finalidade de aumentar a liberdade do capital, de fortalecer o mercado autorregulado e de diminuir os direitos e as proteções sociais, como ficou evidente após a crise de 2008, quando uma nova onda de reformas inundou muitos países. Apesar de particularidades nacionais e nuances distintas, o sentido das principais mudanças é muito semelhante. As "novidades" apresentam argumentos que escondem interesses de classe, mas são vendidas como verdades, buscando transformá-las em "leis naturais", embora não encontrem respaldo na realidade empírica.

Este livro não é somente uma bem fundamentada desconstrução das narrativas dominantes, mas é também uma crítica que tem a finalidade de provocar transformação social, de discutir de que novidades de fato precisamos. O aspecto primeiro da obra é a reafirmação da centralidade do trabalho, compreendendo ser impossível enfrentar os problemas sociais sem resolver essa questão. A título de exemplo, o livro ilustra como a renda básica pode ser positiva, mas está longe de ser suficiente e pode até ser instrumentalizada contra as pessoas que vivem do trabalho. A saída é eminentemente política.

Nesse sentido, pode-se fazer uma comparação com o pós-Segunda Revolução Industrial, quando o problema do emprego, em um contexto muito excepcional da história do capitalismo, foi enfrentado, em alguns países, com mudanças que vão para além da dinâmica econômica, como a redução da jornada de trabalho, a garantia de renda a grupos sociais mais vulneráveis (aposentados, entre outros), a retirada das crianças e adolescentes da força de trabalho, a elevação do poder de compra dos salários e, principalmente, a criação de ocupações a partir da implantação de políticas públicas, especialmente na educação e na saúde. Foi a decisão de realizar as políticas sociais que criou empregos e compensação da queda líquida das ocupações na produção de bens.

Não é possível repetir essa experiência no contexto atual, mas ela é uma indicação da enorme reorientação política necessária para enfrentar os desafios contemporâneos do mundo do trabalho e direcionar a produção de bens e serviços para resolver os imensos problemas sociais, ambientais, sanitários e culturais de hoje. Trata-se de um processo que exige grandes mudanças na economia e no papel do Estado. Pois, em última instância, inspirando-nos em Ricardo Antunes, é preciso afirmar que um novo modo de viver a vida social necessita estar no nosso debate. Uma perspectiva de mudança, como bem aponta Vitor, precisa ultrapassar os limites do debate das narrativas das "novidades" para irradiar como potência viva na sociedade, empoderando as forças sociais, que são os agentes da ação para alterar o jogo em uma sociedade marcada por classes sociais com interesses distintos.

Além de trazer um conteúdo primoroso, esta obra é escrita em uma linguagem direta, objetiva e de fácil compreensão para um público não especializado no tema. É ainda fundamental destacar que o livro sintetiza a grande trajetória de pesquisa de Vitor, reunindo, portanto, muitos dados e argumentos substantivamente fundamentados.

Acima de tudo, este é um livro de combate, a ser lido por quem tem sensibilidade para entender que a situação não pode permanecer a mesma, que é necessário construir uma reflexão crítica da conjuntura atual, na esperança de subsidiar os agentes públicos, os atores sociais, as forças do mundo do trabalho, contribuindo não somente para criar outras narrativas, mas efetivamente mudar a realidade social.

Boa leitura!

José Dari Krein
Pesquisador do Centro de Estudos Sindicais e Economia do Trabalho (Cesit/IE/Unicamp) e membro da coordenação da Rede de Estudos e Monitoramento Interdisciplinar da Reforma Trabalhista (Remir).

Introdução

Sem dúvida, o mundo do trabalho tem passado por grandes transformações nas últimas décadas em escala global. O desemprego se tornou um problema muito mais grave e recorrente que no período pós-guerra. Uma empresa pode valer 19 bilhões de dólares mantendo em seu quadro formal apenas 55 empregados[1]. Uma máquina de colheita de cana-de-açúcar, com dois operadores, substitui mais de cem trabalhadores que seriam necessários no corte manual[2]. Legislações de vários países passaram a permitir que empregados sejam contratados sem garantia de sequer uma hora de trabalho remunerado ou um centavo de salário por mês, recebendo apenas quando convocados pela empresa. As empresas autodenominadas plataformas têm capacidade de apropriação e processamento de dados, em tempo real, que seria inimaginável poucos anos atrás. Milhões de trabalhadores, ao redor do mundo, têm sido classificados como autônomos para realizar atividades, como entrega de mercadorias, que antes eram efetuadas por pessoas com contrato de emprego.

Para entender essas e outras mudanças no mundo do trabalho nas últimas décadas, é preciso enfrentar questões fundamentais, como: quais são os conteúdos efetivos dessas transformações? Quais são suas origens e consequências? Como elas afetam a vida de quem trabalha? O que se pretende fazer e o que pode ser feito sobre isso?

Entre as respostas que frequentemente recebemos a tais questões, e que qualificam as mudanças citadas no primeiro parágrafo, estão: "neste novo cenário, só reforma trabalhista resolve o problema do desemprego"; "com as transformações tecnológicas, a qualificação é a saída para preservar postos de trabalho"; "as novas

---

[1] Valor de compra do WhatsApp pelo Facebook, segundo Nick Srnicek em *Platform Capitalism* [Capitalismo de plataforma], de 2017. Ver Nick Srnicek, *Platform Capitalism* (Cambridge, Polity, 2016).

[2] Rosemeire Aparecida Scopinho et al., "Novas tecnologias e saúde do trabalhador: a mecanização do corte da cana-de-açúcar", *Cadernos de Saúde Pública*, Rio de Janeiro, n. 15, v. 1, jan.-mar. 1999, p. 147-61.

empresas precisam de flexibilidade para promover empregos"; "atualmente não cabe mais proteção da legislação porque trabalhadores têm mais autonomia".

Trabalhadores, universidades, sindicatos, instituições públicas podem e têm elaborado outras explicações para essas mesmas perguntas. Muitos autores, dentro e fora da academia, têm apresentado análises críticas sobre as mudanças que afetam o mundo do trabalho, partindo de matrizes teóricas muito distintas, incluindo integrantes de escolas e instituições que inicialmente foram entusiastas dessas transformações[3].

Contudo, quem tem dado as cartas no debate são empresas e seus representantes (como organismos multilaterais e associações corporativas). Isso significa que suas análises não apenas predominam como influenciam e geralmente informam os pontos de vista do conjunto da sociedade. Nas últimas décadas, essas forças corporativas têm difundido narrativas, repetidas como ondas, que noticiam grandes transformações que afetariam radicalmente o mundo do trabalho. Em comum, todos os anúncios concluem que é necessário adaptar o mundo do trabalho às modificações por eles diagnosticadas. As mudanças e as consequências, contempladas por tais narrativas, podem ser assim resumidas:

- Globalmente, há um novo padrão de competição e organização da economia que impõe aos países inseridos na ordem internacional a necessidade de "flexibilização" de direitos, para criar novos empregos e preservar os postos de trabalho existentes.
- Revoluções tecnológicas podem provocar desemprego em massa, mas também abrem a oportunidade de criar mais postos de trabalho (e de melhor qualidade), desde que os trabalhadores se qualifiquem para tal e a regulação protetiva seja "flexibilizada".
- As empresas têm aprofundado, sistematicamente, a divisão do trabalho, reduzindo seu raio de atuação e mudando o conteúdo da organização da produção e do trabalho, que deve ser aceito por legislações e instituições sob pena de aumento do desemprego.
- O novo cenário restringe políticas públicas e impõe a saída individual do desemprego, que depende fundamentalmente da iniciativa dos próprios trabalhadores. As mudanças oferecem oportunidades crescentes para que a solução individual seja efetiva. Sindicatos (nos setores e empresas em que ainda existirem) devem conciliar com os empregadores e aceitar as "novidades" para não promover desemprego.

Essas narrativas podem ser agrupadas em quatro eixos fundamentais: 1) o surgimento de um *novo cenário internacional* e as possibilidades de políticas

---

[3] Joseph Stiglitz, em *O preço da desigualdade* (trad. Dinis Pires, Lisboa, Bertrand, 2013), e Paul Krugman, em *A consciência de um liberal* (trad. Alexandre Oliveira Kappaun, Rio de Janeiro, Record, 2010), são dois exemplos notórios da decepção e do realinhamento de posição diante das mudanças.

públicas; 2) as *novas tecnologias* e seus impactos no emprego; 3) a emergência de *novas empresas* e suas consequências para as relações de trabalho; 4) e a necessidade de *novos trabalhadores* para solucionar o problema do desemprego.

O objetivo deste livro é analisar essas narrativas empresariais propagadas pelo mundo nas últimas décadas, apresentando-as, contrastando-as com as evidências empíricas, discutindo sua lógica, mostrando seus impactos e, por fim, elencando alternativas possíveis ou já existentes de práticas que se contrapõem a essas retóricas.

Narrativas, retóricas, discursos, anúncios são termos que podem ter muitos sentidos, mas aqui são usados como sinônimos. Serão tratados como uma sequência articulada de ideias que parte da identificação da natureza de um fenômeno (a "mudança") e se desdobra na explicação das consequências e das soluções para os problemas relacionados a tais transformações. Os termos (narrativas, retóricas etc.) não são empregados, neste livro, com uma conotação negativa em si, de modo que críticas apresentadas às narrativas se relacionam a seu conteúdo.

Veremos que, mais do que tentar explicar as mutações que têm afetado o mundo do trabalho, as narrativas empresariais são construídas de modo que as mudanças exijam necessariamente a realização dos objetivos pretendidos por empresas e seus representantes. Os anúncios de transformações são reiterados, buscam inculcar no conjunto da sociedade que suas consequências são boas ou inevitáveis e que a resistência ou as soluções alternativas são impossíveis ou desastrosas para as pessoas que vivem do trabalho.

Estamos, portanto, tratando dos problemas da legitimidade e do exercício da hegemonia no capitalismo contemporâneo. Tradições teóricas e políticas muito distintas têm enfrentado esses temas e conceitos há séculos. Em suma, em qualquer sociedade, para que grupos sejam capazes de exercer poder sobre os demais, sem que se atenham exclusivamente à violência, é necessário que os subordinados aceitem, em alguma medida, aquela situação. Para isso, os dominantes lançam mão de um conjunto de práticas de convencimento, dentre elas, a elaboração de narrativas que justificam o *status quo*: "Deus quis assim e aceitar é o melhor cenário para você"; "nosso sangue é mais puro e nos obedecer é uma honra"; ou, mais recentemente, "se quiser direitos, não terá emprego" e suas inúmeras variantes.

As explicações sobre a dinâmica do emprego e do desemprego têm papel central para cristalizar a estrutura de poder em nossa sociedade, pois a vasta maioria da população depende do trabalho para sobreviver. Comumente, apresenta-se aos trabalhadores o dilema entre ter um emprego ou lutar por direitos. Ou a afirmação de que os trabalhadores são responsáveis pela solução do desemprego, bastando aceitar as condições impostas pelo mercado. Nesses termos, defender salários e condições de trabalho é promover o próprio desemprego, portanto, um "tiro no pé". Trata-se de um discurso muito eficiente, que está presente na teoria econômica há mais de um século. Pensamos, aliás, que o maltratado termo *ideologia* cabe precisamente para essa situação – um mecanismo que busca transformar o dominado em refém de sua condição de dominação: "Aceite a subordinação e suas condições, pois se reclamar será pior". As narrativas empresariais sobre as "novidades", analisadas ao longo deste livro, adotam sistematicamente esse recurso ideológico de convencimento.

O que questionamos é: o que efetivamente mudou? Quais são as consequências das transformações para quem vive do trabalho? Quais são as possibilidades de atuação nesse processo para Estados, instituições e trabalhadores? Especialmente, qual o papel das narrativas sobre as grandes transformações nas disputas que estabelecem as – e se desenvolvem nas – pautas do capital e do trabalho?

O argumento que norteia este livro é o seguinte: as reiteradas narrativas empresariais sobre "novidades" no mundo do trabalho buscam legitimar políticas públicas e práticas que destroem direitos e condições dignas de trabalho, ampliam a desigualdade e o desemprego. Para isso, falam do "novo" para defender que o padrão de políticas públicas e de ações coletivas previamente existentes (ou remanescentes), em particular os de proteção do trabalho e indução do emprego, é necessariamente anacrônico. Seria preciso, portanto, se adaptar para preservar e obter mais (e bons) empregos, ou haveria resultados desastrosos para o mercado de trabalho. Contudo, há fartas evidências, ao longo dos últimos quarenta anos, de que essas receitas das "novidades" não entregam o prometido e, mais do que isso, buscam e efetivamente promovem o "velho", qual seja, o capitalismo em sua essência, com amplo despotismo e aprofundamento da assimetria entre capital e trabalho. Para isso, as narrativas exageram, distorcem ou mesmo invertem a natureza ou as consequências das transformações abordadas[4]. Mesmo padecendo dessa inconsistência, elas são assimiladas por parcela importante de trabalhadores e instituições, ajudando a criar uma espécie de profecia autorrealizável na medida em que são reproduzidas.

Ao longo do livro, ao discutir os impactos dos discursos corporativos, serão usadas as expressões *campo do trabalho* ou *forças do trabalho* para fazer referência a trabalhadores, sindicatos, associações e demais instituições e agentes que têm como missão ou opção representar ou proteger, em alguma medida, as pessoas que vivem do trabalho – a exemplo dos órgãos de efetivação do direito do trabalho e a parte progressista da academia.

Em muitos casos, trabalhadores e instituições abraçam abertamente os discursos do "novo". Em outros, rejeitam as consequências, mas assumem os pressupostos e caem em uma armadilha, pois as premissas corporativas direcionam as conclusões, dificultando ou mesmo bloqueando a resistência às demandas empresariais. Desse modo, quando muito, o campo do trabalho tende a defender propostas

---

[4] Uso aspas para falar das "novidades" ou do "novo" trazidos pelas narrativas empresariais em razão da inconsistência (proposital) de suas abordagens sobre as transformações no mundo do trabalho, mas não nego que haja novidades efetivas aludidas nesses discursos ou omitidas por eles.

de "meio-termo" que precarizam os direitos mínimos existentes e se apresentam cada vez mais próximas aos objetivos ideais do capital. Os exemplos das posições relacionadas ao conceito de terceirização e os subsequentes "novos" modelos de produção (aceitos como aprofundamento da divisão do trabalho), como veremos, são ilustrativos e continuam causando estragos pelo mundo.

Apesar de as narrativas empresariais poderem e muitas fazerem, de fato, referências a problemas reais enfrentados no mundo do trabalho, isso ocorre de modo a convencer trabalhadores e instituições a aceitar soluções que, na verdade, pioram os problemas identificados. Caso evidente dessa estratégia está na apresentação do contrato de emprego (que tem sido precarizado pelas próprias empresas) como problema a ser superado não pela melhoria de suas condições, mas abrindo mão dos direitos previstos, com base na retórica do empreendedorismo. A rigidez do fordismo e a rejeição à subordinação ("não quero ter chefe") são problemas reais utilizados nesse sentido, já que a solução apresentada não é aumentar o poder dos trabalhadores, mas admitir formas de contratação que acentuam ainda mais sua subordinação às empresas. Ou seja, problemas reais são manipulados pelo capital e usados contra os trabalhadores para tentar jogar o campo do trabalho contra os limites à sua própria exploração.

Há uma relação evidente e estreita entre as narrativas das "novidades" e o neoliberalismo, pois elas promovem ataques aos direitos sociais e fazem apologia a soluções individuais para os desafios do mundo do trabalho sob o mantra do livre mercado, buscando a mercadorização da força de trabalho. É plausível afirmar que, em grande medida, as narrativas das "novidades" fazem parte do discurso neoliberal. Contudo, elas não se esgotam nele, pois também estão presentes em estratégias de organização empresarial nas quais os ataques aos trabalhadores não recorrem necessariamente ao discurso neoliberal[5].

Quanto mais os trabalhadores e as instituições ficam na defensiva (sofrendo com o aumento do desemprego, da desigualdade, da precarização das condições de trabalho), mais se tornam vulneráveis e propensos a assimilar as narrativas do capital. Assim, a piora das condições do mercado de trabalho facilita a disseminação das narrativas empresariais, e a disseminação das narrativas empresariais facilita a piora das condições do mercado de trabalho, criando um círculo vicioso entre discursos e práticas. Estamos tratando de um processo eminentemente político, com papel importante na relação entre as classes sociais, em escala mundial, nas últimas décadas.

---

[5] Neoliberalismo, aqui, entendido como conjunto de ideias e receituário de políticas públicas. Pode-se definir o neoliberalismo como um conjunto de ideias e práticas, como sistema de acumulação dominante na atualidade, como uma era do capitalismo, entre outros. Apenas para ilustrar, Alfredo Saad Filho define o neoliberalismo como modo de existência do capitalismo contemporâneo, Dominique Lévy e Gérard Duménil, como nova ordem social. Não pretendo desenvolver essa polêmica no livro, mas, por exemplo, reestruturação produtiva e neoliberalismo, apesar de intimamente relacionados, não necessariamente se confundem.

Esta obra não pretende ser exaustiva, como fica evidente por sua reduzida extensão. Busco apresentar e discutir aquelas "novidades" que considero mais relevantes e que têm influenciado significativamente trabalhadores e instituições. A discussão se centra nas anunciadas transformações de caráter substantivo, pois afirmar que algo é "moderno" ou "ultrapassado", dentre outros jargões muito utilizados para atacar ou defender determinadas políticas e posições, são adjetivos que servem apenas como acompanhamento às proposições.

***

Além desta introdução e das considerações finais, este livro tem cinco capítulos.

O *capítulo 1* ("É tudo novo") apresenta, de forma resumida, algumas narrativas empresariais disseminadas especialmente nos anos 1980 e 1990 sobre grandes mudanças que estariam impactando o mundo do trabalho e suas supostas consequências. Transformações no cenário internacional e nos padrões de competição, mudanças nas tecnologias, surgimento de novas empresas e relações de trabalho demandariam adaptações de políticas públicas, trabalhadores e instituições para promover novos empregos e preservar os existentes. Segundo essas narrativas, resistir à nova realidade levaria necessariamente ao desastre no mercado de trabalho.

O *capítulo 2* ("De novo...") demonstra, também de modo resumido e telegráfico, o surgimento, a partir do fim dos anos 2000, de narrativas que atualizam e radicalizam os discursos anteriores sobre transformações que afetariam o mundo do trabalho e demandariam mais adaptações de legislações, trabalhadores e instituições. Nesses dois primeiros capítulos do livro, as narrativas empresariais são apenas descritas, sem avaliação empírica nem análise crítica de seu conteúdo, com o intuito de explicitar seus principais argumentos, incluindo citações bem ilustrativas.

No *capítulo 3* ("É tudo novo? De novo?") são analisadas a coerência e as consequências das narrativas e das práticas defendidas por elas. Argumenta-se que a inconsistência das narrativas em relação ao conteúdo ou às consequências das "novidades" apresentadas não é coincidência, mas decorre de sua busca por legitimar, a partir da retórica do "novo", seus reais objetivos: a generalização de políticas públicas e ações empresariais que promovem o "velho" capitalismo, com mínimos limites à exploração do trabalho.

A seguir, no *capítulo 4* ("Assimilação do 'novo' e profecias autorrealizáveis"), discute-se como as narrativas têm ajudado a criar um círculo vicioso de confirmação de seus objetivos. Parte importante do sucesso desses anúncios está em sua assimilação, total ou parcial, por instituições, pela academia e pelos próprios trabalhadores, contribuindo para torná-las "profecias autorrealizáveis", na medida em que promovem, intencionalmente ou não, as políticas e práticas defendidas pela retórica empresarial. Essa dinâmica atinge amplo espectro de posições ideológicas, inclusive aquelas que se apresentam mais à esquerda.

Por fim, no *capítulo 5* ("Precisamos de novidades"), são apresentadas diferentes iniciativas ao redor do mundo que resistem a essas narrativas. Discute-se como a atual conjuntura de crise abre uma janela de oportunidade para alternativas. Entre as tarefas necessárias para aproveitá-la, estão a refutação da assimilação das "novidades" do capital e a elaboração de diagnósticos e práticas que reordenem o tabuleiro de possibilidades nas disputas do mundo do trabalho.

Todos os capítulos seguem a mesma estrutura, apresentando as narrativas por eixo. Desse modo, todos eles são compostos por seções que abordam: 1) o novo cenário internacional e as possibilidades de políticas públicas; 2) as novas tecnologias e seus impactos no emprego; 3) a emergência de novas empresas e suas consequências para as relações de trabalho; 4) a necessidade de novos trabalhadores; e 5) algumas considerações finais como síntese da análise.

Como a proposta da obra é ser curta e ter linguagem direta, os argumentos são resumidos e os dados, selecionados. A descrição completa das fontes, das entrevistas, dos indicadores e das demais informações apresentadas em cada seção pode ser encontrada nas referências correspondentes (artigos publicados em periódicos, jornais, *sites*, livros e relatórios citados ao longo do texto).

Os capítulos 1 e 2 são fundamentalmente descritivos e se baseiam em depoimentos e relatórios de empresas, de entidades corporativas e de instituições multilaterais que vocalizam seus interesses. As referências básicas são o Fundo Monetário Internacional (FMI), o Banco Mundial, a Organização para Cooperação e Desenvolvimento Econômico (OCDE) e o Fórum Econômico Mundial. Em que pesem nuances em recentes publicações de algumas entidades multilaterais, particularmente após anos de insucesso das receitas que formulam, tem prevalecido nelas, de modo gritante, a pauta empresarial hegemônica[6]. Isso é evidenciado pelos documentos das próprias entidades corporativas, que também ajudam a mostrar como o discurso é afinado e se replica. Privilegiamos o material corporativo no Brasil, embora o de outros países pudesse ser utilizado sem alterações fundamentais nas narrativas.

Os demais capítulos se baseiam nos achados de investigações já encerradas ou ainda em curso. Quanto às pesquisas já finalizadas e divulgadas, além das referências bibliográficas pertinentes, as principais fontes utilizadas foram:

Bases de dados: para as informações e indicadores internacionais, foram consultadas as bases da OCDE, do Gabinete de Estatísticas da União Europeia (Eurostat), da Organização Internacional do Trabalho – OIT (Laborstats), Instituto Nacional de Estadística (INE) da Espanha, Office for National Statistics (ONS) e Labour Force Survey (LFS), ambos do Reino Unido. Para o Brasil, foram utiliza-

---

[6] Quando aparecem posições críticas, elas são pontuais ou de autores que não representam a instituição. No geral, continua na mesma, vide os recentes apoios às reformas trabalhistas no Brasil e na Argentina.

dos dados da Pesquisa Nacional por Amostra de Domicílios (Pnad) do Instituto Brasileiro de Geografia e Estatística (IBGE), da Pnad-Covid, do Sistema Federal de Inspeção do Trabalho (SFIT) do Ministério do Trabalho, informações dos sistemas informatizados Cadastro Geral de Empregados e Desempregados (Caged), Relação Anual de Informações Sociais (Rais) e Fundo de Garantia por Tempo de Serviço (FGTS), as séries históricas de inflação IBGE, o deflator do Banco Central e a base de dados do Instituto de Pesquisa Econômica Aplicada – Ipea (Ipeadata).

Documentos: foram analisados relatórios da Inspeção do Trabalho, decisões da Justiça e documentos de outros órgãos reguladores dos seguintes países: Brasil, Reino Unido, Espanha, França, Coreia do Sul, Alemanha e Estados Unidos. Também foram analisados documentos de entidades empresariais e empregadores específicos, como agendas de proposições, notas à imprensa, contratos (com diferentes nomenclaturas), estatutos sociais, inscrições de pessoas jurídicas, entre outros.

Muitos casos estudados incluíram inspeções *in loco* nos estabelecimentos empresariais e entrevistas presenciais ou por teleconferência com trabalhadores, sindicalistas, agentes públicos e prepostos de empresas no Brasil, Reino Unido, Espanha e Coreia do Sul.

Além dessas fontes, há informações de pesquisas recentemente finalizadas ou ainda em andamento, mas com resultados já consolidados e inéditos em parte ou completamente. Elas são apresentadas brevemente a seguir.

O Projeto Vida Pós-Resgate, em vigor desde 2017, rastreou as trajetórias ocupacionais de 697 trabalhadores resgatados em condições análogas às de escravos no Mato Grosso entre 2006 e 2017. Isso foi feito a partir das bases do Seguro-Desemprego, do FGTS, do Projeto Ação Integrada (PAI) e do Caged, além da consulta a relatórios da Inspeção do Trabalho.

Também nesse projeto, em 2021, com o objetivo de detectar subsídios para políticas públicas de apoio a iniciativas sustentáveis de reprodução social, foram efetuadas entrevistas com dez organizações de trabalhadores rurais de cinco municípios da Bahia, para a investigação de características associativas e produtivas dessas entidades.

O projeto Caminhos do Trabalho, também em vigência desde 2017, subsidiou o livro com informações e dados oriundos de diferentes fontes. Um dos eixos do projeto investiga as atividades de teleatendimento e presta assistência social, médica e jurídica a (especialmente) trabalhadoras desse setor. Nesse âmbito, foram analisados dados do INSS relativos a dezenas de milhares de benefícios previdenciários das três maiores empresas de teleatendimento do Brasil, além de efetuadas entrevistas pessoais e telepresenciais. Também se avaliou ampla documentação de histórico laboral, orientação e assessoria jurídica, atendimento e acompanhamento médico com *cem pessoas nos últimos 4 anos*[7].

---

[7] Sobre o projeto, ver: <https://www.instagram.com/caminhosdotrabalho/>.

Em outro eixo do mesmo projeto, concernente ao trabalho em "aplicativos", foram entrevistados 26 entregadores de 4 empresas, entre maio e outubro de 2019, no município de Salvador (BA). Desses, dezesseis trabalhavam em motos e dez em bicicletas, abordados em efetivo labor em sete bairros da cidade. Além da aplicação de questionário semiestruturado, a pesquisa captou *prints* das telas dos celulares (mediante autorização dos trabalhadores), de modo que as informações são precisas quanto às jornadas, aos pagamentos e a outras características da relação entre trabalhadores e empresas.

Em 2020, foi divulgado nas redes sociais um *survey on-line* para entregadores, aberto a respostas entre 26 e 31 de julho. Responderam às questões 103 entregadores (72 motociclistas e 31 ciclistas) das cinco regiões do Brasil, contemplando 38 municípios de 19 unidades da federação (de Roraima ao Rio Grande do Sul). Antes de extrair as estatísticas dos dados, estes foram examinados para identificar possíveis incongruências nas respostas e realizar a necessária limpeza. Por princípio, evitou-se ao máximo eliminar respostas, e em nenhum caso houve imputação de informação. Em casos de respostas duvidosas, como remuneração muito acima da média, foram mantidas as informações. Esse também foi o caso de informações de rendimentos brutos e líquidos iguais mesmo com a indicação de existência de despesas. Como consequência, superestimou-se a renda, pois não houve desconto do bruto para o líquido. Para os entregadores inativos por acidentes, consequentemente sem renda, foram considerados seus ganhos anteriores ao infortúnio. Portanto, o procedimento de tratamento dos dados adotado foi conservador e subestima a precarização do trabalho efetivamente vivida pelos entregadores[8].

Também em 2020, pesquisa realizada em parceria entre a Universidade Federal da Bahia (UFBA) e a Universidade Complutense de Madri (UCM), como parte do programa Capes-PrInt, entrevistou na Espanha, por meio de *survey on-line* aplicado na última semana de agosto, 25 entregadores de 7 empresas, distribuídos por 11 cidades e 7 comunidades autônomas (equivalentes aos estados no Brasil). A grande maioria dos respondentes é espanhol, usa moto ou carro próprio, tem mais de 25 anos, trabalha há mais de 12 meses exclusivamente para os "aplicativos" e tem inscrição como autônomo no INSS espanhol. Desse modo, a amostra apresenta uma espécie de elite dos entregadores, dado que na Espanha grande parte deles é imigrante e muito jovem, guia bicicletas e paga "aluguel" da conta. Sem documentos, trabalhadores pagam para usar o perfil de outras pessoas nos "aplicativos", o que provavelmente intimida a participação em pesquisas. Portanto, os resultados subestimam as condições precárias vividas pela média dos entregadores no país europeu.

Por fim, entre março e setembro de 2021, foram atendidos pelo projeto Caminhos do Trabalho 24 entregadores e 7 motoristas do município de Salvador.

---

[8] Ver detalhes em: <http://abet-trabalho.org.br/wp-content/uploads/2020/08/Relato%CC%81rio-de-Levantamento-sobre-Entregadores-por-Aplicativos-no-Brasil.pdf>

Eles passaram por entrevistas semiestruturadas detalhadas sobre a relação com os "aplicativos" e compartilharam ampla documentação que inclui *prints* de telas dos aplicativos e de programas de mensagens, vídeos, *e-mails* trocados com empresas, extratos bancários, relatórios médicos, boletins de acidentes. Alguns trabalhadores mantêm contato ao menos uma vez por semana com a equipe. No âmbito do projeto, esses trabalhadores também têm recebido orientação e assessoria jurídica, inclusive ajuizamento de ações, além de atendimento e acompanhamento médico.

Espero que este livro estimule o debate.

1
"É tudo novo"

Após a Segunda Guerra Mundial, o capitalismo viveu um período de relativa estabilidade que ficou conhecido como a Era de Ouro. Nessa conjuntura, contratos por prazo indeterminado, salários crescentes e condições mínimas de emprego eram um norte no mercado de trabalho dos países centrais. Esse cenário não foi regra na maioria das nações, mas, em muitos casos, o emprego com previsão de direitos também crescia com suas economias.

Todavia, esse cenário mais civilizado de capitalismo (ou a esperança de algo assim) não durou muito. Uma confluência de fatores fez com que o mundo do trabalho, em escala global, entrasse em uma rota de importantes transformações entre o fim da década de 1970 e o início dos anos 1980.

Ainda no início dos anos 1970, a quebra unilateral, pelos Estados Unidos, do acordo de Bretton Woods como reação a sua perda de competitividade internacional foi o pontapé para a liberalização financeira e a emergência de nova dinâmica dos fluxos de capital financeiro no mundo. Paralelamente, os ganhos de produtividade obtidos com a expansão do fordismo como método de gestão da produção e do trabalho começaram a diminuir. Isso abriu espaço para a chamada reestruturação produtiva, com impactos em escala global.

A nova dinâmica dos capitais financeiros e produtivos também se relacionou com as tecnologias que estavam surgindo – a chamada Terceira Revolução Industrial. Novos sistemas informacionais e de comunicação viabilizaram movimentações financeiras mais rápidas, e o advento de máquinas computadorizadas ampliou a automação da produção. As empresas passaram a adotar e a defender novos modelos de organização e de gestão para recuperar suas margens de lucro. Cresceu a pressão por uma nova ordem liberal para os fluxos internacionais de capitais financeiros e produtivos, que se tornaram aspectos centrais de uma nova dinâmica da acumulação e do fenômeno que passou a ser conhecido como globalização.

Com a queda de produtividade nos países centrais, as disputas pela renda passaram a ser mais acirradas e provocaram pressões inflacionárias nessas economias. Altas do preço internacional do petróleo complicaram um cenário já problemático, em que os arranjos institucionais e produtivos do pós-guerra erodiam e o crescimento das economias se desacelerava. Nesse quadro, nos países centrais, ganharam força as ideias de que o Estado de Bem-Estar Social era inviável ou mesmo responsável pela crise, e de que a participação estatal na economia deveria ser radicalmente alterada.

No novo cenário que se formava, os países periféricos viram suas fontes de financiamento internacional mudarem de perfil. Agora mais incertas e voláteis, inviabilizam os modelos de desenvolvimento no formato antes estabelecido.

Em suma, o capitalismo viu a conciliação entre capital e trabalho se esgotar com a crise iniciada nos anos 1970. É pouco controverso que, nesse cenário, o advento da reestruturação produtiva e a liberalização financeira e comercial estejam entre as principais transformações que se espalharam pelo mundo. Mas, para quem vive do trabalho, o que mudou?

Empresários e seus representantes formularam um conjunto de narrativas sobre o conteúdo das mudanças e as consequências trazidas por elas para o mundo do trabalho. É possível identificar quatro eixos principais de narrativas, que se combinam e se retroalimentam, quais sejam: o novo cenário internacional, as novas tecnologias, as novas empresas e os novos trabalhadores. Esses discursos foram martelados exaustivamente, ao redor do mundo, entre os anos 1980 e o início dos anos 2000 pela mídia, além de empresas e suas entidades, produzindo importantes impactos nas relações entre agentes, classes e instituições, a ponto de formar uma espécie de senso comum na maior parte da sociedade.

Ao longo deste e do próximo capítulo, as narrativas são apresentadas de forma telegráfica, buscando identificar e explicitar seus principais pressupostos, argumentos e conclusões, tomando como base textos, documentos e depoimentos do campo empresarial.

1.1. Novo cenário internacional e políticas nacionais

Há décadas, entidades empresariais e organismos internacionais vêm divulgando, com imensa repercussão, as grandes e irreversíveis alterações trazidas pela globalização para a economia mundial, impondo mudanças no papel do Estado e nas políticas públicas nacionais. A passagem a seguir resume bem tal tipo de diagnóstico desse novo cenário internacional, do qual o Brasil não teria como escapar:

> Enfrentar os desafios da economia do século XXI com os mesmos objetivos e instrumentos das décadas de [19]50 a [19]80 é um convite ao retrocesso econômico. Não dispor de estratégias, objetivos e instrumentos capazes de gerarem as ferramentas para defrontar-se com os novos desafios da economia do século XXI é perder oportunidades de ampliação do potencial de crescimento. O Brasil precisa evitar o primeiro erro e criar condições para implantar a sua visão estratégica. Nenhum país pode omitir-se

diante das transformações da indústria decorrentes do processo de globalização, da competição crescente e das transformações tecnológicas.[1]

Com as mudanças, a liberalização econômica é o único caminho para promover o desenvolvimento. A maior competição entre as empresas impõe a queda das barreiras comerciais e financeiras no mundo. Os países precisam aderir, ou verão os capitais abandonarem seus territórios, piorando o grave desemprego que havia emergido ao redor do globo. Os Estados nacionais, tanto de países centrais como de periféricos, devem "reduzir" seu tamanho, permitindo que as forças do mercado operem para que as economias cresçam de forma sustentada.

FMI, OCDE, Banco Mundial e entidades corporativas receitam as chamadas "reformas estruturais" como única via a ser adotada por todos os países. Elas são conhecidas no Brasil como Consenso de Washington, mas são também chamadas de "*Unified Theory*" [teoria unificada], "*Transatlantic Consensus*" [consenso transatlântico] ou "*OECD-IMF orthodoxy*" [ortodoxia OCDE-FMI][2], e incluem privatizações e corte de determinados gastos pelos Estados. Nesse pacote de medidas, a reforma trabalhista aparece pela necessidade de flexibilidade:

> Com grande parte do mundo desenvolvido atormentado por altos níveis de desemprego desde a década de 1980, tornou-se amplamente aceito que a resposta é "reforma estrutural" do mercado de trabalho. Fala-se que somente com os custos trabalhistas mais baixos e maior flexibilidade promovidos pela desregulamentação do mercado de trabalho, e um menor Estado de bem-estar, pode haver esperança de alcançar alguma coisa próxima ao pleno emprego. Os economistas ortodoxos e as principais instituições bancárias e de políticas públicas, como a OCDE, o FMI e o BCE [Banco Central Europeu], têm defendido veementemente essas reformas, argumentando que, à medida que as empresas são confrontadas por mercados globais cada vez mais competitivos, os trabalhadores devem se ajustar aceitando salários mais baixos, menores benefícios para os desempregados e empregos menos seguros. Eles têm liderado a batalha para que os formuladores de políticas enfrentem os *insiders* e os interesses especiais que, em última análise, minam o dinamismo de criação de empregos dos mercados livres.[3]

Já em 1990, o FMI comemorava a adoção, nos países industrializados, das chamadas reformas estruturais, que aumentariam a produtividade e, com isso, facilitariam o avanço econômico e das condições de vida nesses países:

---

[1] Confederação Nacional da Indústria (CNI), *A indústria e o Brasil: uma agenda para o crescimento* (Brasília, CNI, 2002), p. 29.
[2] David Howell (org.), *Fighting Unemployment: The Limits of Free Market Orthodoxy* (Nova York, Oxford University Press, 2005).
[3] Ibidem, p. 3.

Nos últimos anos, os formuladores de políticas nos países industrializados, que buscam fortalecer o desempenho de suas economias no médio prazo, reconheceram não apenas que as políticas macroeconômicas tradicionais precisam de uma orientação de médio prazo, mas também que a maneira como suas economias funcionam precisa ser melhorada. Vários países industrializados deram passos importantes para melhorar a eficiência, incluindo grandes reformas tributárias e financeiras, privatização e medidas para aumentar a flexibilidade dos mercados de trabalho.[4]

No Brasil, esse discurso é reproduzido especialmente a partir dos anos 1990. A legislação do trabalho no país é vista como extensa e rígida, produzindo "impactos extremamente negativos sobre a disposição de empregar" e "a expansão do mercado formal de trabalho"[5].

Ao redor do mundo, também ganha força a ideia de que a legislação trabalhista e os sindicatos, ao aumentarem os custos das empresas, impedem que outras pessoas tenham acesso a empregos protegidos, engendrando a famosa divisão entre *insiders* e *outsiders*, conhecida como dualidade nos mercados de trabalho dos países centrais[6]. No Brasil, isso se expressa na divisão entre, de um lado, incluídos por legislação e sindicatos e, de outro, a maioria excluída na informalidade[7].

Rever a regulação das relações de trabalho é uma ação crucial para reduzir os obstáculos ao crescimento econômico contínuo e equânime no Brasil. O conjunto de mais de 900 normas reunidas na CLT não passa no teste mais simples de eficácia: mais da metade dos trabalhadores ocupados no país encontra-se hoje completamente desprotegida pela lei. Nesse contingente, a proporção de mulheres e jovens, grupos mais vulneráveis, é maior do que o total de ocupados. Dispor de uma regulação trabalhista rigorosa não impediu a destruição de postos de trabalho e desencorajou a sua criação na economia formal.[8]

Para recuperar o crescimento e a geração de empregos no país, seriam necessárias

condições de produção e de investimento compatíveis com aquelas dos países concorrentes, além da elevação da produtividade das empresas. É a condição mínima

---

[4] Fundo Monetário Internacional (FMI), *Annual Report* (Washington, FMI, 1990), p. 13.
[5] Federação das Indústrias do Estado de São Paulo (Fiesp), *Proposta para um Brasil moderno* (anais do seminário realizado para discutir o livro *Livre para crescer*, São Paulo, 1990), p. 16.
[6] Ver, por exemplo, Organização para Cooperação e Desenvolvimento Econômico (OCDE), *OECD Employment Outlook: Boosting Jobs and Incomes* (Paris, OCDE, 2006).
[7] Fiesp, *Livre para crescer: proposta para um Brasil moderno* (São Paulo, Cultura Editores Associados, 1990); Andréia Galvão, *Neoliberalismo e reforma trabalhista no Brasil* (doutorado em ciências sociais, Campinas, IFCH-Unicamp, 2003).
[8] CNI, *Nota técnica n. 4* (Brasília, CNI, 2006), p. 11.

para que se assegure uma inserção exitosa da indústria à era das transformações tecnológicas, da globalização e da economia do conhecimento.[9]

A adoção de um novo modelo de relações do trabalho, baseado na flexibilização de direitos, na livre negociação e na autocomposição, assume dimensão estratégica diante da enorme pressão que vêm sofrendo as empresas, especialmente as industriais, em face do irreversível processo de globalização da economia mundial e do acelerado avanço tecnológico, que lhes impõem profundas mudanças em suas estruturas produtivas, em sua gestão empresarial e, notadamente, nas relações de trabalho.[10]

O argumento mais geral da narrativa sobre o novo cenário internacional é de que o Estado deve intervir "menos" para que a economia prospere. No tema trabalhista, o Estado deve "sair" das relações de trabalho, permitindo a negociação direta entre patrão e empregados,

> redefinir as formas, o escopo e os instrumentos de intervenção regulatória do governo [Estado] no sistema econômico, *no sentido de restringi-las ao essencial*, de melhorar sua eficácia e de liberar as forças criativas da sociedade para o desenvolvimento econômico.[11]

As relações do trabalho no Brasil não acompanharam as profundas mudanças sociopolíticas, econômicas, tecnológicas e de gestão empresarial das últimas décadas. [...] *Vive-se sob intensa intervenção do Estado*, onde prevalece um labirinto de leis e normas – constitucionais e infraconstitucionais – que engessam as relações do trabalho e dificultam a geração de maiores oportunidades de emprego e comprometem a competitividade das empresas.[12]

Essa "diminuição" do Estado deve ocorrer porque suas intervenções

> influenciam as oportunidades e incentivos para que as empresas invistam na produção, criem empregos e cresçam. Portanto, há um dilema permanente entre a extensão dos direitos assegurados por lei aos trabalhadores e o estímulo ao funcionamento e expansão do setor produtivo.[13]

Em 1994, um dos representantes empresariais de maior projeção midiática já resumia bem a narrativa sobre o novo contexto internacional e as relações de trabalho[14]: "flexibilizar" adequaria a produção a um ambiente de inovação tecnológica crescente e de globalização, que aumentam o impacto dos eventos externos na

---

[9] Idem, *A indústria e o Brasil*, cit., p. 14.
[10] Idem, *Competitividade e crescimento: a agenda da indústria* (Brasília, CNI, 1998), p. 44.
[11] Fiesp, *Livre para crescer*, cit., p. 129, grifos nossos.
[12] CNI, *Competitividade e crescimento*, cit., p. 44.
[13] Idem, *Nota técnica n. 4*, cit., p. 9.
[14] "Política industrial: como, para quê, para quem?", *Notícias*, São Paulo, n. 84, nov. 1994, p. 19.

economia nacional. A negociação entre as partes aliviaria patrões e empregados das imposições da legislação, permitindo alterar as regras segundo a conjuntura e as particularidades de cada setor, de modo que houvesse "o ajuste mais rápido da estrutura produtiva" e a adaptação da economia brasileira às condições de competitividade[15].

Ao redor do planeta, há várias justificativas aparentes para as reformas trabalhistas, como "modernizar", aumentar a produtividade, "melhorar" o ambiente de negócios, "adaptar" a legislação às novas tecnologias, à globalização. Entretanto, essas justificativas não constituem objetivos em si. Afinal, por que "modernizar", "flexibilizar"? Diante desse questionamento, o objetivo fundamental (ao menos retoricamente) dessas reformas rapidamente surge no debate: "modernizar", "flexibilizar", daria condições para combater o desemprego. É essa promessa que, invariavelmente, busca legitimar qualquer reforma.

No mundo, desde a década de 1980, surgiram inúmeras publicações acadêmicas e institucionais em apoio às reformas trabalhistas como forma de combater o desemprego. O chamado *Jobs Study*, da OCDE, de 1994, é talvez o documento mais influente:

> O apelo a tais reformas encontra respaldo no "consenso" entre vários pesquisadores sobre a ideia de que a rigidez do mercado de trabalho é a fonte do desemprego existente. O conhecido *Jobs Study* da OCDE (1994) tem sido um marco na defesa dos benefícios da liberalização do mercado de trabalho. O relatório e uma série de artigos subsequentes [...] argumentaram que as raízes do desemprego estão nas instituições e políticas sociais, como sindicatos, benefícios de desemprego e legislação de proteção ao emprego.[16]

A reforma se apresenta como ferramenta para promover a venda da força de trabalho e, complementarmente, melhorar as condições do negócio – aumentando a formalização nos países subdesenvolvidos e reduzindo a dualidade do mercado de trabalho nos países centrais.

Na visão que domina o debate econômico e se impõe como senso comum na sociedade, existe uma relação direta entre custo do trabalho e desemprego. Essa ideia tem origem na teoria econômica neoclássica e em suas atualizações, ao pressupor que, se o custo do trabalho diminui, o emprego aumenta, pois as empresas conseguem produzir e vender no mercado sem reduzir seus lucros[17]. Ademais,

---

[15] Andréia Galvão, *Neoliberalismo e reforma trabalhista no Brasil*, cit.
[16] Giovanni Dosi et al., *The Effects of Labour Market Reforms upon Unemployment and Income Inequalities: An Agent Based Model* (Bruxelas, ISI Growth-União Europeia, 2016, *working paper* n. 23), p. 2. Disponível *on-line*.
[17] Mankiw, por exemplo, considera que a redução no custo, isoladamente, produz esse efeito. Ver N. Gregory Mankiw, *Introdução à economia* (trad. Allan Vidigal Hasting e Elisete Paes e Lima, Rio de Janeiro, Campus, 2005).

o aumento do lucro proporcionado pelo corte de custos elevaria a poupança da economia, ampliando investimentos e, por conseguinte, o número de empregos. Em suma, quanto mais barato, mais se compra trabalho. Esse raciocínio, *a priori*, parece razoável: se o preço cai, você compra mais. É isso que a grande mídia apresenta todos os dias. Nesse campo do pensamento econômico, a defesa da "flexibilização" já está presente, pela necessidade de preços "flexíveis". Apesar de essa ideia ser velha, ela se reforça nas últimas décadas, particularmente porque o novo padrão de competição internacional ampliaria o peso dos custos do trabalho, em razão da maior mobilidade dos capitais.

Algumas correntes dessa matriz de pensamento defendem que a reforma melhoraria o ambiente do mercado, incentivando as contratações. Trata-se de uma versão mais suave da interpretação anterior, pois anuncia que a redução dos custos contribui para a geração de empregos, mas não produz efeitos isoladamente. O custo do trabalho seria uma variável, entre outras existentes[18].

Em síntese, a narrativa corporativa sobre o novo cenário internacional, a partir dos anos 1980, afirma que a globalização e o novo padrão de competição inviabilizam políticas públicas nacionais que promovam diretamente o emprego. Contudo, o novo cenário traz grandes oportunidades, desde que os Estados adotem políticas de liberalização para o capital. Em particular, a reforma trabalhista é a receita para combater o desemprego, pois a "flexibilização" das leis reduz os custos do trabalho. Insistir nas "velhas" proteções manterá ou piorará o problema da desocupação.

1.2. Novas tecnologias

Nos anos 1980 e 1990, disseminaram-se no mundo produtivo novos sistemas informacionais, a microeletrônica e a robótica inicial, além do aumento da automação, como parte da chamada terceira revolução tecnológica. Além da maior mecanização da produção, agora também a gestão de sua operação passou a ser automatizada por meio da informática. Em geral, a narrativa empresarial atribui a esse conjunto de inovações um impacto imenso nos processos produtivos, que traria consigo grandes oportunidades de empregos melhores, menos pesados e repetitivos, e mais criativos.

É verdade que o desemprego associado ao avanço tecnológico trazido pela Terceira Revolução Industrial foi apontado por vários autores e teve muito destaque desde a década de 1980[19]. Todavia, nas posições empresariais, esse fator de crescimento do desemprego foi apresentado mais como uma possibilidade, que ocorreria ou não a depender das políticas públicas adotadas pelos países.

---

[18] A OCDE, por exemplo, afirma que a reforma trabalhista no Brasil poderá incentivar o emprego. Ver OCDE, *Relatórios econômicos OCDE: Brasil* (Paris, OCDE, 2018), p. 29.
[19] Jeremy Rifkin, *O fim dos empregos* (trad. Ruth Gabriela Bahar, São Paulo, Makron Books, 1996).

Novas tecnologias destroem empregos em alguns setores, especialmente naqueles de baixa qualificação, ao mesmo tempo que criam empregos que muitas vezes estão em setores diferentes e exigem habilidades diferentes. Historicamente, esse processo levou à criação líquida de empregos, à medida que novas indústrias substituem as antigas e os trabalhadores adaptam suas habilidades às mudanças e à expansão da demanda.[20]

A substituição de pessoas por máquinas, em determinadas ocupações e setores, seria compensada pela criação de melhores postos de trabalho em atividades que se expandem com as novas tecnologias. Para aproveitar essa oportunidade dada pelo avanço da tecnologia, seria preciso evitar distorções nos preços relativos entre capital e trabalho. Por isso, seriam necessárias

> medidas que eliminem o uso ineficiente de recursos e permitam um ajuste mais rápido à inovação tecnológica e mudanças nos preços relativos. Tais medidas removem a rigidez que impede a mobilidade de recursos – como barreiras institucionais ou regulatórias à mobilidade da força de trabalho – e eliminam distorções de preços e impostos que distorcem a poupança privada e as decisões de investimento.[21]

Essa citação literal, retirada do relatório anual do FMI de 1990, poderia constar de qualquer manual de economia neoclássica e é a base do argumento empresarial hegemônico para a relação entre tecnologia e desemprego. O argumento mais geral é o de que, se as políticas de proteção ao trabalho forem mantidas em um cenário de avanço da tecnologia, o emprego diminuirá porque as empresas priorizarão a aquisição de capital, ou seja, a compra da tecnologia (máquinas, equipamentos), que se torna mais barata e/ou produtiva, em detrimento do trabalho.

Em resumo, pressupõe-se que trabalho e capital são intercambiáveis e empresários escolhem segundo os preços e os resultados de cada um desses chamados fatores de produção. O que deve ser feito é qualificar os trabalhadores, para aumentar sua produtividade e tornar sua contratação mais atrativa, e "flexibilizar" a legislação, para não manter salários artificialmente altos e, desse modo, não provocar desemprego.

Segundo a OCDE, as novas tecnologias estariam promovendo atividades cada vez mais baseadas no conhecimento, que provocariam o crescimento do emprego caso os países tomassem as medidas corretas:

> Os empregos estão mudando de trabalhadores pouco qualificados para trabalhadores altamente qualificados; a produtividade e o crescimento do emprego dependem das condições para a difusão de novos produtos e processos em toda a economia. [...]

---

[20] OCDE, *Technology, Productivity and Job Creation: Best Policy Practices* (Paris, OCDE, 2001), p. 3. Disponível *on-line*.
[21] FMI, *Annual Report*, cit., p. 13.

As reformas do mercado de trabalho, combinadas com medidas que favoreçam a qualificação e a aprendizagem ao longo da vida, contribuem para mais inovação, facilitam o uso de tecnologias avançadas e permitem que as mudanças técnicas se traduzam em mais empregos. [...] O impacto (da tecnologia) no emprego no conjunto da economia é provavelmente positivo, desde que os mecanismos para traduzir tecnologia em empregos não sejam prejudicados por deficiências nos sistemas de treinamento e inovação e rigidez nos mercados de produtos, trabalho e financeiros.[22]

Assim, com reformas na legislação do trabalho e foco na qualificação dos trabalhadores, o uso das tecnologias seria facilitado e seu impacto no saldo total do emprego seria positivo, com uma migração dos postos de trabalho, de ocupações mais básicas para outras mais qualificadas.

Essa narrativa é fartamente reproduzida no Brasil. No que concerne especificamente à Terceira Revolução Industrial e à reestruturação produtiva, parte-se do argumento de que as tecnologias mudaram a organização da produção e o conteúdo do trabalho:

> A introdução de novas tecnologias tem redefinido a organização dos processos de produção e exigido a execução de múltiplas tarefas pelos trabalhadores. No antigo modelo de produção fordista, os trabalhadores monofuncionais desempenhavam tarefas específicas e repetitivas que tornavam sua compreensão do processo do qual faziam parte limitada. A disseminação de novas técnicas de produção que usam largamente as tecnologias microeletrônicas tornou, contudo, obsoletos os modelos fordistas de produção em massa.
> Nos chamados modelos de produção enxuta – nos quais se adotam técnicas como o *just-in-time* –, os trabalhadores passaram a deter o controle da produção, de modo a corrigir problemas de qualidade tão logo os tenham detectado, e não somente ao final da linha de produção.[23]

Ou seja, emergem atividades menos repetitivas, mais complexas e com mais poder sobre a produção para os trabalhadores. Para isso dar certo, porém, seria necessário qualificar esses trabalhadores e mudar a legislação trabalhista, que limita suas atividades:

> Os novos modelos garantem maiores níveis de qualidade e produtividade, mas exigem, em contrapartida, trabalhadores multifuncionais mais capacitados, inclusive para compreenderem o processo de produção do qual participam.
> A legislação trabalhista no Brasil – concebida em um contexto no qual ainda prevaleciam os modelos de produção em massa – limita a utilização mais eficiente do

---

[22] OCDE, *Technology, Productivity and Job Creation*, cit., p. 3.
[23] CNI, *Custo do trabalho e produtividade: comparações internacionais e recomendações* (Brasília, CNI, 2014), p. 45.

trabalho, impedindo o melhor aproveitamento de habilidades e o planejamento de esquemas de tarefas mais produtivos.[24]

A ideia, segundo a qual a adaptação à nova forma de organizar as empresas relacionada aos avanços tecnológicas demanda mudanças na legislação (que se tornou anacrônica), é repetida à exaustão por empresas e por seus representantes:

> Busca-se uma legislação que ofereça um suporte normativo mais adequado ao modelo de racionalização da cadeia produtiva e às exigências de especialização e de qualificação de mão de obra decorrentes dos avanços tecnológicos e da livre concorrência em um ambiente globalizado.[25]

Assim, "as transformações tecnológicas e de gestão exigem foco em produtividade, capacidade de adaptação e resposta ágil das empresas, sob forma de mais qualificação profissional", trabalho em equipe, incluindo parcerias fora dos quadros da empresa[26].

Resumindo, a narrativa corporativa sobre as transformações tecnológicas nos anos 1980 e 1990 acentua as oportunidades de empregos melhores, menos pesados e repetitivos, e mais criativos, propiciados pela microeletrônica e pelos sistemas computacionais. Para que os países obtenham sucesso, é necessário que as políticas públicas se adaptem para dar liberdade aos preços relativos de capital e trabalho via "flexibilização" das legislações nacionais, qualificando os trabalhadores para promover a produtividade do trabalho e evitar que seu custo se mantenha artificialmente alto. Não adotar essas receitas implicaria acentuar a crise dos empregos, com a substituição cada vez maior de postos de trabalho por computadores e máquinas.

1.3. Novas empresas e novas relações de trabalho

Em oposição à rigidez do fordismo, em que as organizações integravam a maior quantidade possível de atividades em seu interior, de modo vertical, as novas empresas se tornam flexíveis, especializando-se para aumentar a competitividade. A terceirização é elemento central nessa nova realidade, em que as corporações externalizam as atividades que não são essenciais a seus negócios. Nesse cenário, mudam também as relações de trabalho. Assim, é preciso flexibilizar a legislação do trabalho (que se torna anacrônica) e admitir as novas características da organização da produção e do trabalho para que as novas empresas sejam competitivas e empregos possam ser gerados e preservados.

---

[24] Ibidem, p. 46.
[25] Idem, *Agenda Legislativa 2006* (Brasília, CNI, 2006), p. 12.
[26] Idem, *A indústria e o Brasil*, cit., p. 93.

A principal mudança por que passam as novas empresas é na estrutura, agora mais horizontal:

> As transformações tecnológicas e de gestão exigem foco em produtividade, capacidade de adaptação e resposta ágil das empresas. Esses desafios pressionam por mais qualificação profissional, trabalho em equipe, divisão de tarefas, desverticalização da produção, parcerias e alianças flexíveis. O atual sistema de relações do trabalho não favorece o desempenho eficaz das empresas.[27]

Há anúncios radicais sobre o novo mundo do trabalho, como reverberado por notório representante empresarial no Brasil reagindo a uma publicação da revista *Fortune*, em 1994:

> O atual conceito de "emprego" refere-se a uma posição fixa, na qual a pessoa exerce uma atividade específica, de forma contínua, numa mesma empresa. É isso que vai acabar. O trabalho do futuro não terá nada de fixo, específico, contínuo ou concentrado numa empresa. Ao contrário. Com o avanço acelerado das novas tecnologias e com a individualização das demandas, as grandes empresas, com raras exceções, serão forçadas a atomizar sua produção, subcontratando atividades para pequenas empresas e para profissionais autônomos.
> Nesse novo mundo, o trabalho será dispersado. Os trabalhadores deixarão de ser os "donos dos empregos". Eles vão se transformar em provedores de serviços, engajados em projetos que terão começo, meio e fim. Nesses projetos, os seus colaboradores serão demandados a executar várias tarefas, à distância ou em locais diferentes e sempre com muita criatividade e periodicidade variável.
> Isso atingirá também os chefes. Aliás, a chefia é uma categoria que já entrou num acelerado processo de extinção. No mundo da flexibilização do trabalho não haverá lugar para grandes hierarquias. Os trabalhadores multifuncionais vão se reportar uns aos outros. As informações serão amplamente disseminadas. Todos os que trabalham em determinado projeto conhecerão as virtudes e os limites das empresas, das tecnologias e dos seus companheiros.[28]

Pouco a pouco, essa previsão pareceu ser efetivada e cresceram "novas" formas de trabalho compatíveis com as mudanças nas empresas. Por exemplo, no Brasil, empresas de todos os setores contratam indivíduos por meio de arranjos comerciais, como se eles fossem uma empresa de apenas uma pessoa (os conhecidos "PJs", por serem formalmente pessoas jurídicas). Salões de beleza, por sua vez, alegam que apenas "alugam" assentos para os cabeleireiros trabalharem para eles. As chamadas consultoras de empresas de cosméticos, classificadas como autônomas, passam

---

[27] Idem, *Agenda Legislativa 2006*, cit., p. 85.
[28] José Pastore, "A morte do emprego", *Jornal da Tarde*, 15 set. 1994. Disponível *on-line*.

de 1 milhão no país[29]. Na década de 1990, também houve uma proliferação das chamadas cooperativas de trabalho. Supostamente, eram entidades cujos associados prestavam serviços de qualquer natureza, sem subordinação, a empresas contratantes.

Segundo a narrativa hegemônica, é preciso se adaptar a essa nova realidade de novas empresas e novas relações de trabalho que elas engendram:

> As novas tecnologias e os novos métodos de produzir e vender provocaram mudanças significativas nos paradigmas da relação de emprego. O Brasil deve seguir essa nova realidade, diminuindo a intervenção estatal e permitindo aos atores sociais a livre estipulação de suas condições de trabalho.[30]
> Um modelo de relações trabalhistas voltado para a competitividade precisa valorizar o trabalho humano. [...] O reconhecimento de outras formas de prestação de serviços profissionais, nas modalidades de trabalho cooperado, "terceirizado", por conta própria, à distância, decorrentes das técnicas atuais de gestão e da nova tecnologia da comunicação etc.[31]

Em suma, a legislação deve flexibilizar as regras dos contratos de emprego e também ampliar as próprias possibilidades de contrato. O chamado contrato típico, que prevê uma relação de emprego com jornada completa e prazo indeterminado, deve ser "flexibilizado". Outros contratos de emprego precisam ser permitidos e ampliados, como acertos por prazo determinado ou em tempo parcial. E outras formas de trabalho não assalariadas devem ser permitidas pela legislação.

Afirma-se que desintegração vertical e atuação em rede são fenômenos gerenciais associados aos novos padrões de produção, baseados nos avanços das tecnologias, multiplicando atividades antes consideradas atípicas, como

> a terceirização, o trabalho temporário, o trabalho a distância e o trabalho autônomo. [...] O recurso a essas atividades é um requisito para se conquistar melhores níveis de competitividade, não um artifício para burlar a legislação trabalhista. É injusta e inadequada a visão de que esses arranjos seriam uma forma de precarização das relações de trabalho.[32]

Entre as décadas de 1980 e 2000, a terceirização foi o maior destaque entre essas mudanças ao redor do mundo. Ela é generalizadamente conceituada como a externalização de parte do processo produtivo da empresa contratante, que transfere essa atividade para outra organização (normalmente classificada como pessoa

---

[29] Ludmila Costhek Abílio, *Sem maquiagem: o trabalho de um milhão de revendedoras de cosméticos* (São Paulo, Boitempo, 2014).
[30] CNI, *Agenda Legislativa 2006*, cit., p. 95.
[31] Idem, *A indústria e o Brasil*, cit., p. 95.
[32] Ibidem, p. 117.

jurídica): a contratada ou "terceirizada". A contratante passa a enfocar as atividades em que é especializada, deixando de realizar aquelas que não são fundamentais a seus propósitos. As contratadas, por sua vez, são especializadas nas atividades que foram sujeitas à terceirização pela contratante.

> O mundo do trabalho passa por uma revolução. As novas tecnologias e os novos métodos de produzir e vender provocaram profundas mudanças nos paradigmas do emprego fixo, da proteção social e das relações de trabalho. […] Da constatação de que nenhuma empresa consegue realizar de forma compensadora todas as atividades das quais depende, a subcontratação de serviços virou regra básica para sobreviver e progredir. Surgiram as "redes" de empresas e profissionais – verdadeiras constelações de trabalho interligado. […] O sistema de relação formal de emprego sofre transformações em todo o mundo. No Brasil, o mercado informal já atingiu 60%. Uma parte pode ser por fraude, mas a maior parte decorre de (novas) formas de trabalhar que não se ajustam às leis atuais. Como consequência, as pessoas são forçadas a viver sem as proteções convencionais, pois estas estão atreladas ao emprego formal. […] Estamos diante de uma situação em que a realidade muda mais depressa do que as instituições, que se tornaram obsoletas e não estão sendo substituídas por outras, com a velocidade necessária.[33]

Terceirizar é condição necessária para as empresas sobreviverem e progredirem, tornando a legislação anacrônica. A regulação precisa se adaptar a essa nova realidade, combatendo apenas os casos fraudulentos, em que não se pratica a verdadeira terceirização – por exemplo, casos em que as contratadas não são idôneas ou especializadas.

Em suma, supõe-se que a terceirização seria a radicalização da divisão do trabalho numa economia capitalista "pós-fordista". Ou seja, se a empresa típica do fordismo foi caracterizada como extremamente vertical, com a reestruturação produtiva e a globalização adveio um formato de empresa mais horizontalizada, que exigiria a fragmentação do processo produtivo. A legislação precisa acompanhar essas novas empresas e novas relações de trabalho.

> *A importância da terceirização para a indústria no Brasil* […] *indica que se trata de um processo irreversível e crescente* […]. *A terceirização enfrenta resistências no Brasil por ser erradamente confundida com intermediação de mão de obra e com relações do trabalho precárias.* A resistência em aceitar que as empresas se adaptem ao modelo de gestão empresarial imposto pelas novas exigências de um mercado global e cada vez mais competitivo é um dos principais desafios na discussão do tema e na tentativa de regulamentação desse mecanismo de forma adequada.[34]

A regulação da terceirização foi objeto de disputa ao redor do mundo, sendo permitida com maiores ou menores restrições diretas (quanto ao escopo)

---

[33] Ibidem, p. 96.
[34] Idem, *Custo do trabalho e produtividade*, cit., p. 36, grifos nossos.

ou indiretas (quanto às consequências sobre os contratos dos trabalhadores). No Brasil, passou a ser fundamentalmente admitida com a Súmula 331 do Tribunal Superior do Trabalho (TST), de 1993, que previa algumas restrições, em particular a proibição de terceirizar atividades essenciais das empresas, o que é coerente com a própria demanda empresarial de se especializar em suas atividades finalísticas. Contudo, com o passar dos anos, essa solução deixou de ser considerada suficiente, e a liberação completa da terceirização tornou-se pauta constante:

> A ausência de regulamentação para a prática dos serviços terceirizados constitui fator de agravamento do desemprego, uma vez que as incertezas quanto à possibilidade de terceirização de serviços inibem investimentos e constitu[em] mais um entrave ao desenvolvimento econômico e à geração de empregos.[35]

A formatação mais divulgada da terceirização (seu modelo "normal") seria a contratação de uma empresa prestadora por outra empresa contratante, em que os trabalhadores envolvidos são reconhecidos como assalariados da contratada, sem vínculo de emprego com o tomador dos serviços. Contudo, além desse arranjo relativo à alteração da estrutura empresarial, as transformações nas empresas também promoveriam novas relações de trabalho, não assalariadas, como as cooperativas, os "PJs", *freelancers*, autônomos etc.

Resumindo, a partir dos anos 1980, estaríamos testemunhando o surgimento de novas empresas e novas relações de trabalho, que precisariam ser aceitas a fim de garantir a sobrevivência das corporações no novo padrão de competição e, por conseguinte, a manutenção ou ampliação dos postos de trabalho.

1.4. Novos trabalhadores

Com as mudanças nas possibilidades de atuação do Estado, a elevação do desemprego não pode mais ser combatida com políticas nos moldes do pós-guerra, como com ampliação dos gastos públicos e proteção do mercado interno. Ademais, o Estado não tem mais dinheiro para manter os padrões estabelecidos de seguro-desemprego, previdência pública e outros direitos sociais. Esse tipo de política deve ser reduzido ou transformado em programas direcionados às pessoas consideradas mais vulneráveis, e serviços públicos devem ser privatizados.

A narrativa empresarial sobre os novos trabalhadores é clara: "O Estado não vai mais resolver o problema do desemprego nem cuidar de você". É o trabalhador que vai achar e proteger o próprio emprego (ou se tornar empresário) e a própria vida. Essa saída individual para a desocupação crescente ocorrerá por meio da qualificação dos trabalhadores e, principalmente, do empreendedorismo, ou seja, com os indivíduos abrindo os próprios negócios. Os trabalhadores empregados devem

---
[35] Idem, *Agenda Legislativa 2006*, cit., p. 110.

valorizar seus postos, continuar se qualificando e "vestir a camisa" da empresa. Os sindicatos, no novo cenário, devem ser propositivos e conciliar com os patrões para evitar elevar os custos do trabalho e causar desemprego.

O já citado *Jobs Study*, da OCDE, apresenta um bom resumo das soluções para os problemas colocados aos novos trabalhadores. Além das medidas referentes às obrigações impostas pelo direito do trabalho (flexibilizar salários, jornadas etc.), ou seja, medidas que incidem sobre as práticas empresariais (a demanda por força de trabalho), o documento aborda também diretamente os trabalhadores (a oferta), a partir da seguridade e de outros direitos sociais, além de treinamento e do empreendedorismo:

> As recomendações do *Jobs Study* da OCDE de 1994 foram agrupadas em nove títulos: [...] 4. Cultivar um clima empreendedor eliminando obstáculos e restrições à criação e expansão de empresas. [...] 6. Reformar as normas de segurança no emprego que inibem a expansão do emprego no setor privado. [...] 8. Melhorar as habilidades e competências da força de trabalho por meio de mudanças abrangentes nos sistemas de educação e treinamento. [...] 9. Reformar os benefícios relacionados ao desemprego e outros associados – e sua interação com o sistema tributário – de modo que os objetivos fundamentais de equidade das sociedades sejam alcançados afetando muito menos o funcionamento eficiente dos mercados de trabalho.[36]

Assim, os países devem incentivar o empreendedorismo, qualificar os trabalhadores e reduzir benefícios que distorcem o funcionamento dos mercados de trabalho. É comum o argumento de que os direitos sociais instituídos, especialmente nos países centrais, tornaram as pessoas mal-acostumadas e avessas ao trabalho, problema que seria resolvido, por exemplo, por meio da restrição de seguro-desemprego e aposentadorias.

A necessidade de qualificação dos trabalhadores é repetida como um mantra por empresas e seus representantes ao redor do mundo, a exemplo do Brasil: "As transformações tecnológicas e de gestão demandam trabalhadores mais qualificados, com empregabilidade", por isso, "um modelo de relações trabalhistas voltado para a competitividade precisa valorizar o trabalho humano", e assim se impõe, de imediato, "um grande esforço de capacitação e recapacitação profissional, visando à empregabilidade"[37].

Essa palavra final (empregabilidade) traz consigo uma ideia fundamental para os novos trabalhadores. A empregabilidade implica dizer não apenas que existem pessoas empregáveis e outras que não o são, mas que reside em cada indivíduo a determinação do problema do desemprego. Não é a dinâmica da economia que irá incorporar (ou não) as pessoas que trabalham, mas estas que vão determinar

---

[36] OCDE, *Pushing ahead with the Strategy* (Paris, OCDE, 1996), p. 6. Disponível *on-line*.
[37] CNI, *A indústria e o Brasil*, cit., p. 95.

sua própria incorporação. A qualificação, nesse novo cenário, deixa de ser aspecto complementar e passa a ser protagonista na dinâmica do mercado de trabalho[38].

A raiz desse argumento é antiga e também remete à teoria neoclássica. No limite, supõe-se que a oferta de trabalho cria sua própria demanda, desde que o trabalhador aceite o salário do mercado e o Estado não intervenha. Se o trabalhador quiser uma remuneração maior, precisa se qualificar, pois é sua produtividade que determina o salário, que não mais será elevado de forma artificial pelos acordos com os sindicatos. Ganhou força, nesse sentido, a ideia de que a qualificação equivale ao capital humano de cada indivíduo, corroborando o pressuposto de que capitalistas e trabalhadores são essencialmente iguais, detentores de fatores de produção que se distinguem apenas na forma.

Nessa direção, mas como aspecto mais radical da narrativa sobre os novos trabalhadores, está o chamado "empreendedorismo", pois a solução para o desemprego sequer passa por alguém o contratar: tudo agora depende exclusivamente de você. O empreendedorismo se consolidou como apologia para que os indivíduos abram os próprios negócios, sejam "seus próprios patrões", o que seria a solução para o desemprego no novo cenário enfrentado pelos trabalhadores. Essa retórica tem início já no fim da década de 1970, na Europa, e na década de 1990 se espraia por países como o Brasil.

O novo trabalhador é anunciado pelo mesmo representante empresarial citado na seção anterior, que afirma "a morte do emprego":

> E como ficarão as licenças, férias e aposentadoria? Já nas primeiras décadas do próximo milênio, tudo isso vai virar peça de museu porque, no novo mundo do trabalho, desaparecerá a relação de subordinação entre empregadores e empregados. Isso ocorrendo, desaparecerá quem concede licenças, férias e aposentadoria.
> Os trabalhadores – sendo cada vez mais donos de si mesmos – saberão como assegurar seu futuro e quanto tempo usar para descanso, lazer, saúde etc. Ah! Será um grande teste para o atual preceito constitucional que assegura a todos os empregados registrados um período de quarenta dias de férias por ano (trinta em tempo e dez em dinheiro). Vamos ver se eles quererão se autoconceder esse mesmo período nas novas condições de trabalho...[39]

Ao redor do mundo, a mídia empresarial martela todos os dias os exemplos de pessoas que saíram "do nada", tiveram uma grande ideia, se esforçaram bastante e hoje são muito bem-sucedidas. São exemplos pedagógicos, a ser seguidos por qualquer pessoa. Defende-se que, "no combate à pobreza, ao desemprego e à má distribuição da renda, as políticas em favor do empreendedorismo têm se mostra-

---

[38] Comumente associada ao argumento de que empresas irão investir ou instalar-se no país se houver qualificação.
[39] José Pastore, "A morte do emprego", cit.

do mais eficientes do que políticas de bem-estar"[40]. A OCDE ainda pondera que o empreendedorismo não resolve o desemprego imediatamente, mas afirma que "encorajar o empreendedorismo, promovendo tecnologia e inovação e desenvolvendo novas habilidades, são todas chaves de longo prazo para um futuro próspero e criação de emprego"[41].

Para trilhar esse bom caminho, é necessário "desenvolver a cultura empreendedora e inovadora" e "estabelecer uma política de incentivo à criação de empresas e ao trabalho autônomo e cooperativo"[42]. O documento de 2006 da Confederação Nacional da Indústria (CNI) sobre os novos desafios da economia mundial traz um exemplo didático que chama de "A saga de um empreendedor". Trata-se da saga de um "brasileiro comum, que decidiu deixar de ser empregado e montar sua própria empresa". Após enumerar, ao longo de seis páginas, todas as dificuldades enfrentadas pelo empreendedor, o texto conclui que ele "começou a ter saudades do tempo em que era um empregado, apenas executando o que lhe mandavam fazer".

Em inúmeros países, a partir da década de 1980, e no Brasil especialmente a partir dos anos 1990, foram criadas leis e agências de fomento ao empreendedorismo. Entre outras medidas adotadas, figuram facilitação da abertura e do fechamento de empresas, cursos de capacitação para novos empresários e redução de impostos e obrigações trabalhistas.

Nesse novo cenário de ampliação do desemprego e surgimento de novas formas de trabalho, o papel dos sindicatos deve se modificar profundamente. Em vez do confronto, deve ser adotada a conciliação entre trabalhadores e empresários, de modo que sindicatos colaborem com as empresas para preservar os empregos existentes. Assim, o sindicalismo de negócios estadunidense e o sindicato por empresa japonês, tidos como apolíticos, são tomados como exemplos de "bom sindicalismo"[43].

Um grande *best-seller* da década de 1990, nos Estados Unidos, expressa o novo papel "tolerado e desejado" do sindicalismo a partir das mudanças nas relações de trabalho[44]. Em uma sociedade na qual os indivíduos passam a ser patrões de si mesmos, "negociantes independentes", não haveria lugar para o assalariamento típico, para empregos permanentes, para acordos e normas protetivas, nem para

---

[40] CNI, *Agenda Legislativa 2006*, cit., p. 53.
[41] OCDE, *Pushing ahead with the Strategy*, cit., p. 6.
[42] Respectivamente, CNI, *Competitividade e crescimento*, cit., e *Agenda Legislativa 2006*, cit., p. 46.
[43] John McIlroy, "Os sindicatos e o Estado", em Angela M. Carneiro Araújo (org.), *Do corporativismo ao neoliberalismo: Estado e trabalhadores no Brasil e na Inglaterra* (São Paulo, Boitempo, 2002), p. 89-132, citado em Patrícia Vieira Trópia, *O impacto da ideologia neoliberal no meio operário: um estudo sobre os metalúrgicos da cidade de São Paulo e a Força Sindical* (doutorado em ciências sociais, Campinas, IFCH-Unicamp, 2004).
[44] William Bridges, *Mudanças nas relações de trabalho: como ser bem-sucedido em um mundo sem empregos* (trad. José Carlos Barbosa dos Santos, Rio de Janeiro, Makron, 1995), citado em Patrícia Vieira Trópia, *O impacto da ideologia neoliberal no meio operário*, cit.

aumentos salariais baseados em convenções coletivas. A ação coletiva dos trabalhadores seria tolerada na forma de sindicatos "de negócios". Os sindicatos são prejudiciais, caso se mantenham atrelados aos valores do emprego, e só podem ajudar os trabalhadores se adotarem outra postura: "Os sindicatos de amanhã serão grupos de defensoria pública [...] serão instituições educacionais [...] serão fontes de assistência consultiva [...] e cooperativas em que os trabalhadores poderão procurar orientação mais barata sobre seguros e investimentos"[45].

Em resumo, as transformações que atingem o mundo do trabalho impõem, além da "flexibilização" do direito do trabalho para reduzir os custos diretamente para as empresas, a redução dos direitos sociais providos pelo Estado. Desse modo, os trabalhadores são afetados pelas mudanças tanto nos direitos devidos pelos patrões quanto nos direitos mantidos pelo Estado. Como os empregos não virão da interferência estatal, a solução depende de cada trabalhador, e as políticas públicas devem se adaptar para combater o desemprego por meio da qualificação e do empreendedorismo.

Para aqueles que têm contrato de trabalho, o novo cenário exige vestir a camisa da empresa. E os sindicatos, se não quiserem provocar desemprego, devem seguir o mesmo caminho, sendo propositivos e parceiros para conciliar com os objetivos empresariais.

1.5. As novidades e suas promessas

As narrativas empresariais sobre as mudanças que estariam afetando o mundo do trabalho estão estreitamente relacionadas e têm um ponto fundamental em comum: a defesa enfática da adaptação de instituições e de trabalhadores às novas circunstâncias para preservar e promover o emprego. Mudar legislações, aceitar as novas práticas empresariais, alterar a postura dos trabalhadores e dos sindicatos são requisitos para combater o desemprego e melhorar a qualidade das ocupações. A citação a seguir ilustra bem esse entrelaçamento:

> O acirramento da concorrência internacional, a globalização da produção e as profundas mudanças na tecnologia e nos sistemas de gestão obrigam as empresas a buscarem custos unitários do trabalho mais baixos e maior flexibilidade para se adaptarem a um ambiente em permanente mutação.[46]

Mesmo profundamente relacionadas, as narrativas enfocam objetos distintos e apresentam pressupostos específicos que engendram suas consequências:

1. No novo cenário internacional, as políticas públicas nacionais não funcionam como antes, portanto são necessárias reformas, particularmente da legislação

---

[45] William Bridges, *Mudanças nas relações de trabalho*, cit.
[46] CNI, "O custo do trabalho na modernização do país", *Indústria e Produtividade*, Rio de Janeiro, v. 30, n. 303, 1997, p. 20.

trabalhista, para flexibilizar as relações de trabalho e garantir empregos com a entrada (ou a permanência) dos capitais e a melhoria da competitividade dos negócios locais.

2. As novas tecnologias podem causar desemprego em massa se a legislação não for flexibilizada, pois as normas distorcem negativamente os preços da contratação de trabalhadores em relação ao uso do capital (máquinas, equipamentos etc.). As políticas públicas devem qualificar os trabalhadores para garantir bons empregos nos setores e ocupações que se expandirão com a terceira revolução tecnológica.

3. Para conseguir sobreviver, as empresas devem passar a se especializar em suas atividades principais e a externalizar as tarefas que não são essenciais. É preciso aceitar as novas práticas corporativas para manter e ampliar os postos de trabalho.

4. Com a necessidade de austeridade do Estado, trabalhadores devem se tornar responsáveis pela solução do desemprego, buscando a qualificação e o empreendedorismo. Sindicatos devem colaborar nessa direção e buscar ações que conciliem com as estratégias empresariais.

Essas narrativas podem oscilar na forma como são apresentadas ou na abordagem de alguns tópicos[47]. Em todos os casos, porém, instituições e trabalhadores devem se adaptar, aproveitando as oportunidades que essas narrativas oferecem, para evitar o crescimento do desemprego e melhorar as condições do mercado de trabalho.

As transformações e suas consequências são comumente apresentadas como inexoráveis, pois as "velhas" soluções não seriam mais possíveis ou não produziriam os mesmos resultados, e resistir à adaptação só pioraria os problemas do mercado de trabalho. Desse modo, surgem os jargões de que "a CLT é *velha*", "*novas* formas de trabalho estão substituindo o assalariamento", "sindicatos são *anacrônicos*", "no mundo *moderno* reformas trabalhistas são inevitáveis", "normas têm de ser flexíveis para se adequar a *novas* tecnologias" etc.

Um aspecto central de todas as narrativas das "novidades" é a ênfase na possibilidade de apenas dois futuros para os mercados de trabalho dos países: o paraíso para aqueles que seguirem suas fórmulas e o inferno do desemprego, da dualidade e da informalidade para os que resistirem.

---

[47] A linguagem utilizada não é a mesma na academia, em documentos empresariais ou em meios de comunicação de massa. Ademais, a depender do contexto de cada país, haverá destaque para problemas particulares, como a informalidade ou a dualidade nos mercados de trabalho.

2
De novo...

Entre as décadas de 1980 e o início dos anos 2000, ocorreram muitas mudanças nas legislações de proteção ao trabalho ao redor do mundo; as tecnologias da chamada Terceira Revolução Industrial se disseminaram; consolidaram-se novas estratégias de gestão empresarial, com destaque para a terceirização; cortes de direitos sociais, incentivo ao empreendedorismo e expansão de programas de qualificação foram o foco das políticas de emprego em inúmeros países; sindicatos passaram a representar parcela muito menor dos trabalhadores e a adotar práticas prioritariamente conciliadoras.

Evidentemente, esses acontecimentos, que faziam parte das demandas empresariais, não podem ser atribuídos apenas às retóricas das "novidades". Tampouco buscamos afirmar que as narrativas estão entre seus principais fatores explicativos[1]. Ao longo dos próximos capítulos, pretendemos demonstrar, porém, como elas contribuíram para sua implementação. Por ora, queremos apenas destacar que, nos anos 2000, já havia duas décadas que as soluções propostas pelas narrativas estavam sendo efetivadas em todo o planeta.

Ainda assim, a partir do fim dos anos 2000, mas especialmente na segunda década do milênio, uma nova onda de retóricas sobre novidades passou a ser anunciada: o novo cenário internacional inaugurado pela crise de 2008, as mudanças tecnológicas relacionadas à chamada Quarta Revolução Industrial, novas alterações nas estruturas das empresas, a crescente importância da qualificação e as novas características do empreendedorismo. Todas elas são transformações que exigiriam a adaptação de legislações, trabalhadores e instituições para solucionar os problemas do mercado de trabalho.

---

[1] Dentre as várias formas usadas por empresários e seus representantes para implementar suas demandas, podemos citar a vinculação de apoio financeiro a países em crise à implementação das chamadas reformas.

Nos últimos anos, têm se intensificado os anúncios sobre as "mudanças na natureza do trabalho"[2] e o novo mundo do trabalho, cujas perspectivas são semelhantes na óptica corporativa, bem sintetizadas no "relatório sobre o futuro dos empregos" do Fórum Econômico Mundial:

> As oportunidades inerentes de prosperidade econômica, progresso social e florescimento individual neste novo mundo do trabalho são enormes, mas dependem crucialmente da capacidade de todas as partes interessadas em instigar reformas nos sistemas de educação e formação e nas políticas do mercado de trabalho.[3]

No Brasil, empresas e seus representantes seguem a mesma linha de interpretação e reivindicações em relação a esse "admirável e desafiador novo mundo do trabalho"[4].

Veremos que, com novas roupagens, as narrativas empresariais reiteram ou radicalizam os discursos das décadas anteriores, partindo dos mesmos pressupostos e chegando às mesmas conclusões: é fundamental se adequar às mudanças para promover o emprego e melhores condições de trabalho. Resistir às transformações provocaria um inevitável desastre nos mercados de trabalho, com agravamento do desemprego e piora das ocupações remanescentes.

2.1. Novo cenário internacional e políticas públicas

Em meados dos anos 2000, países com as mais variadas características demográficas e socioeconômicas já tinham aderido à agenda liberalizante como forma de promover o crescimento e solucionar os problemas do mercado de trabalho. Em particular, foram adiante as chamadas reformas trabalhistas, tenham sido elas mais ou menos radicais. No caso do Brasil, em que pese não terem ocorrido mudanças estruturais na legislação nesse período, foram introduzidas alterações que contribuíram para a queda dos rendimentos do trabalho nos anos 1990[5].

A despeito de, à época da crise de 2007-2008, já haver passado anos suficientes para que se pudesse avaliar o impacto dessas mudanças nas legislações, empresários e seus representantes fizeram avançar uma nova onda de demandas por reformas. É verdade que, logo após a eclosão da crise, houve um ensaio de mudanças nas políticas econômicas no mundo em sentido contrário ao proposto pelas narrativas

---

[2] Banco Mundial, *The Changing Nature of Work: World Development Report 2019* (Washington, Banco Mundial, 2019).
[3] Fórum Econômico Mundial (FEM), *The Future of Jobs Report 2018* (Genebra, FEM, 2018), p. 5. Disponível *on-line*.
[4] Ver Robson Braga de Andrade, "O admirável e desafiador novo mundo do trabalho", *Agência de Notícias da Indústria*, 20 dez. 2018. Disponível *on-line*.
[5] José Dari Krein, *O aprofundamento da flexibilização das relações de trabalho no Brasil nos anos 90* (mestrado em economia social, Campinas, IE-Unicamp, 2001).

corporativas, particularmente no que concerne aos gastos do Estado. Todavia, logo se restabeleceu o discurso de que o novo cenário para a economia internacional criado pela crise acentuaria as restrições às políticas públicas nacionais e a necessidade de austeridade, exigindo alterações nas legislações para combater o desemprego.

Mais uma vez, as reformas trabalhistas são apresentadas como solução fundamental para a desocupação, seja para países que ainda não as haviam adotado, seja para aqueles em que elas pudessem ser aprofundadas. A natureza das reformas é a mesma da onda anterior, mas suas propostas são radicalizadas, como a ampliação das possibilidades de "flexibilização", a priorização dos acordos individuais sobre os coletivos ou sobre as próprias leis, o enfraquecimento da regulação protetiva, a restrição do acesso à justiça e a legalização de contratos sem garantia de jornada e salário.

A essência dos argumentos para a adoção das reformas se mantém nessa segunda onda de "novidades", em particular a necessidade de redução dos custos do trabalho como solução para o desemprego, mas a forma de apresentação não é idêntica à das décadas anteriores[6].

Na União Europeia, com a emergência da crise e no bojo dos debates que se seguiram, ficou famosa a fala do presidente do Banco Central Europeu aos representantes dos países-membros, em que culpa o aumento dos salários nas nações do Sul do continente pelos desequilíbrios na zona do euro[7]. A narrativa hegemônica passou a imputar à irresponsabilidade fiscal e aos salários elevados na Espanha, em Portugal, na Itália e na Grécia o desajuste das contas externas que levou esses países à perda de competitividade e a uma grave recessão.

Essas mudanças na retórica, no caso da Europa, decorreram da adoção da moeda única, que impedia a desvalorização cambial por cada país; era preciso, então, encontrar outra via para encarecer as importações, baratear as exportações e equilibrar as contas externas. A única forma de conseguir isso, aumentando a competitividade das economias nacionais e o emprego, seria por meio da redução de salários e custos associados. Tal estratégia se tornou mundialmente conhecida como desvalorização interna.

Segundo Teles, o "FMI alinhou no mesmo diagnóstico das causas da crise do euro, nomeadamente no que diz respeito à falta de competitividade do mercado de trabalho do Sul da Europa"[8], defendendo, explicitamente, a redução do salário mínimo,

---

[6] Na Europa, em particular, oscila quanto ao impacto na inflação ou na concorrência, mas custos de trabalho continuam sendo o foco do problema. Para uma análise detalhada, ver Nuno Teles, "O trabalho como variável de ajustamento: da teoria à prática", em Manuel Carvalho da Silva, Pedro Hespanha e José Castro Caldas (orgs.), *Trabalho e políticas de emprego: um retrocesso evitável* (Lisboa, Almedina, 2018), p. 35-79.
[7] Ver Mario Draghi, *Euro Area Economic Situation and the Foundations for Growth*, Bruxelas, 14 mar. 2013. Disponível *on-line*.
[8] Nuno Teles, "O trabalho como variável de ajustamento", cit., p. 68.

dos custos salariais e dos salários do setor público, e o enfraquecimento da negociação coletiva, priorizando a negociação por empresa em oposição aos acordos setoriais[9].

Vale notar que, apesar de trilhar caminhos diferentes, a estratégia da desvalorização interna tem a mesma premissa da narrativa dos anos 1980-1990 quanto a uma competição global para a qual o custo do trabalho deve ser variável de ajuste. Na primeira onda de "novidades", o argumento é de que a redução dos custos do trabalho impediria a saída de empresas do país e ainda atrairia capital estrangeiro, promovendo o emprego. Na nova onda, a ampliação do emprego também decorre da redução dos custos do trabalho, agora pela promoção das exportações e pela redução das importações[10].

No Brasil, ao longo dos anos 2000, empresas e seus representantes sempre manifestaram sua insatisfação pelas alterações que consideravam insuficientes nas leis do trabalho na década anterior:

> A regulação do mercado de trabalho passou praticamente incólume pelas reformas modernizadoras da década de 1990. A regulação brasileira se encontra entre as mais rígidas do mundo e representa um dos principais focos de ineficiência de nosso sistema econômico. A regulação atual não protege o trabalhador e coíbe a alocação eficiente do fator trabalho: 60% da população ocupada trabalha no segmento informal [...] e as empresas contratam menos, investem menos e crescem menos do que poderiam. É preciso reformar a regulação do trabalho para retirar-lhe o viés que dificulta a criação de empregos de qualidade.[11]

A cobrança por uma reforma trabalhista foi uma constante nas posições empresariais, normalmente recorrendo aos mesmos pressupostos da primeira onda, mas o foco recaiu na elevação da competitividade, dado que o desemprego no país se manteve predominantemente baixo entre 2004 e 2014. Por exemplo, em 2006, perdurava o discurso de que "a modernização da legislação trabalhista é elemento fundamental para o aumento da produtividade e qualidade da indústria brasileira e para o crescimento de sua participação no mercado global", possibilitando às empresas brasileiras "uma melhor inserção na moderna economia globalizada, em que predominam a produtividade e a competitividade"[12].

Em 2010, a CNI usa argumento da mesma natureza da desvalorização interna para defender a reforma trabalhista:

---

[9] Olivier Blanchard, Florence Jaumotte e Prakash Loungani, "Labor Market Policies and IMF Advice in Advanced Economies During the Great Recession", *IMF Staff Discussion Note*, v. 13, n. 2, 2013, citado em Nuno Teles, "O trabalho como variável de ajustamento", cit.
[10] A rigor, no próprio *Jobs Study* da OCDE, de 1994, já consta que o impacto da redução dos salários sobre a demanda agregada será mitigado pela maior procura externa, pois salários mais baixos melhoram a competitividade. Ver OCDE, *Jobs Study: Facts, Analysis, Strategies* (Paris, OCDE, 1994).
[11] Confederação Nacional da Indústria (CNI), *Nota técnica n. 4* (Brasília, CNI, 2006), p. 5.
[12] Ibidem, p. 85.

No mundo de competição global, os custos de produção, incluindo os decorrentes de conflitos trabalhistas, prejudicam o conjunto da economia e os trabalhadores. A elevação dos custos do trabalho pode levar à queda da produção local e ao aumento das importações, gerando desemprego e outros efeitos negativos sobre a economia. Os setores sem competidores externos, por sua vez, precisam e tendem a repassar esses custos aos preços de seus produtos, o que resulta em prejuízos para toda a sociedade.[13]

A mudança do cenário externo foi, de fato, um dos elementos que explicam a eclosão da crise no país. Com ela, particularmente a partir de 2015, os pedidos por reforma voltaram com toda a carga. O FMI, por exemplo, incluiu a reforma trabalhista como uma das políticas de austeridade necessárias para retomar a confiança, os investimentos e o crescimento do emprego:

> O Fundo Monetário Internacional (FMI) recomendou nesta quinta-feira (29) que o Brasil faça uma revisão do cálculo do salário mínimo e sugeriu que o país lance mão de uma reforma trabalhista, como parte das ações para "recuperar a sustentabilidade fiscal" e "retomar o crescimento".[14]

A partir da crise de 2008, as reformas trabalhistas ganham efetivamente um novo impulso em escala global, e cresce o número de alterações legislativas. Adascalitei e Morano pesquisaram as mudanças legislativas em 111 países entre 2008 e 2014[15]. Prevaleceram alterações reduzindo direitos, em especial nos países centrais e mais afetados pelo desemprego. Das mudanças ocorridas nos 28 países que então compunham a UE, 65% reduziram proteção aos trabalhadores.

Alguns anos depois da chegada da crise ao Brasil, empresários e seus representantes finalmente conseguiram, em 2017, implementar a reforma, alterando mais de uma centena de disposições legais. Ela foi anunciada pelo ocupante da chefia do Executivo como uma "saída para manter empregos". Segundo o ministro da Fazenda à época: "O governo federal acredita que a nova lei trabalhista, que começa a vigorar em 11 de novembro, vai tornar viável a geração de mais de 6 milhões de empregos no Brasil"[16].

De acordo com o parecer da reforma:

> Escudada no mantra da proteção do emprego, o que vemos, na maioria das vezes, é a legislação trabalhista como geradora de injustiças, estimulando o desemprego e a infor-

---

[13] CNI, *A indústria e o Brasil: uma agenda para crescer mais e melhor* (Brasília, CNI, 2010), p. 110.
[14] G1, "FMI recomenda revisão do salário mínimo e reforma trabalhista no Brasil", *G1*, 29 set. 2016. Disponível *on-line*.
[15] Dragos Adascalitei e Clemente P. Morano, *Labour Market Reforms since the Crisis: Drivers and Consequences* (Genebra, OIT, 2015, *working paper* n. 5).
[16] Alexandro Martello, "Nova lei trabalhista deve gerar mais de 6 milhões de empregos, diz Meirelles", *G1*, 30 out. 2017. Disponível *on-line*.

malidade. Temos, assim, plena convicção de que essa reforma contribuirá para gerar mais empregos formais e para movimentar a economia. […]
A preocupação desta Casa, ao examinar a proposição, não pode se restringir ao universo dos empregados formais, é preciso pensar naqueles que estão relegados à informalidade, ao subemprego, muitas vezes porque a sua realidade de vida não se encaixa na forma rígida que é a atual CLT. A legislação trabalhista brasileira vigente hoje é um instrumento de exclusão, prefere deixar as pessoas à margem da modernidade e da proteção legal do que permitir contratações atendendo as vontades e as realidades das pessoas.[17]

O documento explicita como a reforma foi pautada precisamente pela retórica corporativa. Contudo, mesmo depois dessa sonhada mudança legislativa, empresas e seus representantes continuaram recorrendo aos mesmos argumentos por mais alterações nas leis do trabalho. Em 2019, segundo o ministro da Economia:

Aí que vem essa carteira verde e amarela, com um regime previdenciário diferente, onde a empregabilidade seja enorme, onde o índice de emprego do jovem seja quase 100%. É o que o presidente [Bolsonaro] tem dito: talvez estejamos indo em direção a uma escolha, com dois sistemas, onde você pode escolher entre um sistema que tem muitos direitos, mas não tem emprego, e um sistema que tem muitos empregos, e os direitos são os que você escolher ter.[18]

Essa declaração foi dada logo no início do governo atual, e a pauta se mantém. Desde 2020, a pandemia de covid-19 tem sido usada, ao menos no Brasil, como novidade que impõe mais "flexibilizações" na legislação. Mudanças substanciais foram efetivamente introduzidas, particularmente para ampliar a liberação de acordos entre trabalhadores e empresas sem sequer contar com a participação dos sindicatos.

2.2. Novas tecnologias

Nos últimos anos, a retórica empresarial sobre novas tecnologias tem enfatizado a emergência da chamada Indústria 4.0 (ou Quarta Revolução Industrial). Em geral, argumenta-se que esse novo avanço tecnológico impõe grandes desafios, mas oferece oportunidades inéditas ao mundo do trabalho. Com o avanço da robótica, da inteligência artificial e das ferramentas de informação e comunicação, há grandes riscos aos empregos, mesmo aqueles que não são repetitivos. Segundo essa narrativa, contudo, qualificação permanente e flexibilização do trabalho possibilitarão novos

---

[17] Câmara dos Deputados, *Comissão Especial destinada a proferir parecer ao Projeto de Lei nº 6.787, de 2016, do Poder Executivo que "altera o Decreto-Lei nº 5.452, de 1º de maio de 1943" – Voto do relator, dep. Rogério Marinho* (Brasília, Câmara dos Deputados, 2017), p. 19. Disponível *on-line*.
[18] Alexandro Martello, "Governo estuda sistema alternativo de carteira de trabalho para o futuro, diz Guedes", *G1*, 7 fev. 2019. Disponível *on-line*.

e melhores postos de trabalho e oportunidades de negócios, garantindo um saldo positivo às transformações tecnológicas.

A Indústria 4.0 engendra um salto qualitativo na automação. Internet das coisas, impressoras 4D e máquinas inteligentes são algumas das inovações de destaque. Passa a ser possível, por exemplo, que as empresas estabeleçam redes globais com seus equipamentos, depósitos e unidades de produção articulados por sistemas ciberfísicos – máquinas, sistemas de armazenagem e unidades de produção inteligentes que trocam informações de forma autônoma, desencadeando ações e controles mútuos.

Algumas previsões sobre a Indústria 4.0 e suas consequências para o futuro dos postos de trabalho têm sido muito mais pessimistas. Por exemplo, reportagem da *BBC* sobre os efeitos da Quarta Revolução Industrial afirma que "as máquinas terão a capacidade de fazer muitas das atividades atualmente realizadas por humanos, e talvez melhor do que eles. É um futuro que promete maior eficiência e serviços mais baratos, mas também pode generalizar a perda de empregos"[19].

A consultoria global PWC também prevê uma grande ameaça aos empregos em decorrência da automação[20]. Ao contrário do que ocorreu nas revoluções industriais passadas, quando as máquinas substituíram os músculos dos trabalhadores, agora elas substituem seus cérebros. Elas realizam atividades cada vez mais complexas, utilizando uma combinação de inteligência artificial, robótica e outras tecnologias digitais em tarefas que antes eram exclusivas dos humanos. O relatório estima que alto percentual dos postos de trabalho corre sério risco de ser eliminado pela automação, chegando a 38% do total de postos nos Estados Unidos, 35% na Alemanha e 30% no Reino Unido.

Para Ford, a situação atual difere das anteriores em consequência da aceleração da inovação e da generalização de seu uso[21], o que levou a uma revolução inédita. Antes, as inovações tendiam a afetar um setor por vez, e os trabalhadores poderiam migrar para outras áreas; agora, as tecnologias da informação e comunicação (TIC) têm o potencial de ser aplicadas em todos os setores e afetá-los rapidamente. Com o uso desse tipo de tecnologia, cada vez menos trabalho é necessário nos setores existentes, e embora o emprego dessas tecnologias dê origem a novas atividades, estas também usam as TIC e empregam pouca gente, impedindo que o contingente de trabalhadores expulsos de um setor seja absorvido pelos novos.

Em suma, para muitos, a Quarta Revolução Industrial traz a possibilidade de substituir não somente trabalhos manuais e repetitivos, mas também atividades

---

[19] Richard Gray, "How Long Will It Take for Your Job to Be Automated?" [Quanto tempo vai levar para seu emprego ser automatizado?], *BBC*, 18 jun. 2017. Disponível *on-line*.
[20] PWC, *UK Economic Outlook*, mar. 2017. Disponível *on-line*.
[21] Martin Ford, *Rise of the Robots: Technology and the Threat of a Jobless Future* (Nova York, Basic Books, 2015) [ed. bras.: *Os robôs e o futuro do emprego*, trad. Claudia Gerpe Duarte, Rio de Janeiro, Best Business, 2019].

cognitivas e variadas. Essa permuta é um dos argumentos principais dos defensores das atuais profecias sobre o declínio inexorável ou a maciça eliminação de postos de trabalho. Entre o empresariado, contudo, prevalece o otimismo. O Banco Mundial, por exemplo, considera que as novas tecnologias têm grande potencial de aumentar a produtividade dos trabalhadores e otimizar a utilização de capital pelas firmas. As TIC abrem espaço para que até mesmo as menores empresas utilizem as plataformas para expandir seu mercado por todo o mundo, algo que seria quase impossível sem o desenvolvimento tecnológico atual:

> A tecnologia pode aumentar a produtividade dos trabalhadores, e os consumidores têm mais opções de produtos a preços mais baixos. Além disso, as empresas usam novas tecnologias para melhorar a utilização de capital, superar barreiras de informação, terceirizar e inovar. As plataformas de comércio *on-line* expandem as oportunidades de mercado para as empresas, com algumas empresas de plataforma se tornando elas mesmas mercados. Mesmo as pequenas empresas podem ser globais. [...] As empresas em 2018 operam dentro de limites mais amplos. Os acordos de livre-comércio e a melhoria da infraestrutura reduzem o custo do comércio transfronteiriço. Isso permite que as transações ocorram onde os custos são minimizados. As novas tecnologias reduziram os custos de comunicação. Como resultado, as empresas também são menos integradas verticalmente.[22]

Porém, o ponto de vista comum entre as várias instituições é o de que o efeito da tecnologia sobre o emprego irá variar conforme a qualificação e a habilidade dos trabalhadores. O Fórum Econômico Mundial afirma que

> o aumento da demanda por novas funções compensará a diminuição da demanda por outras funções. No entanto, esses ganhos líquidos não são uma conclusão precipitada. Eles envolvem transições difíceis para milhões de trabalhadores e a necessidade de investimento proativo no desenvolvimento de uma nova onda de aprendizes ágeis e talentos qualificados globalmente.[23]

Para muitos, o efeito das novas tecnologias poupará as ocupações que dependem de alto nível de qualificação e de habilidades técnicas. Os empregos que envolvem tarefas repetitivas serão completamente automatizados, pois são facilmente realizados por máquinas e programas de computador em conjunto com inteligência artificial. Isso significa que muitos empregos serão extintos, e é necessário que haja um esforço para qualificar os trabalhadores que os detinham a realizar o tipo de atividade que estará disponível.

---

[22] Banco Mundial, *The Changing Nature of Work*, cit., p. 95.
[23] FEM, *The Future of Jobs Report 2018*, cit., p. 5.

O FMI concorda que a chance de automação completa diminui conforme cresce o nível de escolaridade exigido pela atividade, o que tornaria os empregos altamente qualificados menos propensos a ser extintos. A situação é menos favorável para pessoas com baixa qualificação. Segundo modelo criado pela instituição, trabalhadores menos qualificados terão salários estagnados por anos, pois seu incremento decorre da produtividade em setores com menor tecnologia.

> Atividades novas, porém desconhecidas, podem aumentar a demanda por diferentes habilidades no futuro, ampliando essa incerteza. [...] Mesmo o cenário de automação moderada vê a renda de baixa qualificação crescendo apenas lentamente. [...] No entanto, a simulação dinâmica [feita pelo FMI] sugere que a transição até mesmo para este resultado medíocre (do ponto de vista dos trabalhadores pouco qualificados) leva tempo para se materializar, já que os salários dos pouco qualificados permanecem estagnados na primeira década após a introdução de robôs [...]. A razão é que seus ganhos salariais são resultado de ganhos de produtividade com o investimento em capital tradicional (não robótico), que demora para se materializar.[24]

Qualificação não significa, porém, simplesmente escolaridade, pois as profissões com o menor risco de serem automatizadas por completo são aquelas que envolvem características humanas dificilmente replicadas por máquinas. Profissões que requerem habilidades cognitivas como empatia, criatividade, comunicação, trabalho em equipe e resolução de conflitos são as mais difíceis de serem automatizadas, independentemente da qualificação necessária para realizá-las. O que não quer dizer que essas funções sejam eternas: com a inteligência artificial cada vez mais sofisticada, não há garantia de que as máquinas nunca conseguirão realizá-las:

> A tecnologia tem impactos variados sobre as diferentes habilidades e sua demanda no mercado de trabalho. Dependendo da tecnologia, algumas habilidades (e seus trabalhadores) estão se tornando mais relevantes do que outras no mundo do trabalho. Habilidades avançadas – como resolução de problemas complexos ou pensamento crítico – estão se tornando mais valorizadas nos mercados de trabalho. Com essas habilidades, os indivíduos trabalham de forma mais eficaz com tecnologias novas e mutáveis. Habilidades socioemocionais – como empatia, trabalho em equipe, resolução de conflitos – também estão se tornando mais valiosas nos mercados de trabalho porque não podem ser facilmente reproduzidas por máquinas.[25]
>
> A segunda área de foco foi a qualificação da força de trabalho atual, não apenas em habilidades digitais, como análise de dados e cibersegurança, mas também em habilidades humanas, como empatia, comunicação e criatividade. Programas de

---

[24] Fundo Monetário Internacional (FMI), *Technology and the Future of Work* (Washington, FMI, 2018), p. 17. Disponível *on-line*.
[25] Banco Mundial, *The Changing Nature of Work*, cit., p. 52.

requalificação direcionados, garantindo que as partes da força de trabalho que já são fortemente impactadas pela integração tecnológica e automação possam permanecer produtivas e empregáveis no futuro, são urgentemente necessários. Os membros da força-tarefa identificaram uma grande oportunidade de realizar tais programas em uma coalizão da indústria e em colaboração com o setor público e instituições acadêmicas relevantes.[26]

Por outro lado, segundo o Banco Mundial, as grandes mudanças provocadas pelas tecnologias digitais impõem ao conjunto dos trabalhadores prazos de contrato de trabalho ainda mais curtos e relações ainda mais flexíveis, tornando as oportunidades de trabalho mais acessíveis para qualquer indivíduo, além de possibilitar um *boom* dos serviços por demanda[27].

O Fórum Econômico Mundial corrobora a ideia de que as novas tecnologias devem transformar praticamente todos os aspectos das relações de trabalho. A força de trabalho terá de ser ainda mais flexível e adaptável em relação a suas qualificações, o que só poderá ocorrer com uma nova cultura de aumento das habilidades por toda a vida:

> A adoção de novas tecnologias em vários setores também resultará em uma transformação generalizada de quase todas as funções de trabalho atualmente estabelecidas. Os empregados terão que atualizar seu conjunto de habilidades para se adaptar às necessidades que estão sendo criadas e precisarão fazer isso de forma iterativa à medida que o 4IR se materializar. A mudança constante de métodos e objetivos de negócio exigirá uma força de trabalho flexível e adaptável em termos de qualificação, o que só pode ser alcançado através da criação de uma cultura e da implantação de mecanismos de aprendizagem e requalificação por toda a vida.[28]

Entidades empresariais no Brasil, como de costume, reproduzem a narrativa. A CNI, ao abordar a Indústria 4.0, questiona: "E essa transformação radical significa redução de empregos? Não. Pelo contrário, significa a criação de novos postos de trabalho, com novas atividades". Porém,

> tamanha mudança demandará qualificação profissional, multidisciplinaridade e adaptação do perfil profissional à capacidade técnica frente às inovações tecnológicas. [...] Hoje se avança para a "Indústria 4.0", que alia um conceito de produção supercustomizada e dinamizada, controle instantâneo da atividade produtiva, sistemas de automação altamente flexíveis, robótica avançadíssima e alta eficiência, que encaminhará para produtos muito customizados, de alta qua-

---

[26] FEM, *Towards a Reskilling Revolution: Industry-Led Action for the Future of Work* (Genebra, FEM, 2019), p. 47.
[27] Banco Mundial, *The Changing Nature of Work*, cit.
[28] FEM, *Towards a Reskilling Revolution*, cit., p. 2.

lidade e acessíveis ao consumidor. E toda essa mudança na forma de produção se reflete diretamente na alteração das formas de trabalhar nas últimas décadas, agora integradas a novas tecnologias e à evolução na gestão da produção e do trabalho, reforçando o descompasso entre a legislação trabalhista vigente e a nova realidade produtiva e de trabalho.[29]
A disseminação do uso de tecnologias de informação criou um novo mundo para o trabalho. Existem atividades intensivas em conhecimento, que podem ser desenvolvidas por um grupo de pessoas espalhado por diversos lugares do país ou do mundo. Por ser especializado, esse tipo de trabalhador pode compatibilizar o atendimento a demandas de diferentes empresas. Pode trabalhar em casa, sem perder tempo no trânsito, determinando seus horários da forma que melhor [lhe] convier. Entretanto, as modernas relações de trabalho do século XXI ainda são reguladas por normas obsoletas da primeira metade do século XX.[30]

Nos últimos anos, documentos das instituições multilaterais, como o FMI, têm apresentado a defesa do estabelecimento de alguma modalidade de renda básica pelos países, como forma de mitigar os efeitos das transformações tecnológicas sobre o emprego. A ideia é que, com o avanço tecnológico,

> as políticas distributivas devem ser cuidadosamente projetadas para facilitar a mobilidade e o ajuste, minimizando o efeito adverso sobre a eficiência [...]. Nesse contexto, a Renda Básica Universal tem recebido atenção crescente, vista como um instrumento para enfrentar a queda dos rendimentos e a incerteza gerada pelo impacto da mudança tecnológica nos empregos em todo nível de qualificação.[31]

É verdade que a preocupação com gastos do governo consta no documento logo em seguida. De todo modo, na pauta corporativa recente, tem aparecido com frequência o argumento de que algum tipo de renda básica deve existir para que trabalhadores estejam menos vulneráveis aos efeitos da tecnologia sobre o emprego. Porém, normalmente prega-se que esse benefício substitua direitos sociais e trabalhistas.

2.3. Novas empresas e novas relações de trabalho

Depois de anos afirmando a desverticalização, a formação de redes, a especialização e a terceirização, as empresas acentuaram o discurso do "tudo novo" da flexibilização e da divisão do trabalho nos anos 2000, particularmente na segunda década deste século. As formas flexíveis de contratação foram cada vez mais demandadas, praticadas e aprofundadas. A base do discurso não muda em relação aos anos 1990 e 2000: é preciso

---

[29] CNI, *Modernização das relações do trabalho: caminho para equilibrar proteção, competitividade e desenvolvimento econômico e social* (Brasília, CNI, 2017), p. 23.
[30] Idem, *A indústria e o Brasil*, cit., p. 109.
[31] FMI, *Technology and the Future of Work*, cit., p. 21.

"aceitar que as empresas se adaptem ao novo modelo de gestão empresarial imposto pelas novas exigências de um mercado global e cada vez mais competitivo"[32]. Contudo, o discurso se radicaliza em relação às "novas" formas de trabalho.

Ao mesmo tempo que lutaram para legitimar a terceirização, empregadores de diferentes setores buscaram se distanciar dessa designação. Nas últimas décadas, e especialmente nos últimos anos, formas de organização do trabalho que negam a condição de terceirização têm crescido, a despeito de haver, nesses arranjos, um ente interposto entre empresas e trabalhadores. Muitos arranjos adotados pelas empresas passaram a ser designados por nomes como: contrato de compra (indústria), contrato de facção (setor têxtil), sistema de "integração" (agroindústria, especialmente fumo, aves e suínos), venda "no pé" (frutas e reflorestamento).

Em vez de contratar serviços, as empresas estariam "comprando produtos", em relações puramente comerciais entre agentes completamente independentes. Trabalho assalariado, se existe, não é nem indiretamente vinculado à empresa compradora. Assim, busca-se mostrar que há completo afastamento entre os agentes envolvidos no negócio, em particular entre trabalhadores e empresa contratante. A "compradora" tende a não adotar contratos de prestação de serviços com o ente interposto (não mais considerado terceirizado), preferindo dispositivos com outros nomes (contratos de "integração" com produtores, de fornecimento de roupas com oficinas) ou mesmo nenhuma formalização específica, como *e-mails* ou pedidos de compra.

A negação da terceirização como arranjo de organização da produção e do trabalho também é verificada na construção civil. Empresários comumente formam "contratos de empreitada" e se apresentam como donos das obras, meros negociadores que não teriam nenhuma ingerência no desenvolvimento das atividades, muito menos sobre o processo e as condições de trabalho. A venda de produtos "no pé", como frutas ou madeira, é outra designação utilizada por empresas para arranjos que negam a condição de terceirização e o envolvimento com o processo produtivo precedente.

No setor têxtil, o chamado "contrato de facção" se disseminou. O discurso sobre esse modelo é bem resumido nas palavras de uma empresa:

> A relação jurídica que a M5 tem com o Empório Uffizi não envolve um contrato de prestação de serviços, mas um contrato mercantil, com cláusula que expressamente proíbe a subcontratação, a qual foi violada por exclusiva e reconhecida iniciativa do contratado. Por outro lado, não há qualquer indício de ingerência da M5 na atividade produtiva do contratado para além da verificação de qualidade e a personalização das roupas por meio de botões e etiquetas.[33]

---

[32] CNI, *Custo do trabalho e produtividade: comparações internacionais e recomendações* (Brasília, CNI, 2014), p. 36.
[33] Citado em Repórter Brasil, "Nota da M. Officer sobre o segundo flagrante de trabalho escravo na confecção de peças da grife", *Repórter Brasil*, 16 maio 2014. Disponível *on-line*.

Nesse caso, não se nega necessariamente o trabalho assalariado de quem produz, mas a empresa ("grande marca") se apresenta como compradora de uma mercadoria com a qual não tem qualquer relação durante a produção. Nos termos da CNI: "A clássica relação de emprego tende a se transmutar para uma relação com maior flexibilidade no trabalho, seja em relação ao local de prestação do serviço, seja no horário. *A característica mais pujante do novo modelo de trabalho é a autonomia do empregado*"[34].

Ainda mais longe, contudo, tem ido a narrativa das "novas" empresas. Corporações e seus representantes anunciam que as mudanças produtivas estariam provocando uma expansão de novas formas de trabalho em substituição ao trabalho assalariado, radicalizando a ideia apresentada na primeira onda de narrativas. Esse discurso ganhou força nos últimos anos ao redor do mundo. Por exemplo, de acordo com o *Financial Times*: "À medida que a tecnologia e a globalização perturbam e fragmentam o mundo do trabalho, alguns advogados afirmam que os estatutos legais de emprego são antiquados demais para capturar a complexidade de muitas relações de trabalho modernas"[35].

No Brasil, uma das "novas" formas de trabalho mais comuns, particularmente nas atividades rurais, é a chamada "produção integrada". Em suma, o "integrado" é um pequeno agricultor (muitas vezes proprietário formal da terra) que assina um contrato de exclusividade para realizar alguma atividade que faz parte dos negócios de uma empresa, por exemplo, plantar tabaco para uma empresa de cigarros. É como se houvesse a formação de um monopsônio, ou seja, um mercado em que existe um só comprador, a empresa integradora, e uma grande quantidade de vendedores, os integrados.

A expansão de "novas" formas de trabalho e o anacronismo da regulação protetiva do trabalho têm sido fortemente reivindicados por instituições empresariais: "O mundo do trabalho mudou, o sistema de relações do trabalho não acompanhou", pois "a legislação trabalhista do Brasil foi concebida para atender ao emprego e não ao trabalho"[36]. O impacto dessa narrativa nas legislações tem sido grande. Na Espanha e no Reino Unido, por exemplo, foram adotadas formas de contratação com menos direitos que os empregos típicos, chamados respectivamente de "autônomo dependente" e "*worker*". No Brasil, o trabalho "integrado", o "aluguel" de cadeira, os caminhoneiros "autônomos", todos foram objeto de leis anunciando que a relação entre esses trabalhadores e seus contratantes não forma vínculo de emprego. Em 2017, a reforma trabalhista introduziu um artigo ampliando o conceito de trabalho autônomo (que pode

---

[34] CNI, *Relações trabalhistas no contexto da indústria 4.0* (Brasília, CNI, 2017), p. 7. Disponível *on-line*, grifos nossos.
[35] Sarah O'Connor, "'Bogus' Self-Employment Deprives Workers of their Rights", *Financial Times*, 18 ago. 2015. Disponível *on-line*.
[36] CNI, *A indústria e o Brasil*, cit., p. 108.

servir a uma única empresa com exclusividade), buscando reduzir o escopo de trabalhadores abarcados pela CLT.

A despeito de as "novas" formas de trabalho estarem sendo anunciadas há algumas décadas e não terem a tecnologia como pré-condição, elas ganham força com os chamados aplicativos e plataformas.

> A disseminação das tecnologias da informação criou um novo mundo para o trabalho. Existem atividades intensivas em conhecimento que podem ser desenvolvidas por um grupo de pessoas espalhadas pelo país ou pelo mundo. Sendo especializado, esse tipo de trabalhador pode atender às demandas de diferentes empresas. Você pode trabalhar em casa, sem perder tempo no trânsito, determinando seus horários da maneira que melhor lhe convier. No entanto, as modernas relações de trabalho do século XXI ainda são reguladas por normas obsoletas da primeira metade do século XX.[37]

Nos últimos anos, têm se disseminado termos para definir transformações nos arranjos empresariais e no mundo do trabalho que estariam associadas ao uso das novas tecnologias da informação e comunicação: *gig economy*, *platform economy*, *sharing economy*, *crowdsourcing*, *on-demand economy*, *uberização*, *crowdwork*, *trabalho digital*, entre outros. É frequente também a ideia de que as "plataformas" e os "*apps*" teriam como objetivo conectar a demanda de clientes por serviços específicos com a oferta desses serviços por trabalhadores provedores[38]. Nessa mesma direção, outra definição mais ampla de *platform economy* como intermediação contempla tanto serviços quanto bens e ativos a serem vendidos[39].

A análise também pode ser feita numa perspectiva que relaciona transformações na estrutura empresarial e do trabalho. Nesse caso, as plataformas digitais significariam uma mudança fundamental no processo de *outsourcing*, pois superariam as barreiras geográficas para a realização das atividades[40]. *Crowdwork*, *work on demand* e *digital labour* também podem parecer sinônimos: para Chesalina, por exemplo, a *platform economy* estaria acompanhada pela ascensão de novas formas

---

[37] Ibidem, p. 109.
[38] Seth D. Harris e Alan B. Krueger, *A Proposal for Modernizing Labor Laws for Twenty-First-Century Work: The "Independent Worker"* (Washington, The Hamilton Project, 2015, *discussion paper* 2015-10). Disponível *on-line*.
[39] Ver Diana Farrell e Fiona Greig, "Paychecks, Paydays, and the Online Platform Economy: Big Data on Income Volatility", *JP Morgan Chase & Co Institute*, 18 fev. 2016. Disponível *on-line*. Neste relatório, a análise enfoca mais as "plataformas" de "intermediação" de serviços. Contudo, o que queremos destacar é o conteúdo das relações, e não sua aparência. Desse modo, mais importante que os anúncios sobre o tipo de "plataforma" é ver como as empresas estabelecem suas relações com supostos ofertantes e consumidores.
[40] Mark Graham, Isis Hjorth e Vili Lehdonvirta, "Digital Labour and Development: Impacts of Global Digital Labour Platforms and the Gig Economy on Worker Livelihoods", *Transfer: European Review of Labour and Research*, v. 23, n. 2, 2017, p. 135-62.

de emprego, caracterizadas pela transferência de atividades de uma empresa não mais para agentes específicos, mas para um grande número de indivíduos ou organizações indefinidas[41].

Em que pesem as diferentes definições, essas terminologias pretendem identificar fenômenos com as seguintes semelhanças: 1) contatos *on-line* entre produtores/provedores e consumidores, trabalhadores e empresas; 2) uso de aplicativos ou plataformas para acesso em computador ou em instrumentos móveis de comunicação; 3) uso intensivo de dados digitais para a organização e a gestão dessas atividades; 4) relações completamente instáveis e imprevisíveis para os trabalhadores[42].

A posição que parece predominar é a de que essas transformações têm sido benéficas para quem trabalha, entre outras razões, porque reduziriam as restrições de oferta de serviços especializados por questões geográficas, facilitando a busca por oportunidades de renda para trabalhadores, independentemente de sua localização[43]. Ou, ainda, de que as plataformas e os aplicativos tornariam a conexão e a comunicação entre provedores de serviços e consumidores mais fácil e dinâmica, constituindo mercados *on-line* que facilitariam os negócios para ambos[44].

A Associação Brasileira Online to Offline afirma que as plataformas digitais "conectam demanda aos prestadores de serviços e não controlam seus horários ou sua rotina, de maneira que eles mesmo os definem com total independência, de acordo com seu interesse ou disponibilidade". Por isso, as "pessoas que buscam seus ganhos por meio das plataformas não podem depender de uma fórmula engessada, que traga de volta uma regulação, a partir de mais impostos e regras, que prejudique o trabalho, a liberdade de escolha e a oportunidade de auferir renda"[45].

Em suma, as corporações alegam que: 1) são empresas de tecnologias digitais; 2) fazem a intermediação de atividades nas quais trabalhadores oferecem serviços de forma autônoma; 3) eliminam a subordinação, garantindo liberdade dos trabalhadores para trabalhar quando, onde e como quiserem:

> O entregador possui total independência na execução de suas atividades, posto que pode realizar suas entregas quando, onde e no horário que quiser, ou seja, não existe nenhuma obrigação ao entregador em fazer ou não seu *login* no aplicativo, sendo

---

[41] Olga Chesalina, "Social Security for Platform Economy as a Challenge for Social Security in Germany and in Russia: A Comparative Study", *Spanish Labour Law and Employment Relations Journal*, v. 7, n. 1-2, 2017, p. 17-28.
[42] Muitas vezes estabelecidas por "demanda" (os arranjos são feitos por produto, sem garantia de continuidade), a critério arbitrário da empresa.
[43] Aniket Kittur et al., "The Future of Crowd Work", *ACM Conference on Computer Supported Cooperative Work*, San Antonio, 23-27 fev. 2013. Disponível *on-line*.
[44] James Manyika et al., "Independent Work: Choice, Necessity, and the Gig Economy", *Mckinsey Global Institute*, 10 out. 2016. Disponível *on-line*.
[45] João César Diaz, "Associação que reúne apps como Rappi pede debate sobre entregadores", *UOL*, 7 fev. 2021. Disponível *on-line*.

que não há determinação de onde o serviço será prestado, tampouco penalidade em caso de deixar de se logar no aplicativo, existe total autonomia nessa relação.[46]

No caso mais extremo, as empresas alegam que os trabalhadores seriam seus clientes, que pagariam uma "taxa" pelo uso do "aplicativo" ou "plataforma". A Uber, por exemplo, se apresenta como um aplicativo que presta serviços a motoristas. Em uma ação judicial no Reino Unido, ela se descreve como "uma empresa de tecnologia, que não fornecia um serviço de transporte para os clientes – apenas os colocava em contato com os motoristas"[47]. Já a empresa de entrega Rappi se define como:

> Uma empresa de tecnologia "*startup*" de intermediação de serviços, presente em vários países da América Latina, que por meio de plataforma de *e-commerce* permite aos fornecedores de diversos segmentos divulgarem e comercializarem os seus produtos, bem como aos entregadores independentes habilitarem-se para a realização de serviços de entregas, que efetuam por meio de motocicleta, bicicleta ou outro modal a sua escolha. Assim, verifica-se que a Requerida é uma empresa de tecnologia intermediadora, que explora a plataforma tecnológica, com o intuito de permitir aos usuários do aplicativo a oferta e a procura de bens e serviços, dentro do novo sistema mundial de economia compartilhada.[48]

Como vimos, muito antes da existência das "plataformas" e dos "aplicativos", já se declarava a expansão de "novas" formas de trabalho. Portanto, apesar de todo o destaque que têm recebido, as novas tecnologias digitais não são pré-requisito para a adoção de modalidades contratuais que negam a condição de assalariamento.

As "novas" empresas têm levado ao limite a retórica da especialização em seus negócios. Desse modo, as corporações continuam "encolhendo" e se "distanciando" dos trabalhadores. Mais do que terceirizar, muitas empresas já não se apresentam como produtoras, mas como compradoras (como nos casos da gestão das "marcas" e das "tecnologias"). Mais recentemente, entraram na moda as "plataformas" e os "aplicativos", empresas que se identificam como meras intermediárias em determinado mercado e definem os trabalhadores como seus parceiros ou clientes. Ou seja, surge o caso extremo em que as "novas" empresas negam completamente sua participação na produção. Como compradoras ou intermediárias, ganha força a ideia de que as transformações espalharam novas formas de organização do trabalho que não são assalariadas. Assim, não apenas a legislação como também o próprio direito do trabalho se tornam crescentemente anacrônicos.

---

[46] Secretaria de Inspeção do Trabalho, *Auto de Infração n. 22.027.794-0*, 2020.
[47] Rupert Jones, "Uber Driver Earned Less than Minimum Wage, Tribunal Told", *The Guardian*, 20 jul. 2016. Disponível *on-line*.
[48] Secretaria de Inspeção do Trabalho, *Auto de Infração n. 22.027.794-0*, cit.

2.4. Novos trabalhadores

Com a crise de 2008, após um primeiro momento em que as políticas neoliberais pareciam perder terreno, a premissa da austeridade como condição para retomar o crescimento novamente ganhou força pelo mundo. No que concerne à narrativa sobre os novos trabalhadores, a necessidade de corte de direitos sociais e o papel da qualificação e do empreendedorismo para resolver o problema do desemprego voltam com força redobrada.

Além da necessidade de cortes de gastos, os direitos sociais se mantêm como problema econômico pelos incentivos que continuam gerando. Direitos como seguro-desemprego, auxílio para pais solteiros, subsídio para moradia servem de muleta aos indivíduos para deixar de trabalhar. Essa ideia continuou a se espalhar pelos países centrais, a exemplo do Reino Unido[49]. A campanha, recorrente, vem tanto dos governos[50] quanto dos meios de comunicação: mostra, por exemplo, empresas que supostamente não conseguem achar candidatos que queiram trabalhar. Séries de TV buscam casos caricatos de famílias pobres para estereotipar como oportunistas, desonestas e, especialmente, preguiçosas as pessoas que dependem de direitos sociais associados à renda para sobreviver[51].

No Brasil, em que pese sua rede de seguridade muito mais modesta, os direitos sociais têm sido objeto de forte ataque desde a Constituição de 1988. Nas últimas duas décadas, porém, parte das forças empresariais combate até mesmo o Bolsa Família – programa que atenua levemente a vulnerabilidade da população mais pobre e tem baixo impacto orçamentário[52].

Em paralelo, com "as mudanças na natureza do trabalho", a necessidade de qualificação se acentua como pauta dos relatórios de grandes instituições multilaterais.

---

[49] O secretário de Bem-Estar e Previdência do Reino Unido afirmou, em 2013, que o sistema de benefícios precisaria ser mudado porque teria provocado escassez de oferta de trabalho. Ver Randeep Ramesh, "Is Britain a Nation of Lazy Scroungers?", *The Guardian*, 24 abr. 2013. Disponível *on-line*.

[50] No Reino Unido, o orçamento proposto em 2015 justificava explicitamente o corte de 12 bilhões de libras dos benefícios como um incentivo a trabalhar, ao invés de depender de esmolas do Estado. Ver "My Budget for Working People" – Osborne Reveals Plans to Reward Graft over Welfare, *The Sun*, 5 jul. 2015. Disponível *on-line*.

[51] Como os programas de televisão *The Big Benefits Handout* e *Benefits Street*.

[52] Dentre os inúmeros exemplos, o senador Álvaro Dias afirmou, em 2011, que "o Bolsa Família não tira ninguém da miséria. Mantém na miséria porque estimula a preguiça. Inclusive, há gente que não quer trabalhar porque não quer ter carteira assinada e perder o benefício"; ver "Álvaro Dias e o preconceito do PSDB contra o Bolsa Família e contra os pobres", *YouTube*, 2011. Disponível *on-line*. Ou texto de 2014 na revista *Veja*, que afirma: "Com o Bolsa Família garantido por tempo indeterminado, argumentam alguns economistas, muitas pessoas não se dedicam com afinco à procura por um novo trabalho"; ver Gabriel Castro, "Por que o número de beneficiários do Bolsa Família só cresce", *Veja*, 13 jan. 2014. Disponível *on-line*.

> Na maioria dos países, os contratos sociais existentes garantem o acesso à educação básica. A natureza mutável do trabalho exige um reexame deste contrato básico. O mercado de trabalho valoriza cada vez mais as habilidades cognitivas e socioemocionais avançadas, que complementam a tecnologia e tornam os trabalhadores mais adaptáveis. Isso significa que a desigualdade aumentará, a menos que todos tenham uma chance justa de adquirir essas habilidades. [...] Um novo contrato social nivelaria o campo de jogo para a aquisição de habilidades.[53]

Assim, em um contexto no qual as qualificações necessárias para manter um emprego incluem habilidades cognitivas e emocionais, deve-se garantir que todos tenham oportunidades iguais de desenvolver essas aptidões, superando a educação básica efetivamente oferecida pelos governos.

Para o novo mundo, permanece forte a posição de que "o investimento em qualificação ataca a raiz do problema – preparar as novas gerações de trabalhadores com as habilidades requeridas para lidar com os avanços tecnológicos, enquanto reduz a oferta cada vez mais redundante de trabalho com baixa qualificação". Pondera, no entanto, que atualmente "há incerteza em volta do tipo de qualificação que o futuro do trabalho vai realmente precisar"[54]. Além de ampliar o escopo das habilidades a serem desenvolvidas, é importante atentar que as novas tecnologias podem elevar o descompasso entre as qualificações dos trabalhadores e os empregos existentes (*skill mismatches*):

> Garantir um ensino fundamental e médio universal e de alta qualidade é fundamental para ajudar os indivíduos a se adaptarem às novas tecnologias, [...] e a expansão da educação superior abrirá as portas para empregos que apoiem o desenvolvimento dessas tecnologias em primeiro lugar.[55]

Há expectativa de que as mudanças tecnológicas tornem as habilidades individuais redundantes mais rápido que no passado, e será preciso encontrar o equilíbrio entre, por um lado, o desenvolvimento de conhecimentos técnicos, matemáticos e científicos, e, por outro, a ênfase em pensamento crítico, empatia, tomada de decisão, entre outros[56].

Destaca-se, também, o papel dos próprios trabalhadores na qualificação:

> Para os trabalhadores, há uma necessidade inquestionável de assumir responsabilidade pessoal pela própria aprendizagem ao longo da vida e pelo desenvolvimento

---

[53] Banco Mundial, *The Changing Nature of Work*, cit., p. 113.
[54] FMI, *Technology and the Future of Work*, cit., p. 20.
[55] FMI, *Future of Work: Measurement and Policy Challenges* (Washington, FMI, 2018), p. 19. Disponível *on-line*.
[56] Idem.

da carreira. Também é igualmente claro que muitos indivíduos precisarão de apoio durante os períodos de transição de emprego e fases de reciclagem e requalificação por parte de governos e empregadores.[57]

Essa ideia de que, no novo cenário de mudanças rápidas e permanentes, os trabalhadores precisam se qualificar ao longo de toda a vida é praticamente onipresente nos documentos empresariais.

Por fim, o empreendedorismo aparece com força na segunda onda da narrativa sobre os novos trabalhadores ao redor do mundo. O novo cenário engendra a expansão das oportunidades para pequenos negócios, desenvolvida graças à ampliação das TIC:

> Em vez de contratos "padrão" de longo prazo, as tecnologias digitais estão gerando mais trabalho de curto prazo, muitas vezes por meio de plataformas de trabalho *on-line*. Esses chamados "*shows*" tornam certos tipos de trabalho mais acessíveis a todos os indivíduos de uma forma mais flexível. O aumento do acesso à infraestrutura digital – por meio de *laptops*, *tablets* e *smartphones* – oferece um ambiente propício para o crescimento dos serviços sob demanda. Os exemplos variam de entrega de supermercado, serviços de direção a tarefas sofisticadas, como contabilidade, edição ou produção musical.[58]

No Brasil, o empreendedorismo se reforça particularmente quando a crise chega ao país, em meados da década de 2010. Salgado e Bakker apresentam alguns exemplos de como o discurso continuou se alastrando e sendo massificado pela mídia brasileira:

> "Ter o seu próprio negócio continua sendo o terceiro maior sonho do brasileiro [...] Enquanto 31% dos brasileiros querem montar um negócio, 16% querem crescer dentro de uma empresa.", atesta a matéria "Brasil está no topo do *ranking* mundial de empreendedorismo" [...]; "Empreender é um sonho. É conquistar a sensação de liberdade em abrir um negócio próprio e não ter mais de responder a um chefe", assevera a coluna "Sem crise, empreendedor" [...]; "Sonho de 44% dos brasileiros é abrir um negócio" [...]; "Empreendedorismo, um sonho brasileiro crescente".[59]

Em particular, o empreendedorismo é apresentado como solução para o desemprego crescente. *O Globo* anunciava: "O emprego como nós conhecemos, aquele com ou sem carteira assinada, crescentemente dá lugar à ocupação empreendedora. [...] No novo tempo, por falta de opção ou por escolha, o que se

---

[57] FEM, *The Future of Jobs Report 2018*, cit., p. 23.
[58] Banco Mundial, *The Changing Nature of Work*, cit., p. 21.
[59] Júlia Salgado e Bruna Bakker, "'Quando a crise faz o empreendedor': desemprego e empreendedorismo no jornal *O Estado de S. Paulo*", *Contemporânea: Comunicação e Cultura*, v. 15, n. 2, maio-ago. 2017, p. 590-608.

busca é cliente, não patrão"[60]. Um mês após a aprovação da reforma trabalhista de 2017 no Brasil, o Banco Santander lançou uma campanha publicitária, em vídeo, destinada aos trabalhadores:

Figura 1 – Publicidade do Santander em um ponto de ônibus de São Paulo[61]

O banco afirma que "você virou empreendedor", e uma máquina de cartões é apresentada como "a sua nova carteira de trabalho"[62], pois seria uma ferramenta para fechar mais negócios. O recado é que, por escolha ou por necessidade, agora é você que vai ter de resolver sua situação ocupacional por meio de seu próprio negócio.

Esse discurso turbinado do empreendedorismo não apenas promete resolver os problemas financeiros como também enfatiza a autonomia de indivíduos que agora não querem mais receber ordens numa relação de emprego. Há centenas de anúncios de empresas na internet para que o trabalhador "seja seu próprio patrão: tenha a liberdade de fazer o seu próprio horário. Receba pedidos direto em seu celular. A BeeBee é seu escritório na palma da mão"[63].

"Seja seu próprio patrão" é um convite que não se restringe a um tipo de empresa que quer ser "parceira" do trabalhador. Contudo, o anúncio do parágrafo anterior é exemplo de como as TIC têm sido usadas para difundir a ideia de expansão das oportunidades de negócios para qualquer pessoa, engendrando uma espécie de neoempreendedorismo.

---

[60] Filipe Oliveira, "Brasil fica entre os últimos lugares em ranking de automação de empresas", *Folha de S.Paulo*, 7 ago. 2018. Disponível *on-line*.
[61] Sindicato de Bancários e Financiários de São Paulo, Osasco e Região (Spbancários), "Publicidade escancara cinismo da direção do Santander", *Sindicato dos Bancários CUT*, 19 set. 2017. Disponível *on-line*.
[62] Disponível em: <www.youtube.com/watch?v=YCGcFwO2530>. Acesso em: 10 jun. 2021.
[63] Disponível em: <https://www.beebee.com.br/para-parceiros.html>. Acesso em: 12 jun. 2021.

O neoempreendedorismo é uma radicalização da narrativa da onda anterior de "novidades" porque o uso das tecnologias (particularmente a internet e as plataformas) sugere uma aparente democratização dos meios de produção: basta ter um computador, um carro ou mesmo uma bicicleta para a produção "autônoma" de renda, seja como criador, seja como parceiro de uma *start-up*. Agora, mais do que nunca, seu sucesso "só depende de você"[64]. Isso é reforçado quando as empresas alegam disponibilizar as plataformas para pessoas que querem ofertar e melhorar "seus negócios", engendrando a suposição de que os trabalhadores são clientes das empresas e pagam a elas taxas pelo uso da tecnologia.

No bojo dessas mudanças no mundo do trabalho, surgem um "novo trabalhador" e uma "nova convivência produtiva", em que há uma "força de trabalho mais qualificada e com melhores condições de defender seus interesses, reduzindo a demanda por tutela do Estado"[65]. "A regulação das relações do trabalho tem sido construída sob a antiquada premissa do conflito entre capital e trabalho". É necessário, portanto, outro papel dos sindicatos:

> Esse contexto vem induzindo as mudanças ao redor do mundo, no sentido de uma atitude menos conflitiva e de mais cooperação entre empresas e trabalhadores, mediados por seus sindicatos […] há que se criar mecanismos que possibilitem aos sindicatos compreender as demandas do trabalhador moderno e atuar de forma cooperativa com as empresas, na busca do fortalecimento da competitividade e do empreendedorismo.[66]

Vê-se que a ideia de que os sindicatos devem adotar uma postura conciliatória permanece na narrativa empresarial. Todavia, para muitos dos novos trabalhadores, um sindicato pode não fazer mais sentido, pois eles sequer são empregados.

Em síntese, na nova onda de "novidades", os trabalhadores são ainda mais responsáveis por solucionar os problemas do mercado de trabalho. A qualificação continua jogando papel importante, especialmente em razão das mudanças constantes engendradas pelas novas tecnologias. O discurso do empreendedorismo se radicaliza ainda mais, já que as TIC tornam o capitalismo mais democrático que nunca. Os sindicatos tendem a perder cada vez mais espaço, pois as novas relações não são sequer assalariadas. O recado para os trabalhadores parece claro: "Com ou sem emprego, não reclame e continue se esforçando, uma hora você vai se dar bem. Seja resiliente nas duas situações".

---

[64] Ainda mais porque, nesse novo cenário, os trabalhadores podem superar as barreiras dos mercados locais para potencialmente realizar tarefas de qualquer lugar do mundo para qualquer lugar do mundo.
[65] CNI, *A indústria e o Brasil*, cit., p. 108.
[66] Ibidem, p. 110.

2.5. "É TUDO NOVO", DE NOVO

Na segunda onda de "novidades", repetem-se, fundamentalmente, as mesmas narrativas da primeira no que concerne aos conteúdos. Contudo, além de novos trajes, há diferenças que atualizam ou aprofundam as retóricas das décadas anteriores.

Quanto ao cenário internacional e seus impactos nas políticas públicas, a ênfase das mudanças é redirecionada da globalização para a crise internacional que se inicia em 2007-2008. A solução do desemprego passa necessariamente pela adoção de reformas trabalhistas, que devem ser aprofundadas nos países que já as haviam feito nas décadas anteriores.

A novidade tecnológica é a Indústria 4.0, cujo diferencial seria a possibilidade de substituição de pessoas em tarefas não repetitivas por meio da inteligência artificial. Como na Terceira Revolução Tecnológica, a qualificação dos trabalhadores e a "flexibilização" da legislação são as chaves para evitar a eliminação de postos de trabalho e garantir boas ocupações.

As novas corporações aprofundam a especialização, muitas delas tornando-se empresas "compradoras", até chegar às "plataformas". Mantém-se o pressuposto do aumento da divisão do trabalho em relação ao fordismo, mas levado ao extremo: agora temos empresas que só fazem a intermediação entre produtores e clientes, com declínio do trabalho assalariado. É imperioso aceitar essas novas práticas de gestão para que o mercado de trabalho funcione bem.

Para os novos trabalhadores, mantém-se a necessidade de cortes de direitos sociais e de buscar individualmente solução para o trabalho e demais aspectos da vida. A qualificação se mantém como ponto importante, mas há radicalização da ideia de ser o "patrão de si mesmo" com o que chamamos de neoempreendedorismo, oriundo da democratização digital. Nesse cenário, e com as novas relações de trabalho, os sindicatos tendem a perder sentido.

Em suma, as receitas das "novidades" são mais radicais na segunda onda: lei do trabalho com previsão de contrato que não garante salário, relações de trabalho sem direito nenhum, sindicatos com papel reduzido ou sem qualquer função, solução para desemprego plenamente disponível para qualquer indivíduo. Na segunda onda, as narrativas reiteram as promessas de bons e melhores empregos para aqueles que seguirem suas fórmulas e as ameaças de desastre completo para aqueles que resistirem ou buscarem outras saídas. Assim como na primeira onda, não há alternativa às soluções apresentadas pelas "novidades".

As demandas das retóricas das "novidades" são sempre crescentes, e a implementação desses pedidos nunca é suficiente para empresas e seus representantes. Bom exemplo é a declaração do FMI após a implementação do teto de gastos e da reforma trabalhista no Brasil, políticas que haviam sido recomendadas pela instituição:

> No contexto do aperto das condições financeiras globais, colocar o Brasil em uma trajetória de crescimento forte, equilibrado e sustentável exige determinação na con-

solidação fiscal, reformas estruturais ambiciosas e o fortalecimento da arquitetura do setor financeiro. Isso exigirá uma forte liderança e determinação. As medidas recentes, em especial o teto dos gastos e as reformas trabalhista e do crédito subsidiado, são bem-vindas e devem ajudar a aumentar a confiança.[67]

Contudo,

caso não se consiga avançar rapidamente com a consolidação fiscal nem aprovar reformas urgentes, a confiança poderia ser prejudicada, o que causaria um súbito aperto das condições financeiras e, consequentemente, uma contração do crescimento. O fracasso de mais uma tentativa de aprovar uma reforma previdenciária sólida, fundamental para garantir a sustentabilidade fiscal, continua a ser um risco importante.

Como sabemos, a reforma da previdência (a terceira desde os anos 1990) foi implementada em 2019. Quanto às reformas trabalhistas, as entidades corporativas seguem a mesma linha:

Certamente, a modernização trabalhista foi um passo fundamental para o Brasil diminuir a defasagem entre a legislação antiga e as novas regras e tendência do mercado de trabalho. Contudo, é preciso continuar avançando, para que as relações de trabalho conjuguem definitivamente a competitividade no mercado nacional e internacional, trabalho produtivo, geração de novos perfis de emprego, de modo que o País tenha capacidade de aproveitar todo o potencial desse cenário que se vislumbra da Indústria 4.0 não só no Brasil como frente às demais economias do mundo.[68]
A reforma trabalhista (Lei nº 13.467/2017) regulamentou novos regimes e modalidades de contrato e aperfeiçoou outras já existentes, visando ao atendimento de novos modelos de produção e de novas formas de trabalho, adequando a legislação à contemporaneidade em diversos aspectos. É necessário preservar esse avanço e buscar outras melhorias pontuais, tendo em vista as técnicas atuais de gestão e as novas tecnologias de informação e comunicação. [...] Deve-se continuar a estimular a modernização do modelo de relações de trabalho, realizada nos últimos anos, visando à redução de burocracia, ao aumento da segurança jurídica e aos incrementos de produtividade.[69]

Desse modo, não devemos nos surpreender se uma terceira onda de "novidades" surgir daqui a algum tempo. Isso porque suas demandas parecem não ter prazo para se esgotar. Em breve poderemos ter tudo novo, de novo, mais uma vez.

---

[67] FMI, *Brasil: declaração final do corpo técnico sobre a missão de consulta de 2018 nos termos do Artigo IV*, 2018. Disponível *on-line*.
[68] CNI, *Relações trabalhistas no contexto da indústria 4.0*, cit., p. 8.
[69] Idem, *Agenda Legislativa 2020* (Brasília, CNI, 2020).

3
É tudo novo? De novo?

As narrativas sobre as "novidades", em ambas as ondas, aludem a transformações reais e a problemas reais que têm afetado o mundo do trabalho nas últimas décadas, particularmente a ampliação do desemprego e da informalidade (ou dualidade) nos mercados de trabalho. A partir daí, elas apresentam diagnósticos sobre as mudanças que estariam afetando o cenário internacional, as tecnologias, as empresas e os trabalhadores para concluir sobre a necessidade de adaptação de legislações e práticas de trabalhadores e instituições. Essas medidas seriam a única solução possível para os problemas, e recusar esses remédios engendraria, inevitavelmente, um desastre para os mercados de trabalho.

Não buscamos avaliar o peso das narrativas no sucesso da pauta que defendem, mas o fato é que elas ajudaram a justificar as reformas e a plataforma liberalizante, e a ampliar a aceitação das estratégias empresariais, do "empreendedorismo", dos sindicatos conciliadores. Portanto, ao longo das últimas quatro décadas, os pedidos das retóricas das "novidades" têm sido atendidos.

Contudo, há muito a questionar. O conteúdo das narrativas é consistente? Suas premissas, relações causais e consequências são verificadas empiricamente? Suas promessas de solução dos problemas do mercado de trabalho têm sido cumpridas? Mais que isso, quais são seus objetivos reais e como têm impactado aqueles que vivem do trabalho ao redor do mundo?

3.1. Novo cenário internacional e políticas públicas

De fato, como anunciam as retóricas empresariais, o desemprego tem sido um problema sério ao redor do mundo nas últimas décadas. Ademais, o cenário internacional efetivamente dificultou a adoção de políticas públicas nacionais como aquelas implementadas no pós-Guerra. Capitais financeiros mais voláteis e capitais produtivos geograficamente mais fragmentados requerem mudanças nas estratégias de desenvolvimento. Todavia, a narrativa corporativa sobre a necessidade de liberalização, e em particular sobre a reforma trabalhista como solução para o desemprego, é consistente?

Primeiro, é preciso fazer alguns esclarecimentos sobre o conteúdo dessa retórica:

1) A demanda por Estado "mínimo" ou sua "menor" intervenção na regulação do trabalho não se sustenta. Essa proposição é comum ao liberalismo de *playground*[1], pois não existe capitalismo sem Estado, e a garantia da propriedade e das condições de operação do mercado de trabalho pode exigir muito mais pessoas, leis e dinheiro do que, por exemplo, a promoção de políticas sociais. Dado que o Estado pode atenuar as assimetrias que ele mesmo institui, porque é permeado por disputas entre as forças e classes sociais, o máximo que a ideia de "tamanho" do Estado permite é visualizar as posições políticas das pessoas com base nas ações estatais que elas consideram "mínimas" ou "exageradas".

2) A "flexibilização" das normas trabalhistas, de fato, corta direitos, pois: a) historicamente, a lei trabalhista é flexível "para cima", ou seja, garante direitos mínimos, mas não impede negociar condições melhores para o trabalhador que as estabelecidas em lei; assim, aumentar a "flexibilização" só pode significar reduzir direitos existentes; b) direitos que eram flexíveis, devidos apenas em situações específicas, são eliminados nas reformas. A ideia, em suma, é que cortar custos (direitos) do trabalho estimula ou determina a ampliação da contratação de trabalhadores pelos empresários.

3) Como dito na introdução do livro, relacionar direitos e desemprego é uma ideia com papel central para cristalizar a estrutura de poder em nossa sociedade, pois, aos trabalhadores, é apresentado o dilema entre ter um emprego ou lutar por direitos. Trata-se de um discurso ideológico perspicaz, pois torna o trabalhador refém de sua condição de subordinação. Defender salários e condições de trabalho é, segundo esse discurso, promover o próprio desemprego.

Se essa retórica é superada, admitindo-se que o direito do trabalho (e a distribuição de renda como um todo) não provoca desemprego, explicita-se a disputa sobre um nível de desigualdade que a narrativa busca tornar inexorável. Nessa hipótese, direito do trabalho passa a ser matéria eminentemente distributiva, ou seja, uma luta pela apropriação da riqueza e por determinadas condições de vida (descanso, férias etc.). Portanto, a reforma trabalhista envolve a forma de apresentação dos interesses e as possibilidades de bem-estar na sociedade em que vivemos. A sujeição compulsória da maioria da população à venda de sua força de trabalho é essencial para coagir quem não controla os meios de produção. Essa

---

[1] Chamo de liberalismo de *playground* a ideia, explícita ou implícita, de que existe capitalismo sem Estado ou de que há uma oposição entre Estado e mercado, que é a origem da defesa do Estado "mínimo". A maioria dos ditos liberais faz apologia à ausência do Estado na relação entre capital e trabalho, mas todos querem a intervenção da polícia quando os trabalhadores se rebelam.

coerção do mercado de trabalho pode ser diferente conforme o país, especialmente em consequência dos limites que cada um deles impõe à operação desse conjunto de relações sociais. Esses limites, dos quais o direito do trabalho é um exemplo, atenuam o poder empresarial.

Contudo, desde os anos 1980, têm ocorrido alterações nas normas de proteção ao trabalho ao redor do mundo, com um norte claro de redução de direitos, sendo exceções as medidas no sentido oposto. Sem dúvida, o objetivo predominante das reformas tem sido acentuar a mercadorização da força de trabalho, o que significa deixar salários e condições de trabalho cada vez mais à mercê do funcionamento do mercado[2]. Para isso, o principal impacto jurídico das reformas trabalhistas é, em regra, romper com as condições do contrato típico de emprego, seja pela supressão explícita de direitos, pela permissão dessa supressão por acordos individuais ou coletivos, ou, quando isso não ocorre formalmente, pela promoção de sua inadimplência[3].

E o que aconteceu nos mercados de trabalho dos países que adotaram essas reformas?

Pesquisamos seis países (Alemanha, França, Reino Unido, Espanha, México e Brasil)[4], identificando, entre os impactos provavelmente associados às reformas, um freio nos custos do trabalho. Na Alemanha pós-reforma, o custo do trabalho[5] cresceu 4,1% entre 2004 e 2008, menos da metade da média da zona do euro (9,1%). Já entre 2012 e fins de 2018, França e Espanha mantiveram baixo crescimento dos custos. Na primeira, apenas 4,3%, pouco mais de metade da média da zona do euro (8,1%). Quanto à Espanha, depois da reforma, o custo do trabalho

---

[2] Muito se tem falado sobre "mercantilização", "mercadorização" ou "remercantilização" do trabalho nas últimas décadas, comumente retomando a abordagem de Polanyi em *A grande transformação* (trad. Fanny Wrabel, Rio de Janeiro, Campus, 2000). Algumas obras caracterizam a atual conjuntura como coetânea de uma "transformação global"; ver Guy Standing, "Understanding the Precariat through Labour and Work", *Development and Change*, v. 45, n. 5, 2014, p. 963-98; outros, como uma terceira onda de mercantilização, a exemplo de Michael Burawoy, "From Polanyi to Pollyanna: The False Optimism of Global Labor Studies", *Global Labour Journal*, v. 1, n. 2, 2010, p. 301-13.

[3] Entram aqui medidas que enfraqueçam as instituições que podem efetivar os direitos previstos, como sindicatos e inspeção do trabalho.

[4] Alguns indicadores apresentados nesta seção são inéditos. Os demais são um resumo das informações e referências que constam em Vitor Araújo Filgueiras, Uallace Moreira Lima e Ilan Fonseca de Souza, "Os impactos jurídicos, econômicos e sociais da reforma trabalhista: análise de experiências internacionais", *Caderno do CRH*, v. 32, n. 86, 2019, p. 231-51, e Vitor Araújo Filgueiras, "As promessas da reforma trabalhista: combate ao desemprego e redução da informalidade", em José Dari Krein, Vitor Araújo Filgueiras e Roberto Véras de Oliveira (orgs.), *Reforma trabalhista no Brasil: promessas e realidade* (Campinas/Brasília, Curt Nimuendajú, 2019). A Coreia do Sul, também pesquisada, tem vivido uma reforma trabalhista no sentido oposto, como veremos no capítulo 5.

[5] O indicador inclui custos salariais e não salariais (como contribuições sociais) em empresas com mais de dez empregados para toda a economia (exceção de agricultura e setor público). Dados do Eurostat.

cresceu apenas 1,4% entre 2012 e o fim de 2018, terceiro menor índice da União Europeia. No México, entre a reforma de 2012 e o ano de 2018, os salários se mantiveram abaixo do valor de 2011[6].

Os salários médios anuais dos empregados em tempo integral (OCDE, por paridade do poder de compra), na Alemanha, entre 2003 e 2007, ficaram abaixo do valor registrado em 2002. Na Espanha, entre 2012 e 2018, os salários médios foram inferiores a 2011. No México, desde 2012, se mantêm praticamente estagnados e abaixo do que eram entre 2001 e 2009. No Brasil, o salário médio dos empregados com carteira oscila para baixo nos dois anos seguintes à reforma. Nos trimestres encerrados nos meses de novembro de 2018 e de 2019, o valor é o mesmo (R$ 2.279), ficando abaixo dos salários médios do mesmo período de 2017 (R$ 2.313).

A situação é ainda pior porque os contratos atípicos, promovidos pelas reformas, tendem a pagar menos por hora trabalhada que os típicos, e essa diferença se acentuou nos últimos anos[7]. No Reino Unido, o salário médio (por hora) de um trabalhador intermitente é 35% menor que a média total dos ocupados, caindo 13,8% de 2011 a 2015[8]. Entre os autônomos, 49% recebiam menos que o salário mínimo em 2017[9]. Na Alemanha, em 2014, quase metade dos chamados *minijobbers* ganhavam menos que o salário mínimo-hora (contra 5% dos empregados segundo contratos típicos e 12% dos temporários), e o salário-hora recebido por 90% deles é inferior ao dos demais contratos. Um quarto das pessoas cujo principal emprego é um *minijob* sofre com risco de pobreza[10].

No período pós-reforma, a participação dos salários no produto interno bruto (PIB) caiu em todos os países pesquisados[11]. Na Alemanha, entre 2003 e 2007, esse indicador vai a seu menor nível (53,7%) desde a unificação (quando era 60,4%). Na Espanha, entre 2012 e 2018, também atingiu o menor nível (53,7%) da série histórica com início em 1991 (chegou a 62,9%). Esse também é o caso do México, país em que a participação dos salários chegou a 42,2% do PIB, em 2002, e decresceu a 34,7%, em 2008. No Reino Unido, caiu de 56,7%, em 1991, para 53%, em 1997, na esteira da Era Thatcher.

Após as reformas, de fato, os custos para as empresas diminuíram. Contudo, a promessa de mais empregos não se comprovou. Pesquisas recentes vêm des-

---

[6] Dados da OCDE.
[7] Organização para Cooperação e Desenvolvimento Econômico (OCDE), *OECD Employment Outlook* (Paris, OCDE, 2018).
[8] Abi Adams e Jeremias Prassl, *Zero-Hours Work in the United Kingdom* (Genebra, OIT, 2018, Conditions of Work and Employment Series, n. 101).
[9] TUC, "Two Million Self-Employed Adults Earn less than the Minimum Wage", *TUC*, 28 set. 2018. Disponível *on-line*.
[10] Gabriele Fischer et al., *Situation atypisch Beschäftigter und Arbeitszeitwünsche von Teilzeitbeschäftigten. Quantitative und qualitative Erhebung sowie begleitende Forschung* (Endbericht, IAB-Forschungsprojekt im Auftrag des Bundesministeriums für Arbeit und Soziales, 2015).
[11] Dados do Ilostat.

montando o senso comum sobre o tema[12]. Adascalitei e Morano compararam os resultados do mercado de trabalho de 111 países que incrementaram ou reduziram a proteção das leis trabalhistas:

> Os países que flexibilizaram a legislação trabalhista no período em consideração experimentaram um aumento médio na taxa de desemprego de 3,7 pontos percentuais entre 2008 e 2014. No mesmo período, os países que reforçaram a legislação trabalhista viram suas taxas de desemprego aumentarem em média apenas 0,3 pontos [percentuais]. Além disso, as taxas de ocupação caíram em média 1,5 pontos percentuais nos países que diminuíram a proteção aos trabalhadores e permaneceram quase inalteradas nos países que a aumentaram.[13]

Há quem afirme que as reformas na Alemanha e na Espanha teriam relação com a queda do desemprego nesses países[14], e isso foi muito repercutido no Brasil. Contudo, tal relação é questionada por investigações posteriores.

Literatura empírica sistematizada por Uxó, Álvarez e Febrero aponta para duas conclusões principais sobre os impactos de políticas como as reformas[15]: 1) as principais economias da OCDE tendem a ser *wage-led*[16], ou seja, a redução de salários prejudica o crescimento da economia; 2) quando essa redução ocorre simultaneamente em um grupo de países, mesmo aqueles que inicialmente pareciam

---

[12] Instituições, empresas e economistas neoclássicos sempre apontaram o impacto positivo das reformas. Porém, nas últimas décadas, pesquisadores críticos passaram a se engajar nos dados e indicar a fragilidade das conclusões corporativas. Por exemplo, pequenas mudanças nas amostras, nos dados ou nos parâmetros utilizados mudam substancialmente os resultados; ver Kaiza Correia Oliveira, "Reformas trabalhistas e desemprego: análise teórica e empírica de experiências internacionais", *Cadernos do Ceas*, n. 248, set.-dez. 2019, p. 544-77. Ademais, pesquisas quantitativas têm concluído que a proteção ao trabalho, ao contrário do senso comum, contribui para o emprego; ver, por exemplo, Giovanni Dosi et al., *The Effects of Labour Market Reforms upon Unemployment and Income Inequalities: An Agent Based Model* (Bruxelas, ISI Growth-União Europeia, 2016, *working paper* n. 23). Disponível *on-line*.

[13] Dragos Adascalitei e Clemente P. Morano, *Labour Market Reforms since the Crisis: Drivers and Consequences* (Genebra, OIT, 2015, *working paper* n. 5). A partir dos achados de um estudo econométrico, esses autores concluíram também que, ao menos no período analisado, houve efeito negativo da redução de direito no emprego.

[14] Comissão Europeia, *European Semester. Country Report: Spain 2016* (Bruxelas, Comissão Europeia, 26 fev. 2016).

[15] Jorge Uxó, Ignacio Álvares e Eladio Febrero, "Internal Devaluation in a Wage-led Economy: The Case of Spain", *Cambridge Journal of Economics*, v. 43, n. 92, 2018, p. 335-60.

[16] Os impactos da alteração da distribuição de renda entre salários e lucros no crescimento (e no emprego) dependem da estrutura (ou conjuntura) da economia, particularmente se os investimentos são mais estimulados pela elevação das margens de lucro (*profit-led*) ou pela ampliação da demanda dos trabalhadores (*wage-led*). No último caso, o crescimento dos salários e do consumo dos trabalhadores engendra aumento da produção e dos lucros agregados. Assim, o aumento da renda do trabalho eleva o consumo e incita investimentos, numa dinâmica que não opõe, mas retroalimenta consumo e investimento.

profit-led se tornam *wage-led* considerando-se o conjunto dos efeitos macroeconômicos, de modo que cortes de salários têm efeitos recessivos. Ou seja, a estratégia da desvalorização interna não promove os efeitos prometidos.

Na Espanha, esse estudo empregou ampla análise quantitativa para defender que o desemprego caiu apesar das reformas, e não por sua causa. Elas reduziram salários, mas, como a economia espanhola manteve seu caráter *wage-led*, ela teria deixado de crescer, em média, 0,2% ao ano de 2009 a 2017. Isso se explicaria por quatro fatores: 1) a propensão marginal do consumo salarial é maior, e a concentração de renda pelo capital reduz consumo agregado; 2) a lucratividade teve impacto fraco sobre os investimentos privados no período; o investimento é mais influenciado pela renda e consequente efeito acelerador; 3) os custos do trabalho afetam os preços domésticos, mas não mudam significativamente as exportações; o crescimento econômico dos outros países é muito mais importante; 4) cresce o multiplicador implícito na recessão – efeito do aumento da participação dos salários na renda sobre o incremento da demanda agregada.

Na Alemanha, a taxa de desocupação aberta caiu a partir de 2006; todavia, o desemprego por subutilização de horas[17] só diminuiu, em sequência, a partir de 2010, justamente quando medidas da reforma foram atenuadas[18]. Não por acaso, o percentual de pessoas com contratos por tempo parcial, mas que queriam trabalhar mais, subiu de 12,9%, em 2002, para 23%, em 2008, e só voltou a ficar abaixo de 20% a partir de 2011[19].

No Brasil, a reforma não cumpriu sua principal promessa: as taxas de desemprego pouco se alteraram nos dois anos posteriores a sua implementação. A desocupação era de 12%, e a subutilização total da força de trabalho[20], 23,6% em novembro de 2017, contra 11,6% e 23,8% um ano depois, e 11,2% e 23,3% em novembro de 2019. Ademais, a quase totalidade dos postos de trabalho que surgiram no período não são atribuíveis, sequer por hipótese, às novas modalidades de contratação, pois ou não se enquadram nas alterações previstas ou são ilegais. Após a reforma, a informalidade continuou a crescer no conjunto da ocupação[21].

---

[17] A taxa de desocupação aberta considera ocupado qualquer um que tenha tido algum trabalho. Subutilização por horas inclui entre os desempregados quem não trabalha e também pessoas em "bicos", que precisam e querem trabalhar mais.

[18] Dados do Ilostat.

[19] Dados da OCDE.

[20] Trata-se da soma dos desocupados (sem nenhum trabalho) com aqueles que gostariam de trabalhar mais (estavam fazendo bicos) e aqueles que gostariam de trabalhar, mas não puderam ou desistiram de procurar emprego. Em suma, a subutilização da força de trabalho é o indicador mais preciso do desemprego de fato.

[21] Mesmo os empregos formais, em grande medida, surgiram apesar da reforma, como no transporte de carga, com o tabelamento dos fretes, e na saúde, com ações contra fraudes contratuais. Detalhes em Vitor Araújo Filgueiras, "As promessas da reforma trabalhista", cit.

Vale destacar uma das principais mudanças da reforma brasileira de 2017, o chamado contrato intermitente, no qual só há trabalho (e salário) para cada chamado do empregador. No parecer da Câmara dos Deputados, consta que tal contrato poderia "gerar cerca de 14 milhões de postos de trabalho formais em dez anos. Somente no setor do comércio, a estimativa é de criação de mais de 3 milhões de novos empregos". Contudo, o saldo de postos intermitentes em 2018 e 2019 mal alcançou 5% da promessa anualizada. Enquanto isso, a Pnad do mesmo período indica que o número de informais continuou crescendo, inclusive aqueles que, segundo a reforma de 2017, poderiam ser contratados formalmente como intermitentes.

Mais de metade dos trabalhadores contratados como intermitentes provavelmente não teve nenhuma renda em dezembro de 2019, segundo dados da Rais. Isso porque, dos 156 mil empregados ativos ao fim do ano nessa modalidade, 85 mil (54,7% de todos os intermitentes) aparecem com salários zerados. Um em cada quatro intermitentes com vínculo ativo em dezembro teve salário zerado em todos os meses de vigência do contrato em 2019. Nas demais modalidades de vínculo, esse percentual é muito menor (3,8%). A constatação do imenso índice de trabalhadores intermitentes sem qualquer registro de salário em 2019 é agravada pelo fato de que esse percentual é o dobro do registrado em 2018, quando já era muito mais alto que a média, alcançando 12%.

Mesmo aqueles intermitentes que conseguem trabalhar sofrem sérias dificuldades. Em dezembro de 2019, dos cerca de 70 mil intermitentes que tiveram rendimento, 13,7% receberam meio salário mínimo ou menos, e 45% no máximo um salário mínimo (média de apenas R$ 752 para quem recebeu entre meio e um salário). Aqueles que provavelmente não receberam nada, somados aos trabalhadores que receberam até meio salário mínimo, são mais de dois a cada três contratos (68%). Considerando todos os meses de 2019, 34,7% dos empregados intermitentes ganharam, em média, menos de meio salário mínimo ou não tiveram remuneração. Somados àqueles que ganharam entre meio e um salário mínimo (24,5%, cuja média é de R$ 760, indício de que a grande maioria esteve abaixo de um salário), podemos indicar que, em 2019, quase dois terços dos intermitentes não puderam se manter como segurados da Previdência com seus salários.

Ou seja, como muitos já esperavam, é frequente que os trabalhadores contratados como intermitentes sejam admitidos e depois deixados de lado pelas empresas, pois estas podem manter o contrato sem passar serviço nem ter qualquer ônus. Na prática, estamos falando de desempregados que possuem um vínculo formal de emprego. Em outros países, as reformas também têm legitimado ou estimulado modalidades de subemprego mais ou menos radicais[22].

As consequências de uma reforma no nível de emprego, mesmo como fator de influência, dependem das características da economia de cada país e da

---

[22] O Reino Unido foi precursor na adoção desse tipo de contrato (chamado *zero hour*), em 1996.

conjuntura internacional, o que impede uma completa generalização. No atual contexto, há indícios de que a piora da renda e das condições dos contratos não contribuem para a expansão do emprego, pois agravam um problema crônico de demanda efetiva enfrentado pelo capitalismo[23]. De todo modo, é possível generalizar que a reforma nunca é a única opção, nem medida suficiente, para a criação de empregos. Mesmo que ela eventualmente tenha influência positiva, outras políticas podem substituí-la para estimular o emprego. Portanto, reforma que "flexibiliza" (reduz) direitos é sempre uma opção política sobre o que se quer das condições de vida e trabalho da população. Isso porque é possível generalizar uma das consequências de uma reforma que "flexibiliza" a legislação, caso seja efetiva: a precarização do trabalho.

Em suma, os principais impactos das reformas são:

1) Ainda que não constitua um processo unívoco, o recrudescimento da mercadorização da força de trabalho prevalece, seja pela possibilidade de supressão de direitos ("flexibilização"), seja pela eliminação explícita de proteção ou pela interposição de barreiras à efetivação dos direitos remanescentes.

2) O impacto econômico que se pode generalizar é a queda dos salários na medida da efetividade das mudanças normativas. O impacto no nível de emprego, em tese, não é generalizável; de todo modo, é controverso que tenha sido positivo em algum caso concreto. Em qualquer hipótese, a reforma não garante crescimento nem impede queda do emprego, o que explicita a natureza política de sua adoção.

3) Quanto aos impactos sociais, identifica-se uma precarização proporcional à efetividade das reformas. Em geral, crescem contratos precários e pioram as condições dos contratos típicos; informalidade e dualidade não se reduzem; remunerações ficam estagnadas ou caem, e a renda se concentra em uma das partes envolvidas na distribuição funcional – o capital.

É verdade que o cenário dos últimos quarenta anos é menos favorável às políticas nacionais de desenvolvimento (mas não inviável, como veremos no capítulo 5). Contudo, as reformas trabalhistas não entregam o que prometem e, mesmo que entregassem, não seriam opção única para a promoção do emprego. Portanto, há um elemento inerentemente valorativo na adoção desse tipo de política, que é escondido de forma deliberada pela narrativa corporativa. Ela se funda na secular imputação de relação entre direito do trabalho e desemprego, abstraindo o impacto da desigualdade na demanda efetiva e, por conseguinte, no emprego. Além disso, as reformas trabalhistas promovem piores condições de trabalho e o aumento da desigualdade.

A despeito de todas essas evidências, os pedidos reiterados por novas e mais profundas reformas trabalhistas foram uma constante ao longo das últimas décadas. O Brasil é, provavelmente, o caso mais exemplar na atual conjuntura, pois

---

[23] Voltaremos a esse ponto no capítulo 5.

tem fragilizado o direito do trabalho mesmo durante a pandemia da covid-19 e encaminha novas mudanças precarizantes.

3.2. Novas tecnologias[24]

Desde a Primeira Revolução Industrial, de tempos em tempos ganha destaque o debate sobre a substituição das pessoas, nos processos produtivos, pelos produtos de seu próprio trabalho (tradicionalmente, essa preocupação remete à maquinaria). Isso poderia causar a extinção de postos de trabalho, portanto, do meio de subsistência da maioria da população.

Em que pesem as muitas projeções pessimistas ao longo dos séculos, não houve colapso definitivo do emprego nas economias capitalistas. Isso tampouco ocorreu com a chamada Terceira Revolução, a despeito da grande preocupação com a automação. Com a chamada Indústria 4.0, o impacto no mercado de trabalho será diferente?

Enquanto isso, nas últimas décadas, as políticas públicas "flexibilizaram" as legislações e priorizaram a qualificação dos trabalhadores, seguindo as demandas empresariais. Os postos de trabalho mais livres e criativos que foram prometidos como contrapartida apareceram?

Antes de analisar a consistência da retórica empresarial sobre as novas tecnologias, é importante fazer algumas ponderações sobre a relação entre tecnologia e desemprego. O simples fato de o avanço da capacidade técnica[25] em uma sociedade ser um problema denuncia uma contradição central do capitalismo. Uma sociedade com menos trabalho necessário para produzir mais riqueza deveria ser uma bênção. As pessoas dispõem de mais recursos para satisfazer suas necessidades e de mais tempo livre para desfrutar a vida fora do trabalho. Além de gerar mais riqueza com menos trabalho, a tecnologia tem potencial emancipador porque pode tornar o trabalho menos penoso e mais criativo, libertando as pessoas do estranhamento em relação ao labor. O trabalho pode ser fonte de prazer e realização.

Contudo, no capitalismo, o avanço técnico pode tornar mais pessoas mais pobres, além do trabalho mais sofrido e alienante. Essa sociedade permite que a automação seja usada como meio de excluir pessoas da produção e da apropriação da riqueza, e ainda como ferramenta para aumentar o controle, a exploração e o

---

[24] Alguns indicadores apresentados nesta seção são inéditos. Os demais são um resumo das informações e referências completas que constam em Vitor Araújo Filgueiras, *NR 12: Máquinas, equipamentos, dedos, braços e vidas: padrão de gestão da força de trabalho pelo empresariado brasileiro*, Campinas, 2014, disponível *on-line*; idem (org.), *Saúde e segurança do trabalho na construção civil* (Aracaju, J. Andrade, 2015); idem (org.), *Saúde e segurança do trabalho no Brasil* (Brasília, Movimento, 2017); e Caminhos do trabalho, *Dossiê de pesquisa 1* (Salvador, UFBA, 2020). Disponível *on-line*.

[25] Poder produzir mais, com menos gente ou em menos tempo (ou produtos diferentes, com meios diferentes).

adoecimento. Por definição, o problema não é a tecnologia, mas sua privatização. O desenvolvimento e o uso dos meios de produção são impostos pelos proprietários para ter mais lucros, de modo que, mesmo aumentando a produtividade do trabalho e a riqueza total, é possível não repartir esse incremento nem melhorar o conteúdo do trabalho.

A) Tecnologia e desemprego

O avanço da tecnologia é uma das características constitutivas da dinâmica do capitalismo. Isso é destacado por muitos autores ao menos desde o século XIX, sendo ponto praticamente pacífico nas mais diversas matrizes teóricas e políticas das ciências sociais.

O incremento da tecnologia reduz, por definição, a quantidade de pessoas/tempo necessários para um mesmo produto. Mas isso implica aumento do desemprego? A resposta é: depende. A retórica empresarial, como vimos, segue preponderantemente otimista. Contudo, ela usa a relação da tecnologia com o desemprego como ameaça para disciplinar: haverá empregos se o trabalho for flexibilizado e os trabalhadores se qualificarem.

A ênfase na educação e qualificação dos trabalhadores como solução para a criação ou manutenção dos empregos obscurece as dinâmicas políticas, sociais e da própria acumulação do capital que se estabelecem no processo de difusão das tecnologias. É impossível tratar o progresso técnico fora do contexto em que ele está inserido. Evidentemente, a capacitação da força de trabalho é algo relevante. A ênfase nesse quesito, porém, dá a entender que os postos de trabalho decorrem das decisões dos trabalhadores, ou, no mínimo, que os investimentos dos capitalistas seriam variáveis dependentes do comportamento daqueles que procuram emprego.

Enquanto isso, dá-se menos atenção à macroeconomia, aos modelos de desenvolvimento e às políticas econômicas em vigor ou vindouras com a emergência das transformações técnicas – todas elas variáveis fundamentais para determinar se as novas tecnologias serão acompanhadas pelo aumento ou pela redução de postos de trabalho no conjunto da economia.

Ocorre que a evolução da tecnologia pode significar não apenas produzir a mesma quantidade de determinado bem com menor tempo de trabalho, mas também produzir mais bens com o mesmo tempo de trabalho, ou até bens antes inexequíveis ou inimagináveis. O desenvolvimento e a aplicação da tecnologia têm componente inerentemente político no âmbito da produção, da organização ao disciplinamento do trabalho. Mas não apenas. O emprego da tecnologia se insere necessariamente em um cenário político que contempla modelos de desenvolvimento nacionais e internacionais, regimes de acumulação do capital, padrões de regulação, entre outros fatores que vão determinar se o progresso técnico será acompanhado de redução, de estabilidade ou mesmo de crescimento do emprego.

Ilustra bem essa indeterminação o caso recente do setor sucroalcooleiro no Brasil. Nos anos 1990, a colheita mecanizada da cana-de-açúcar em São Paulo, maior produtor do país, já cobria entre 20% e 30% da área plantada. Como cada máquina, com dois operadores se revezando, substitui mais de uma centena de pessoas no corte, houve grande preocupação com as ocupações do setor[26]. Contudo, em razão de uma série de fatores, particularmente de políticas públicas, a produção sucroalcooleira cresceu tão rapidamente nos anos 2000 que o emprego formal no setor (cultivo e usinas) mais que dobrou em São Paulo, saindo de 102 mil postos, em 2002, para 205 mil, em 2009[27]. No mesmo período, no Brasil, o número de vínculos no setor passou de 305 mil para 505 mil. Posteriormente, uma grave crise abateu o setor – por fatores como preço internacional do açúcar e participação do etanol na gasolina[28]; ainda assim, até 2017, ele continuava empregando mais de 400 mil pessoas. Ou seja, nem no interior de um setor diretamente afetado pela tecnologia há garantia de redução do emprego pelo incremento da automação. É um indicativo de que, mesmo que todos os setores adotem novas tecnologias, é possível que a acumulação supere seus efeitos.

Se não houve aumento maciço do desemprego com as novas tecnologias desde os anos 1980, é verdade que a desocupação ou subocupação tem se mantido em níveis elevados nas últimas décadas mundo afora. Para muitos, isso seria prova dos temidos efeitos da automação. Contudo, parece muito mais provável que os níveis de desemprego continuem muito associados aos níveis de crescimento da economia, que em geral têm se mantido baixos. Quando há ciclos de crescimento, por sinal, o emprego tem respondido (se a qualidade é ruim, é uma questão política), tornando a hipótese do crescimento sem emprego como decorrência da automação algo a ser provado.

Os impactos da Indústria 4.0 na destruição e/ou criação de empregos ainda são desconhecidos. Eles são qualitativamente diferentes? Essa indeterminação não reduz a importância, pelo contrário, radicaliza a necessidade de se estabelecer um amplo debate e estudos sobre as hipóteses de dinâmicas que poderão ocorrer no mercado de trabalho com as novas tecnologias. Ademais, exige que as políticas adotadas protejam o trabalho e a coletividade.

Uma questão fundamental que não procede na narrativa empresarial é a ideia de que proteção ao trabalho joga contra a inovação tecnológica e por isso seria preciso "flexibilizar". Ao contrário, quando as empresas conseguem lucros elevados à custa dos direitos e das condições de trabalho, tende-se a prejudicar o desenvolvimento

---

[26] Rosemeire Aparecida Scopinho et al., "Novas tecnologias e saúde do trabalhador: a mecanização do corte da cana-de-açúcar", *Cadernos de Saúde Pública*, Rio de Janeiro, n. 15, v. 1, jan.mar. 1999, p. 147-61.
[27] Dados da Rais.
[28] João Carlos Borda, Cacyone Gomes e Faeza Rezende, "Setor sucroalcooleiro enfrenta uma das maiores crises da história", *Jornal da Globo*, 22 jul. 2014. Disponível *on-line*.

econômico em geral e, em particular, o avanço tecnológico. Isso ocorre porque os lucros baseados no rebaixamento dos custos em prejuízo dos trabalhadores aumentam o custo de oportunidade de investir no progresso técnico – pois o resultado econômico deste é incerto, apesar de elevar verdadeiramente a produtividade do trabalho. Manter ou criar um padrão de gestão predatório não apenas garante uma rentabilidade mais segura para o empresário individual como ainda tende a se tornar um padrão enraizado de competição entre os capitais.

Essa dinâmica ocorre de modo trágico na indústria brasileira, em que a competição espúria engendra um padrão predominantemente predatório de gestão do trabalho e, ao mesmo tempo, perpetua o atraso tecnológico de grande parte do maquinário do país. Em 2001, investigação coordenada por René Mendes elaborou um diagnóstico sobre os acidentes de trabalho no Brasil. Dentre outras conclusões, o estudo descobriu que

> os acidentes localizados nos punhos e mãos dos trabalhadores somaram 111.587 acidentes, o equivalente a 32,4% do total de acidentes verificados. *São acidentes, na sua maioria, provocados por máquinas, em grande parte notoriamente obsoletas*, como demonstra o trabalho de René Mendes e colaboradores, elaborado por solicitação da Secretaria de Previdência Social do Ministério do Trabalho e Previdência Social.[29]

Mais de dez anos depois, em 2012, segundo o Anuário Estatístico da Previdência Social, dedo e mão foram as duas partes do corpo mais atingidas, representando 38,66% (163.934) de todos os acidentes típicos registrados (ou seja, sem contar acidentes de trajeto e doenças ocupacionais). Destarte, em comparação a 2000, houve aumento absoluto e proporcional dos acidentes que atingem essas partes do corpo. Considerando o Código Internacional de Doenças (CID), os acidentes típicos envolvendo ferimento, traumatismo superficial e fratura de punho e mão representavam três dos quatro CID mais incidentes (29,75% do total). Se a eles forem somados os CID relativos à amputação no nível do punho e da mão, fratura de antebraço, braço e ombro, chega-se a 33,64% dos acidentes típicos registrados no país em 2012.

Ainda segundo dados da Previdência, agora com base na totalidade das Comunicações de Acidente de Trabalho (CAT) emitidas pelos empregadores em 2013, as 11 máquinas e equipamentos que mais provocaram acidentes (serra, prensa, torno/fresadora, laminadora/calandra, máquina de embalar, máquina têxtil e outras não especificadas) representaram mais de 10% todos os acidentes típicos comunicados. Dos acidentes analisados pela Inspeção do Trabalho envolvendo máquinas e equipamentos naquele ano, muitas centenas foram relacionados a dispositivo de

---

[29] Vinícius Carvalho Pinheiro e Geraldo Almir Arruda, *Informe da Previdência Social*, v. 13, n. 10, out. 2001, grifos nossos.

proteção ausente ou inútil, falha na detecção de risco, modo operatório inadequado, máquinas mal concebidas, todos itens básicos das normas trabalhistas.

Passados mais de dez anos entre os dois períodos analisados, mesmo que os empresários tenham conseguido depredar os trabalhadores e obter grande economia de recursos com o descumprimento da legislação trabalhista, o padrão tecnológico do maquinário no Brasil parece ter se mantido anacrônico – quiçá acentuou-se sua obsolescência. Há, ainda, o agravante de terem sido anos de predominante crescimento econômico, portanto, não dá para culpar crises pela situação das máquinas.

Ou seja, sem efetividade, manutenção e ampliação dos direitos e dos rendimentos do trabalho, as empresas podem conseguir lucros, mas tendem a manter uma postura conservadora em relação ao investimento em tecnologia. O caso do Brasil é paradigmático: prevalecem altas taxas de lucro associadas ao descumprimento da legislação do trabalho, mas o país é marginal em sua participação na fronteira do progresso técnico[30].

Vimos que, segundo as narrativas do "novo", o custo elevado do trabalho empurra as empresas para a compra de tecnologias, pois estas se tornam mais vantajosas que a contratação de trabalhadores. No entanto, o problema não se coloca nesses termos no mundo real. Por definição, o capital tende a aprofundar o uso de novas tecnologias para aumentar a produtividade do trabalho e os lucros e para ter vantagens na competição; é da sua natureza a inovação, a menos que seja desincentivado por situações como a concorrência espúria. Não se trata de trocar o trabalhador pela máquina, como se fossem concorrentes, mas de tornar o trabalho mais produtivo. A máquina é instrumento de trabalho. Ocorre que o saldo do emprego após a inovação pode ser negativo, pois depende do crescimento total da produção.

A ideia de que a produção opera numa competição entre trabalhadores e máquinas é fundamental no conteúdo da retórica da "novidade" baseada na teoria neoclássica e engendra uma inversão completa da natureza da relação entre capital, trabalho e meios de produção.

1) A retórica diz que entre trabalhador e empresa não há rivalidade, mas ganhos mútuos, mesmo que não deliberados. Empresas pagam salários segundo a produtividade e trabalhadores recebem pelo que valem. Cada parte busca seu interesse individual, mas todos se harmonizam. O trabalho disputa com o capital, entendido como meio de produção.

---

[30] A relação entre baixos custos do trabalho e reduzido ritmo de inovação é discutida em Rui de Quadros Carvalho, "Projeto de Primeiro Mundo com conhecimento e trabalho do Terceiro?", *Estudos Avançados*, v. 7, n. 17, abr. 1993, p. 35-79. Vinte e cinco anos depois, uma reportagem corrobora essas evidências, ao mostrar a pífia participação do Brasil em ranking de automação e citar o efeito negativo da queda dos custos do trabalho nas decisões empresariais. Ver Filipe Oliveira, "Brasil fica entre os últimos lugares em *ranking* de automação de empresas", *Folha de S.Paulo*, 7 ago. 2018. Disponível *on-line*.

2) Nessa lógica, existe competição entre capital (como meio de produção) e trabalho porque o preço de um exclui a compra do outro – são rivais sujeitos à escolha da empresa. Contudo, o que a retórica apresenta como "capital" é, na realidade, o instrumento do trabalho. Este não exclui o trabalho, e sim o potencializa. O que exclui o trabalho é a relação social em que o instrumento é propriedade de quem não trabalha – aqui, sim, o capital. Então, não existe competição entre instrumento e trabalhador, mas entre o dono do instrumento e o trabalhador.

A concorrência dos trabalhadores, para a narrativa empresarial, é com a tecnologia (a máquina), e não com o empresário. Mas a tecnologia não tem vontade própria, não se relaciona socialmente com as pessoas, por isso, não disputa com ninguém. Lutas na produção se estabelecem entre seres humanos, que podem construir relações sociais em que as tecnologias servem como ferramentas para que algumas pessoas subordinem outras. Mas as tecnologias também podem ser usadas para emancipar. A retórica corporativa inverte (e fetichiza) o fato de que a disputa não é com a tecnologia, mas com o empregador, que comanda, explora e despede.

Nesse sentido, vejamos como a relação entre capital e trabalho decorreu, nas últimas décadas, em relação aos bons empregos prometidos como decorrência do avanço tecnológico.

B) Promessa de tecnologia e trabalho mais criativo

Ao contrário do trabalho mais criativo e da maior liberdade prometidos pela microeletrônica e mais recentemente pelas "plataformas", as novas tecnologias são largamente utilizadas pelas empresas para exercer maior controle e pressão sobre os empregados. Ademais, diferentemente do que tradicionalmente ocorria no modelo fordista/taylorista, em muitos setores, as empresas têm se apropriado da capacidade cognitiva dos empregados sem que isso implique maior poder ou autonomia para eles. Antunes chama bem a atenção para a estratégia do capital de se beneficiar do saber dos trabalhadores, e não apenas de seus músculos[31].

O emprego das novas tecnologias como ferramentas mais sofisticadas de disciplinamento e controle tem expandido o adoecimento psíquico no mundo do trabalho. Contrariando a retórica empresarial sobre práticas sustentáveis e responsabilidade social, as últimas décadas se mostraram pródigas em formas de pressão, intensificação, cobrança e assédio moral organizado, que instrumentalizam as TIC para potencializar a eficiência dessas medidas.

No Brasil, o registro do estresse relacionado ao trabalho cresceu substancialmente. Em 2003, reações ao estresse grave e transtornos de adaptação foram registradas por 1.799 CAT (0,45% do total de acidentes). Esse número saltou, em

---

[31] Ricardo Antunes, *Adeus ao trabalho? Ensaio sobre as metamorfoses e a centralidade do mundo do trabalho* (São Paulo, Cortez, 1995); idem, *Os sentidos do trabalho: ensaio sobre a afirmação e a negação do trabalho* (São Paulo, Boitempo, 2000).

2013, para 8.989 casos (5.939 com CAT), ou 1,25% do total. Ou seja, o estresse tem sido crescentemente notificado (apesar de cada vez mais omitido igualmente) como agravo ocupacional pelas próprias empresas. Outra forma de adoecimento psíquico, a depressão, parece ter crescido nas últimas décadas e consta nos registros do INSS, mas permanece quase completamente negada pelas empresas. Em 2006, foram emitidas 389 CAT por episódios depressivos. Em 2013, o INSS apurou 3.876 agravos pelo mesmo CID, mas apenas 15,1% deles (585) com CAT. Situação semelhante ocorreu com transtorno depressivo recorrente, que passou de 291 casos (73 com CAT, ou 25,1% dos agravos desse tipo), em 2007, para 1.138 (133, ou 11,7%, com CAT) em 2013.

A forma opressiva de uso das novas tecnologias tem nas atividades de teleatendimento terceirizadas via empresas de *call center* uma de suas manifestações mais grotescas. Computadores e outros instrumentos informacionais são empregados para radicalizar o controle do trabalho por meio de rígidos *scripts*, monitoramento dos áudios e de cada passo, palavra, tom de voz e fração de segundo gasta nos atendimentos e entre eles, dando inveja a Taylor e ajudando a conformar uma organização do trabalho mais despótica e adoecedora[32].

Três das maiores empresas de *call center* que contratam formalmente trabalhadores de teleatendimento no Brasil possuíam, juntas, 115.598 empregados até 2019. Uma comparação entre os motivos de afastamento de trabalhadores adoecidos dessas empresas em relação ao conjunto do mercado de trabalho é sintomática. Em 2017, enquanto os adoecimentos psíquicos representavam 8,5% do total dos benefícios previdenciários concedidos nos Brasil (B31, supostamente por causas não laborais), nessas três empresas de *call center* a incidência era de 16,3%, 25,6% e 25,7%, ou seja, mesmo aquela com menor percentual registrou praticamente o dobro da média nacional[33].

No projeto Caminhos do Trabalho, das cem teleoperadoras atendidas, setenta tiveram adoecimento relacionado às atividades laborais, conforme diagnóstico de médicos do projeto, da entidade sindical ou peritos do INSS – outros dez casos estão em análise. Do total das trabalhadoras, metade desenvolveu duas ou mais formas de adoecimento relacionadas ao trabalho, diagnosticadas por relatórios médicos ou exames complementares. Mais de 25% de todos os casos associaram doença psíquica a outra enfermidade, como lesões por esforço repetitivo e distúrbios osteomusculares relacionados ao trabalho (LER-Dort), problemas vocais ou auditivos). Também do total das pessoas atendidas, 70% manifestaram sintomas

---

[32] Ver, dentre muitos, Ricardo Antunes e Ruy Braga, *Infoproletários: degradação real do trabalho virtual* (Boitempo, São Paulo, 2009). Para indicadores mais recentes, ver Caminhos do trabalho, *Dossiê de pesquisa 1*, cit.
[33] Esses dados também indicam uma brutal ocultação do adoecimento laboral no setor; ver Vitor Araújo Filgueiras, *Saúde e segurança do trabalho no Brasil*, cit.

com menos de dois anos de vínculo. A despeito de tudo isso, nenhum desses cem casos foi reconhecido pelas empresas como adoecimento relacionado ao trabalho.

Além das mentes, também os corpos dos trabalhadores sofrem com a forma como são empregadas as novas tecnologias. O setor sucroalcooleiro, mais uma vez, é ilustrativo. Antes da mecanização, a produtividade média do trabalho crescia baseada no corte manual. Ela dobrou, de seis toneladas de cana-de-açúcar por dia, na década de 1980, para doze, no fim da década de 1990[34]. Esse incremento da produtividade foi acompanhado por dezenas de mortes por excesso de trabalho na primeira década de 2000, e a vida laboral dos cortadores de cana se tornou mais curta que a dos escravizados do século XIX[35].

Nos últimos anos, apesar da forte substituição do corte manual pelo mecanizado, esse avanço tecnológico não reduziu o sofrimento dos trabalhadores. Nas usinas de açúcar, enquanto o emprego formal cresceu 82,6% entre 2002 e 2009, os acidentes registrados pularam de 5.438 para 17.220, ou seja, 217%. Em 2013, o número de mortos foi o maior desde 2008, e a incapacidade permanente foi multiplicada por mais de três vezes, passando de 69 casos, em 2006, para 243. Em São Paulo, onde a colheita é mais mecanizada, os óbitos nas usinas passaram de 15, em 2006, para 31, em 2013 (mesmo somando ao decadente código de cultivo de cana da Classificação Nacional de Atividades Econômicas – Cnae, as mortes passam de 32 para 38).

A mecanização não mudou o essencial: a forma de organização do trabalho, com pagamento por produção, excesso de jornada e frequente terceirização. Acontece que, como o tipo e a forma de adoção das tecnologias são subordinados ao arbítrio empresarial, o estranhamento dos trabalhadores em relação à atividade que realizam tende a recrudescer: o processo de trabalho se impõe sobre eles, que perdem mais controle a cada vez que uma nova tecnologia é empregada, tornando-se ainda mais subsumidos e expostos a riscos a sua integridade física.

Como se isso não bastasse, enquanto as novas tecnologias que objetivam aumentar a produtividade comumente elevam ou criam novos riscos de acidentes, aquelas que objetivam reduzir os riscos normalmente são refutadas, mantendo os trabalhadores expostos a riscos prévios. A adoção de tecnologia pelas empresas é seletiva e tende a não incluir aquelas que versam sobre segurança do trabalho. Ao reverso, as iniciativas predominantes são de resistência à incorporação de tecnologias mais seguras[36].

---

[34] Francisco Alves, "Por que morrem os cortadores de cana?", *Saúde e Sociedade*, v. 15, n. 3, set.-dez. 2006, p. 90-8.

[35] Maria Aparecida de Moraes Silva, "Morte e acidentes nas profundezas do 'mar de cana' e dos laranjais paulistas", São Paulo, *InterFacehs*, 2006. Disponível *on-line*.

[36] Ver Vitor Araújo Filgueiras, *NR 12*, cit.; Vitor Araújo Filgueiras e Alfredo Scienza, "Tecnologia para quê(m)? Resistência empresarial e reprodução das mortes na construção civil", em Vitor Araújo Filgueiras (org.), *Saúde e segurança do trabalho na construção civil brasileira* (Aracaju, J.

Se a microeletrônica e o avanço da mecanização dos anos 1990 e 2000 não melhoraram as condições de trabalho, também não parece que a Quarta Revolução será empregada com tal objetivo pelas empresas. O caso mais emblemático, o das plataformas, tem nas novas tecnologias as ferramentas para acentuar o que os computadores já permitiam fazer com as teleatendentes. A capacidade de processamento de dados e de controle é a tal ponto maior que as empresas sequer precisam formalizar os trabalhadores como empregados para exercer seu domínio, como veremos na seção a seguir. Outro caso mundialmente famoso é o da Amazon, que usa ferramentas como a internet das coisas para monitorar literalmente cada passo dos trabalhadores, tornando real o que parece uma distopia do controle do capital sobre o trabalho.

A tecnologia, apesar de ter potencial para melhorar condições de trabalho e libertar, acaba subordinada à lógica do capital. Por isso, é concebida e empregada para vigiar, controlar, estranhar (manter o subjugado sem domínio do que está sendo feito) e explorar ainda mais aqueles que vivem do trabalho. Por isso, o adoecimento continua a ser uma tônica nos processos de trabalho.

Em suma, 1) o resultado do avanço tecnológico no nível de emprego não é predeterminado, mas não é a qualificação dos trabalhadores que determina essa dinâmica, e sim a velocidade da acumulação via investimento produtivo[37]; 2) ao contrário do prometido, as novas tecnologias não têm, em geral, se associado a melhores empregos. Condições de trabalho semelhantes ou piores que as anteriormente existentes, com incremento do sofrimento físico e mental, comumente emergem com o emprego das técnicas mais avançadas. Trata-se de fenômeno comum à própria história do capitalismo, pois a tecnologia, a despeito de seu potencial libertador, continua subsumida ao lucro, sendo, portanto, empregada em benefício privado para subordinar e explorar aqueles que vivem do trabalho.

3.3. Novas empresas e novas relações de trabalho?

Sem dúvida, as empresas têm adotado novas estratégias de gestão de seu capital e do trabalho. As corporações se tornaram mais flexíveis no sentido de terem criado práticas que as tornam mais adaptáveis a mudanças nos cenários de sua operação. Nessa dinâmica de flexibilização, há mudanças nas práticas empresariais para exter-

---

Andrade, 2015); e Vitor Araújo Filgueiras (org.), *Saúde e segurança do trabalho no Brasil*, cit. No Brasil, são muitos os exemplos da luta empresarial para manter o uso de maquinário obsoleto do ponto de vista da segurança do trabalho, como prensas de engate por chaveta e elevadores de obra tracionados a cabo.

[37] A qualificação, quando muito, pode entrar como um dos critérios a serem considerados nessas decisões, e nunca é suficiente. Quando há expectativa de lucro, as próprias empresas se responsabilizam por qualificar os trabalhadores contratados. Veremos, na seção 3.4, que esse fator passa longe de explicar a dinâmica do nível de emprego.

nalizar riscos, alterando formatos jurídicos e patrimoniais, distribuição geográfica, formas de contratação etc.

No campo retórico, a terceirização, as "compras" e a "intermediação" anunciam que as empresas realizam cada vez menos etapas do processo produtivo e se afastam cada vez mais dos trabalhadores. Portanto, o cerne do argumento corporativo sobre as "novas" empresas e as "novas" relações de trabalho é o aprofundamento da divisão do trabalho.

Aparentemente as empresas têm se fragmentado. Contudo, elas pulverizam seu capital e se afastam do comando da força de trabalho?

Com relação ao trabalho, surgiram novas estratégias de gestão da remuneração, do tempo etc., que têm como base, em geral, novas formas de contratação. A conotação positiva da chamada flexibilização do trabalho associa as novas estratégias das empresas a uma maior autonomia dos trabalhadores e ao surgimento de novas relações de trabalho. O conteúdo efetivo dessa "flexibilização" tem sido muito analisado nas últimas décadas[38]; contudo, nos últimos anos, sua retórica ganhou roupagem um pouco diferente, mais radical.

A) Terceirização[39]

A partir dos anos 1980, a terceirização se espalhou pelo mundo. Contudo, empiricamente, ela não aprofunda a divisão do trabalho nas empresas capitalistas. Centenas de casos estudados, de empresas de todos os portes, setores e nacionalidades, demonstram que terceirização é algo muito diferente. Ela não implica a externalização das atividades, apesar de procurar vestir esse traje. Ao contrário, a essência do controle do processo produtivo das atividades terceirizadas não muda, permanecendo com a empresa contratante.

---

[38] Ver Ricardo Antunes, *Adeus ao trabalho?*, cit.; idem, *Os sentidos do trabalho*, cit.; Graça Druck e Ângela Borges, "Terceirização: balanço de uma década", *Caderno do CRH*, v. 15, n. 37, jul.-dez. 2002, p. 111-39, entre outros.

[39] Alguns indicadores apresentados nesta seção são inéditos. Os demais são um resumo das informações e referências completas que constam em Vitor Araújo Filgueiras e Ilan Fonseca de Souza, "Criatividade do capital e exploração do trabalho no bojo da acumulação flexível: o esquema de intermediação da força de trabalho numa fábrica de veículo", *Anais do XII Encontro Nacional da Abet*, João Pessoa, set. 2011; Vitor Araújo Filgueiras, *Estado e direito do trabalho no Brasil: regulação do emprego entre 1988 e 2008* (doutorado em ciências sociais, Salvador, FFCH-UFBA, 2012); idem, "Novas/velhas formas de organização e exploração do trabalho: a produção 'integrada' na agroindústria", *Mediações*, v. 18, n. 2, 2013, p. 230-45; idem, "Terceirização e acidentes de trabalho na construção civil", em *Saúde e segurança do trabalho na construção civil*, cit.; Vitor Araújo Filgueiras e Sávio Machado Cavalcante, "Terceirização: debate conceitual e conjuntura política", *Revista da Abet*, v. 14, 2015, p. 15-36; Vitor Araújo Filgueiras e Renata Queiroz Dutra, *O Supremo e a repercussão geral no caso da terceirização de atividade-fim de empresas de telecomunicações: o que está em jogo?*, 25 jun. 2014, disponível *on-line*; idem, "The So-Called Outsourcing (Subcontracting) Question and its Regulation", *Direito e Práxis*, v. 11, n. 4, 2020, p. 2.543.

O que se efetiva é uma contratação diferenciada da força de trabalho por parte da tomadora de serviços. Com isso, busca-se a redução de custos e/ou o aumento de produtividade espúria, a externalização de conflitos e riscos, o recrudescimento da subsunção do trabalho. Trabalhadores, sindicatos e Estado têm mais dificuldades para limitar o poder empresarial, pois as ações tendem a se voltar aos intermediários e se afastar da contratante. Em suma, com maior ou menor intencionalidade, as empresas buscam diminuir resistências da força de trabalho, da atuação sindical e da regulação protetiva do Estado.

A luta empresarial para permitir a terceirização das atividades-fim prova que o objeto em questão é a forma de contratação de trabalhadores. Ora, como as empresas poderiam auferir lucros abdicando de todas as suas atividades, inclusive o que elas próprias alegam ser o "principal" de sua produção? Durante décadas, as empresas defenderam a retórica de que precisariam externalizar para se concentrar no essencial. Se agora querem terceirizar tudo, simplesmente confirmam que o conceito defendido é inconsistente. Na verdade, elas querem fazer com a atividade-fim o que já faziam com as atividades-meio: gerir sua força de trabalho com o uso de um ente interposto.

A precarização verificada entre os trabalhadores terceirizados tem sido documentada em todo o mundo, em todos os aspectos, incluindo formas extremas de exploração e mortes no trabalho. No Brasil, entre 2010 e 2014, somados os dez maiores resgates de trabalhadores em condições análogas às de escravidão em cada ano, quase 90% (44 de 50) envolviam terceirizados. Mais de 80% dos resgatados (3.382 de 4.183) haviam sido contratados por intermediários, a despeito de perfazerem cerca de 25% do total do emprego[40]. Independentemente do recorte de análise, terceirizados são, de longe, a maioria do resgatados. Mesmo considerando apenas os trabalhadores resgatados com carteira assinada, em 2013, cerca de 90% eram terceirizados a serviço de outras empresas.

Na Bahia, de todos os 86 resgates ocorridos entre 2003 e 2016, 78% envolviam trabalhadores terceirizados. Como no Brasil de modo geral, constataram-se ali intermediários assumindo diversas aparências, de "gatos" a pessoas jurídicas formalmente estabelecidas. Os tomadores de serviço atuavam em vários setores e incluíam desde comerciantes até grandes construtoras, frigoríficos e multinacionais do chamado agronegócio.

Quanto à saúde e segurança do trabalho, Thébaud-Mony indica que:

Vários trabalhos de pesquisa na Europa (Appay, Thébaud-Mony, 1997; Thébaud-Mony, 2000; BTS / Saltsa, 2000; Seillan; Morvan, 2005; Hery, 2009), Canadá (Lippel,

---

[40] Central Única dos Trabalhadores (CUT) e Departamento Intersindical de Estatística e Estudos Socioeconômicos (Dieese), *Terceirização e desenvolvimento: uma conta que não fecha – dossiê acerca do impacto da terceirização sobre os trabalhadores e propostas para garantir a igualdade de direitos* (São Paulo, CUT, 2014). Disponível *on-line*.

2004), Austrália (Quinlan, Mayhew, 1999, 2001) e Brasil (Druck; Franco, 2009) relatam o impacto do uso da terceirização e do trabalho temporário na saúde dos trabalhadores, a efetividade dos dispositivos de prevenção e a reparação de acidentes de trabalho e doenças ocupacionais.[41]

A OIT e o Health and Safety Executive (HSE) britânico também expressaram preocupação quanto à ligação entre terceirização e acidentes no trabalho[42]. No Brasil, os terceirizados são vítimas preferenciais de acidentes e de doenças, mesmo quando estão em funções iguais às dos trabalhadores contratados diretamente[43].

Trabalhadores terceirizados também sofrem em termos remuneratórios. É possível comparar salários de empregados diretos e terceirizados, de modo abrangente e verossímil, cruzando funções dos trabalhadores (segundo a Classificação Brasileira de Ocupações – CBO) com as atividades das empresas (Cnae), aqui divididas em 19 seções econômicas. Escolhemos CBO de funções tipicamente terceirizadas, como operadores de *telemarketing* e vigilantes. Empregados dessas funções, contratados em Cnae diferentes daqueles que tipicamente servem para terceirizar, dificilmente são terceirizados (por exemplo, um porteiro registrado por um banco). A partir desse cruzamento, vejamos os salários médios de dezembro de 2019 para o emprego formal em todo o Brasil, segundo a Rais.

Em todos os casos, sem exceção, os trabalhadores contratados por Cnae tipicamente usados por terceirizadas (atividades administrativas e serviços complementares) tiveram média salarial pior que a média dos empregados nessas funções no conjunto da economia.

Cozinheiros, garçons e trabalhadores em conservação de edifícios contratados por meio da Cnae tipicamente terceirizada têm piores salários que quando contratados em todas as demais seções econômicas. Em alguns casos, a média dos salários dos prováveis terceirizados é menos da metade das remunerações pagas nas contratações diretas, como a dos cozinheiros contratados diretamente nas indústrias de eletricidade e gás, transporte, armazenagem e correio. Mesmo no caso de vigilantes e guardas, em que os contratados por meio da Cnae tipicamente terceirizada não têm a média salarial mais baixa, ela está entre as piores, muito

---

[41] Annie Thébaud-Mony, "Precarização social do trabalho e resistências para a (re)conquista dos direitos dos trabalhadores na França", *Caderno do CRH*, v. 24, n. 1, 2011, p. 23-35.

[42] Organização Internacional do Trabalho (OIT), *The Construction Industry in the Twentyfirst Century: Its Image, Employment Prospects and Skill Requirements* (Genebra, OIT, 2001); Health and Safety Executive (HSE), *Causal Factors in Construction Accidents* (Norwich, HSE, 2003).

[43] Graça Druck e Vitor Araújo Filgueiras, "A epidemia da terceirização e a responsabilidade do STF", *Revista do Tribunal Superior do Trabalho*, v. 80, 2014, p. 106-25; Vitor Araújo Filgueiras, "Terceirização e acidentes de trabalho na construção civil", cit; Vitor Araújo Filgueiras e Renata Queiroz Dutra, *O Supremo e a repercussão geral no caso da terceirização de atividade-fim de empresas de telecomunicações*, cit.; idem, "The So-Called Outsourcing (Subcontracting) Question and its Regulation", cit.

Tabela 1 – Salários médios em dezembro de 2019, funções × setores econômicos (em R$)

Cnae 2.0 Seção	Operadores de *telemarketing*	Vigilantes e guardas de segurança	Cozinheiros	Garçons, *barmen*, copeiros e *sommeliers*	Trabalhadores nos serviços de manutenção e conservação de edifícios e logradouros
Água, esgoto, atividades de gestão de resíduos e descontaminação	2.619,38	2.207,38	1.797,00	1.428,20	1.630,85
Indústrias extrativas	2.600,00	4.094,77	1.618,73	1.589,87	1.365,98
Agricultura, pecuária, produção florestal, pesca e aquicultura	2.241,64	2.030,29	1.384,94	1.326,65	1.272,42
Eletricidade e gás	2.239,33	9.032,32	2.201,56	1.746,48	1.298,92
Indústrias de transformação	2.089,93	2.591,26	1.509,33	1.290,86	1.307,06
Transporte, armazenagem e correio	1.854,94	3.199,02	2.470,79	1.289,28	1.419,73
Artes, cultura, esporte e recreação	1.775,49	2.771,90	1.862,44	1.493,24	1.429,30
Atividades financeiras, de seguros e serviços relacionados	1.766,09	2.877,01	1.959,07	1.680,65	1.244,25
Administração pública, defesa e seguridade social	1.647,42	4.749,18	1.586,57	1.444,89	1.610,29
Construção	1.628,39	1.511,40	1.106,97	1.211,46	1.193,03
Comércio, reparação de veículos automotores e motocicletas	1.569,88	1.592,96	1.406,13	1.333,01	1.186,29
Outras atividades de serviços	1.562,86	2.555,49	1.412,66	1.438,43	1.367,07
Atividades imobiliárias	1.529,49	2.353,26	1.568,77	1.368,57	1.246,50
Informação e comunicação	1.441,11	2.473,48	1.650,71	1.321,5	1.140,13
Saúde humana e serviços sociais	1.399,01	2.017,34	1.502,93	1.497,59	1.440,90
Alojamento e alimentação	1.373,29	1.755,27	1.457,15	1.402,02	1.241,42
Educação	1.345,60	4.342,81	1.554,3	1.688,89	1.687,59
Média de todos os setores	**1.208,43**	**2.535,27**	**1.465,05**	**1.384,80**	**1.442,87**
Atividades profissionais, científicas e técnicas	1.165,89	2.651,10	1.595,62	1.442,41	1.267,49
Cnae tipicamente usado por terceirizadas	**1.078,27**	**1.873,95**	**1.084,94**	**1.163,18**	**1.109,92**

Fonte: Rais, 2019.

aquém das remunerações dos guardas e vigilantes contratados diretamente por seções industriais, atividades financeiras, educação, artes e cultura.

Chama atenção a comparação dos trabalhadores na operação de *telemarketing*. A Cnae tipicamente terceirizada não é simplesmente a que pior remunera os trabalhadores de *telemarketing* dentre todas as seções econômicas, pagando menos de metade que quatro delas. Dentro da Cnae "atividades administrativas e serviços complementares", há uma subclasse específica para empresas de teleatendimento, que terceirizam teleoperadores e contratam 66% de todos os trabalhadores nessa função. A média salarial de operadores de *telemarketing* vinculados a empresas de teleatendimento ocupa a 685ª posição entre as 754 subclasses econômicas que têm ao menos um operador contratado.

É muito comum ouvir defensores da terceirização dizendo que é necessário distinguir a terceirização legítima da falaciosa (ou a verdadeira da falsa). Nessa perspectiva, o problema da precarização surgiria da terceirização falaciosa. Contudo, pesquisas mostram que, em condições legais ou ilegais, formais ou informais, oferecidos por empresas pequenas, médias, grandes ou gigantes, tanto faz: empregos terceirizados têm condições inferiores de trabalho.

A questão fundamental do debate reside na divisão do trabalho. Esta sempre existiu e continuará existindo no capitalismo, em que empresas diferentes trocam produtos e lucram gerindo sua própria força de trabalho. De fato, se terceirização fosse apenas o aprofundamento da divisão do trabalho entre as empresas, não haveria nada de substancialmente novo. Tal confusão de definição apenas serve para fortalecer o argumento da inevitabilidade da terceirização. Todavia, o próprio caráter do capitalismo comprova a diferença entre elas. Afinal, se os defensores da terceirização estivessem corretos – isto é, se ela representasse a transferência de partes do processo produtivo para outras empresas especializadas e autônomas –, o resultado seria uma crescente pulverização dos capitais. Porém, presenciamos exatamente o inverso: o acirramento da centralização do capital em escala global.

Se a terceirização é aceita como aprofundamento da divisão do trabalho, restringe-se não apenas o debate como também a regulação pelas instituições que existem para limitar o arbítrio patronal. Se a terceirização é divisão do trabalho, o objetivo da regulação se torna discriminar tipos de terceirização como "verdadeiro" ou "falso", "bom" ou "mau", ignorando a própria lógica do fenômeno e viabilizando sua reprodução, mesmo que com outra aparência. Mira-se o efeito (a precarização), ao invés da causa (a forma de contratação).

De fato, se a divisão do trabalho e a especialização não necessariamente prejudicam os trabalhadores, seria difícil criticar e lutar contra os avanços que delas advêm. O problema é que a precarização não é uma contingência, mas parte do processo, se nós percebemos que terceirização é uma estratégia de gestão do trabalho que visa reduzir os limites à exploração.

Para desatar esse nó, é necessário rever o próprio conceito de terceirização, que pode ser definido como forma de organização e gestão do trabalho em que não há admissão da relação contratual com os trabalhadores em atividade, com o uso de um ente interposto (seja ele apresentado como pessoa jurídica, cooperativa, agência de emprego etc.).

B) Empresas "compradoras"[44]

O segundo passo da retórica do aprofundamento da divisão do trabalho, e consequente afastamento entre empresas e trabalhadores, é a ideia de que as corporações deixam de terceirizar serviços e passam a comprar produtos oferecidos no mercado. Com isso, nega-se mesmo a relação de trabalho indireta, pois agora temos empresas que são apenas "compradoras" da produção de fornecedores.

Assim, nas últimas décadas, ao mesmo tempo que lutou para legalizar a terceirização sem limites, o capital também radicalizou a lógica dessa forma de contratação, ao passar a negar que mantém relações com os trabalhadores. Trata-se de uma contradição apenas aparente, pois em ambos os casos se busca potencializar as condições de exploração do trabalho. Alguns desses arranjos "não terceirizados" não são novidade, sendo utilizados há muito tempo por empresas de determinados segmentos; contudo, eles ganharam outra dimensão na atual conjuntura.

A manutenção ou o aprofundamento de péssimas condições de trabalho nesses arranjos, como na indústria têxtil, decorre do fato de que eles não apenas não mudam, mas radicalizam a terceirização, que constitui a gestão da força de trabalho, negando a condição de empregador por meio de ente interposto. Nessa radicalização da terceirização, as empresas mudam a designação dos arranjos (como dos contratos) para aparentar distanciamento do intermediário e, ainda mais, dos trabalhadores.

Isso adquiriu caráter sistêmico no setor de confecções, que passou a adotar o chamado contrato de facção na organização de sua produção. A situação é bem ilustrada em um caso de trabalho análogo à escravidão em que a Via Veneto, envolvida no episódio, informou que "não terceiriza a prestação de serviços e seus fornecedores são empresas certificadas"[45]. Contudo, o conteúdo da organização do trabalho permanece o mesmo da terceirização:

> A Via Veneto, porém, controlava todo o processo de produção e confecção, segundo os auditores fiscais do trabalho. Era ela quem definia prazos, quantidades e os mode-

---

[44] Detalhes em Vitor Araújo Filgueiras, "Regulação da terceirização e estratégias empresariais: o aprofundamento da lógica desse instrumento de gestão da força de trabalho", *Cadernos do Ceas*, n. 239, 2016, p. 742-70.

[45] Ludmila Pizarro, "Grife banca luxo nas vitrines com uso de trabalho escravo", *O Tempo*, Salvador, 20 jun. 2016. Disponível *on-line*.

los das roupas. A empresa também estabelecia o preço pago à confecção, arbitrado na elaboração de "peças-pilotos", os modelos a serem seguidos pelas costureiras nas oficinas. Além disso, o pagamento dos trabalhadores pelas empresas só era feito após a Via Veneto receber as encomendas feitas.

Trata-se de problema mundial, dramaticamente ilustrado pelas catástrofes ocorridas em Bangladesh. Em 2013, um prédio de oito andares em Dhaka, conhecido como Rana Plaza, abrigava fábricas de roupas de empresas como Mango, Walmart, Primark e Benetton:

> Um engenheiro inspecionou o prédio e o considerou inseguro. Enquanto ele fugia, pediu a todos que evacuassem. A polícia ordenou que o prédio fosse esvaziado até nova inspeção, mas o proprietário, Mohammad Sohel Rana, desconsiderou essas ordens e instruiu os funcionários a voltarem ao trabalho no dia seguinte ou correriam o risco de perder seus empregos.[46]

O prédio desabou, matando 1.138 pessoas. Cinco meses antes, um incêndio em outro estabelecimento de fabricação de roupas havia matado 112 pessoas. Sete anos depois, pesquisa *in loco* realizada pelo comitê de relações internacionais estadunidense concluiu que os trabalhadores do setor de confecções de Bangladesh "enfrentam crescente intimidação, ameaças e violência física em retaliação ao seu ativismo laboral. Pior, alguns trabalhadores têm sido sujeitos a abuso físico – especialmente mulheres, que representam a maioria da força de trabalho no setor têxtil de Bangladesh"[47]. Ainda segundo o relatório, os direitos trabalhistas recuaram drasticamente nos últimos anos, enquanto sindicalistas têm sofrido pressão contra a liberdade de associação, organização e manifestação[48].

No Brasil, nesses mesmos arranjos que negam a terceirização, houve flagrantes de trabalho escravo ligados a Zara, Pernambucanas, Marisa, M.Officer, Le Lis Blanc, Bo.Bô, Collins, Gregory, Cori, Emme e Luigi Bertolli, entre tantas outras marcas menos conhecidas do público.

Portanto, como nos demais casos de terceirização, na dinâmica das empresas "compradoras" há ampla precarização do trabalho, inclusive suas formas mais extremas, as condições análogas às de escravidão e a eliminação física de quem trabalha. O cenário é agravado pela responsabilização ainda mais débil das empresas principais e pela reduzida capacidade de resistência dos trabalhadores, que dificilmente criam uma identidade coletiva a ponto de se mobilizar contra seus verdadeiros algozes.

---

[46] Estados Unidos, *Seven Years after Rana Plaza, Significant Challenges Remain* (Washington, Committee on Foreign Relations, 2020), p. 7.
[47] Ibidem, p. 6.
[48] Idem.

C) "Novas" formas de trabalho[49]

A expansão das chamadas novas formas de trabalho é o passo mais radical da retórica da divisão do trabalho. É importante não as confundir com terceirização nem com empresas compradoras, pois estas não necessariamente negam o assalariamento. As "novas formas" podem ter diferentes aparências, mas seu ponto em comum é a negação do assalariamento e da possibilidade de regulação em seus termos.

Analisamos alguns casos que consideramos representativos por sua repercussão, incidência ou aumento recente. Antes disso, é preciso ressaltar que, apesar de muitas alegações em contrário, de acordo com dados agregados que cobrem as últimas décadas, o trabalho assalariado cresceu em todo o mundo[50]. Mesmo nos países em que o trabalho por conta própria aumentou nos últimos anos, não há indicadores sustentáveis que mostrem um declínio estrutural do trabalho assalariado. A participação das diferentes formas de inserção no mercado de trabalho depende fundamentalmente do desempenho do mercado de trabalho, do papel da regulação protetiva do Estado e da resistência dos trabalhadores[51]. É possível que "novas" formas cresçam, mas nada garante.

A narrativa do declínio do trabalho assalariado se repete desde os anos 1990. Mas, para além da questão quantitativa, qual é o conteúdo das chamadas novas formas de trabalho?

As "cooperativas" de trabalho

No Brasil, houve muitas investigações sobre esse fenômeno ocorrido em todo o país e em diversos setores. Um caso que ilustra bem esses arranjos aconteceu numa petroquímica na Bahia. A empresa fazia a seleção dos supostos cooperados que laboravam em sua planta, contradizendo o caráter associativo que seria de esperar de uma cooperativa. Esta apresentava os currículos de trabalhadores, e a

---

[49] Alguns indicadores desta subseção são inéditos. Os demais são um resumo das informações e referências completas que constam em Vitor Araújo Filgueiras e Sávio Machado Cavalcante, "O trabalho no século XXI e o novo adeus à classe trabalhadora", *Princípios*, v. 159, n. 39, 2020, p. 11-41; Vitor Araújo Filgueiras, *Estado e direito do trabalho no Brasil*, cit.; idem, "Novas/velhas formas de organização e exploração do trabalho", cit.; Vitor Araújo Filgueiras e José Dari Krein, "A raiz da greve dos caminhoneiros e a regulação do trabalho", *IHU On-line*, São Leopoldo, 29 maio 2018. Disponível *on-line*.

[50] No mundo, entre 2000 e 2018, a participação do trabalho assalariado cresceu de 45,7% para 52,0%, enquanto a do trabalho autônomo caiu de 35,1% para 34,1%. Essa mesma tendência se apresenta no grupo de países de alta renda, nos quais, entre 2000 e 2018, os autônomos sempre compuseram menos de um décimo da ocupação, tendo apresentado queda de 9,6% para 8,6% do total. Em sentido contrário, o trabalho assalariado tem sua participação ampliada de 84,4% para 87,2% do total dos ocupados no período. Dados do Ilostat.

[51] Vitor Araújo Filgueiras e Sávio Machado Cavalcante, "*O trabalho no século XXI e o novo adeus à classe trabalhadora*", cit.

petroquímica selecionava os que iriam laborar. No contrato com a cooperativa, havia uma cláusula que concedia à petroquímica a prerrogativa de selecionar quem poderia trabalhar em sua planta. Ademais, parte dos trabalhadores já trabalhava na planta havia anos, como empregados contratados por uma empresa interposta, executando os mesmos serviços que realizaram depois de "cooperados". A petroquímica, mediante contrato firmado com a "cooperativa", determinava controles, inclusive de frequência e horário sobre o trabalho dos supostos cooperados. Segundo o contrato, a petroquímica avaliava, "entre outros critérios, a apresentação, a pontualidade, o comportamento, a cortesia e a cordialidade" dos trabalhadores[52].

O uso dessas "cooperativas" não se restringiu ao Brasil. Na Espanha, por exemplo, elas se destacam entre as entidades contratadas no setor dos frigoríficos, no qual participam com cerca de 20% do total de ocupados. Nos anos 1990 e 2000, as "cooperativas" foram rapidamente adotadas (ou impulsionadas) pelos próprios frigoríficos. Os sócios das "cooperativas" são pagos apenas quando contratados pelas empresas, sendo declarados ao INSS como autônomos. Se estão sem trabalhar, não implicam qualquer custo à empresa nem à cooperativa. Para os frigoríficos, trata-se, portanto, de um mecanismo de gestão completamente flexível (*a la carta*) de um importante contingente de trabalhadores[53].

Os sócios das "cooperativas" não participam (nem sabem) dos acordos firmados com as empresas. A inscrição como autônomo não é de fato uma opção voluntária, pois representa, comumente, a única forma de conseguir trabalhar no setor. Parar de trabalhar também não é uma decisão do "cooperado", mas da demanda do frigorífico por força de trabalho. As condições de trabalho são unilateralmente definidas pelas empresas. Não bastasse isso, o regime disciplinar imposto aos "cooperados" pelos frigoríficos é muito mais rígido que o relativo aos empregados contratados formalmente (cerca de 10% sofrem sanções a cada ano, contra 0,15% no total do setor).

Esses "cooperados" têm seu trabalho demandado, determinado e controlado diariamente pelos frigoríficos sem fazer parte da estrutura formal das empresas. São estas que, de fato, exercem o controle do processo produtivo e de trabalho, desde a seleção dos "cooperados" até a organização da produção, da qualidade e do ritmo de trabalho.

Os self-employed do setor da construção no Reino Unido

Segundo o Office for National Statistics [Escritório Nacional de Estatísticas] (ONS), a construção é um dos setores que mais empregam no Reino Unido: eram cerca de 2,3 milhões de trabalhadores no final de 2019. Ele também se destaca pelo

---

[52] Vitor Araújo Filgueiras, *Estado e direito do trabalho no Brasil*, cit.
[53] Alberto Riesco-Sanz, "Empresas evanescentes, falsos autónomos y cooperativas de trabajo asociado en la industria cárnica", em Alberto Riesco-Sanz (org.), *Fronteras del trabajo asalariado* (Madri, La Catarata, 2020).

número de pessoas contratadas como autônomas: 40% do total de empregos no setor, que correspondem a 18,3% de todo o trabalho "autônomo" no Reino Unido.

As empresas geralmente contratam esses trabalhadores por meio de agências de emprego ou "empresas guarda-chuva" (pessoas jurídicas utilizadas para intermediação). Apesar de diferenças formais, os casos que investigamos compartilham uma natureza comum: a força de trabalho era sempre gerenciada pela empresa contratante. A principal diferença entre empregados e autônomos nos canteiros de obras estava simplesmente na forma de contratação.

Por exemplo, em um canteiro de obras em Londres que visitei em 2015, havia noventa trabalhadores. No entanto, a construtora contratou diretamente apenas cinco deles; uma terceirizada contratou dez eletricistas, quinze eram empregados de agências e sessenta foram contratados por agências como autônomos. Alguns dos contratados por agências trabalhavam há anos na mesma empresa. Os funcionários formais eram engenheiros, supervisores e os que estavam no topo da hierarquia funcional, determinando o que, onde, quando e como o trabalho seria realizado. Para exemplificar como as atividades foram organizadas, os operadores de guindastes, com contratos por conta própria, foram obrigados pela empresa a trabalhar dez horas por dia, seis a mais que a previsão legal.

Em 2016, a Câmara dos Comuns britânica publicou um estudo sobre o tema, trazendo informações sobre o uso dos "autônomos" por empresas como estratégia para minar o direito do trabalho: "Em maio de 2008, o Union of Construction, Allied Trades & Technicians [Sindicato de Técnicos e Associados da Construção] (Ucatt) publicou um relatório da Universidade de Essex. O autor sugeriu que cerca de 30% da força de trabalho – 375 mil a 425 mil – estava incorretamente envolvida como autônoma".

De acordo com pesquisa realizada pela Focus on Labor Exploitation [Foco na Exploração do Trabalho] (Flex):

> No setor de construção, há um uso amplo do trabalho autônomo como a modalidade de contratação mais usada. Trabalhadores autônomos têm direitos significativamente menores do que aqueles que são empregados diretamente por uma empresa. O antigo sindicato dos trabalhadores do setor da construção, Ucatt – agora fundido com o Unite –, afirma que existe um vínculo direto entre esses arranjos empregatícios e a exploração, e são muitos os casos em que os funcionários não estão trabalhando de fato para si mesmos.[54]

Mais do que sugerir uma mera modificação na natureza das relações de trabalho nos canteiros de obras, há indícios muito fortes de que a disseminação do trabalho autônomo

---

[54] Focus on Labour Exploitation (Flex), *Tackling Exploitation in the UK Labour Market* (Londres, Department for Business Inovation and Skills, 2017), p. 8.

no setor de construção britânico esteja estritamente relacionada a estratégias para gerenciar a força de trabalho, negando a condição de assalariamento.

Os caminhoneiros "autônomos"

Motorista realmente autônomo é o que presta serviços para diferentes clientes, sem depender nem estar subordinado a nenhum deles. Por exemplo, autônomo é aquele motorista que faz carretos de mudança para pessoas físicas diversas. Existem muitos trabalhadores com esse perfil, mas eles não são a maioria nem os protagonistas do transporte de cargas no Brasil.

Centenas de milhares de motoristas supostamente autônomos (muitas vezes contratados como pessoas jurídicas) trabalham com exclusividade para uma mesma empresa, em horário e com preços de frete unilateralmente impostos pela contratante. O pagamento desses motoristas depende exclusivamente do número de fretes, e seu trabalho é meticulosamente monitorado por satélite/GPS. As empresas também dirigem as atividades impondo prazos exíguos e multas para atrasos.

Ao contratar motoristas sem admitir serem empregadoras, as empresas não cumprem nenhum direito trabalhista. Assim, tornam a vida desses trabalhadores completamente insegura, sem sequer a garantia de uma renda mínima (salário básico) para sobreviver. O frete, que constitui o salário efetivo desses trabalhadores no Brasil, não obedecia a qualquer parâmetro mínimo até a greve de 2018. Também não há descanso remunerado, férias etc. O motorista se sente completamente dependente da execução de cada serviço, e por isso tende a trabalhar mais e descansar menos.

Após auditorias realizadas em apenas nove empresas de transporte, em 2012, a Fiscalização do Trabalho identificou 472.606 jornadas de trabalho superiores a dez horas por dia. Segundo o órgão, a maioria dos acidentes envolvendo caminhões estava relacionada ao cansaço por jornadas excessivas. Não parece ser coincidência que, em pesquisa da Confederação Nacional do Transporte (CNT), só 23,3% dos motoristas entrevistados ditos autônomos afirmaram estar satisfeitos e cumprindo as normas de descanso, e apenas 35% disseram cumprir a lei, enquanto, entre os empregados, 67% estavam satisfeitos e 51,7% afirmaram cumprir os descansos previstos na lei. Apenas 21% dos autônomos disseram que a flexibilidade de horário era um ponto positivo do trabalho[55].

A questão, do ponto de vista da gestão do trabalho, é que o trabalhador contratado como autônomo tende a ser ainda mais subordinado à empresa, pois sua relação é completamente precária e cada frete pode ser o último. À negação dos direitos trabalhistas se soma a transferência dos custos dos insumos (combustível, pneus, manutenção etc.) aos "autônomos". Desse modo, além de não ter renda certa, os motoristas precisam cobrir os custos inerentes à atividade, radicalizando

---

[55] Confederação Nacional do Transporte (CNT), *Pesquisa CNT: Perfil dos Caminhoneiros 2016* (Brasília, CNT, 2016).

sua insegurança. As empresas gastam menos, correm menos riscos e têm conseguido trabalhadores mais dóceis laborando em seu benefício. Em suma, há uma série de evidências da completa falta de autonomia desses "autônomos".

O trabalho "integrado"

A "produção integrada" não é um mero monopsônio, uma vez que o processo de trabalho e produção realizado pelos trabalhadores integrados é controlado pelo chamado comprador único. As atividades realizadas pelos "integrados" fazem parte do negócio da empresa. Esta, entre outras coisas, fornece matérias-primas e insumos, impõe os padrões técnicos da atividade, em geral financia as instalações e é dona dos produtos finais (tabaco, ovos, aves, porcos etc.). O trabalhador "integrado" deve atender exclusivamente às demandas dessa empresa, entregando-lhe a produção no momento e nas condições por ela exigidas.

A renda dos trabalhadores "integrados" é totalmente flexível (depende exclusivamente dos resultados da produção) e dividida com suas famílias; não há salário mínimo garantido nem férias remuneradas ou pagamento de horas extras, mesmo trabalhando todos os dias da semana. Estudo efetuado no setor avícola da Bahia constatou que o trabalho infantil era generalizado[56] – maneira por meio da qual o trabalhador integrado evita a corrosão da renda familiar já escassa, o que também parece ser comum na produção de tabaco na região Sul. Desrespeito flagrante aos parâmetros mínimos das normas trabalhistas foi detectado na produção de ovos e em galpões de frangos, uma realidade que parece ser frequente também no resto do país, incluindo casos análogos à escravidão.

O modelo de "integração" é um instrumento essencial para o exercício do controle do trabalho nessas empresas. Como o assalariamento não é admitido, o direito do trabalho é negado e as jornadas se estendem por mais horas e com mais intensidade, todos os dias, de forma ininterrupta, para garantir uma renda mínima necessária para a sobrevivência.

Enfim, esses são apenas alguns exemplos das "novas" formas de trabalho. Apesar de serem rotulados e contratados como autônomos (e/ou PJ, cooperados etc.), os trabalhadores são submetidos e controlados pelas empresas, sujeitando-se à vontade dos contratantes, comumente de forma ainda mais intensa do que ocorre com empregados formais.

Documentos oficiais enfatizam o uso intencional do contrato (formal ou informal) de trabalho autônomo por empresas para minar os direitos e as condições mínimas dos trabalhadores. No Reino Unido, em 2018, o órgão público de regulação Gangmasters and Labour Abuse Authority [Agência para o Abuso Laboral e a Ação de Intermediadores] (GLAA) destacou essa situação nos setores de limpeza,

---

[56] Vitor Araújo Filgueiras, "Novas/velhas formas de organização e exploração do trabalho", cit.

colheita de flores, lavagem de carros, processamento de alimentos e construção[57]. Na Espanha, também em 2018, a Inspeção do Trabalho identificou as fraudes por meio dos falsos autônomos como uma prioridade em sua atuação.

As empresas negam deliberadamente a seus trabalhadores o *status* de emprego assalariado como uma ferramenta-chave para gerenciar seu processo de trabalho e produção. Ao afirmar que seus trabalhadores não são empregados, as corporações tentam reduzir limites à exploração, recusando direitos trabalhistas e inibindo a ação contestatória individual ou coletiva. A precarização torna os trabalhadores ainda mais *submetidos* às exigências empresariais. Ao precarizar e transferir os riscos do contrato aos trabalhadores, as corporações os tornam mais vulneráveis e menos propensos a qualquer forma de resistência.

C.1) "Plataformas" e "aplicativos"

É com as "plataformas" e os "aplicativos" que a negação do assalariamento vira vedete dos últimos anos e, do ponto de vista retórico, se radicaliza, pois, para negar a condição de trabalho, essas empresas chegam a alegar que os trabalhadores é que são seus clientes.

Os entregadores, couriers ou repartidores

A atividade de entrega de alimentos, documentos e outros bens por meio de bicicletas, motos, carros ou outros veículos está entre aquelas que mais se destacam com a proliferação de "aplicativos" e "plataformas".

Em 2015, no Reino Unido, vivenciei um período de transição da gestão dos *couriers* por rádio para o uso de aplicativo. Entrevistei trabalhadores vinculados a seis empresas e analisei documentos e equipamentos. Praticamente todos os trabalhadores do setor eram formalmente contratados pelas empresas como autônomos, sem garantia de pagamento mínimo ou qualquer direito. Com isso, em vez de ter mais flexibilidade, os entregadores tendiam a trabalhar mais e descansar menos que o trabalhador médio, pois não tinham segurança no emprego e precisavam tentar compensar a baixa remuneração recebida por entrega.

A situação desses entregadores chamou a atenção da imprensa. Alguns dos trabalhadores que entrevistamos pessoalmente em Londres foram abordados para essas reportagens. Por exemplo, Mario Gbobo, que sofrera uma lesão grave no braço ao cair da bicicleta, conversou com a BBC sobre o acidente: "O pacote que eu carregava estava coberto pelo seguro, mas eu não estava [...]. Alguém veio e pegou o pacote. Eu tive de me virar sozinho e acabei voltando ao trabalho antes que a lesão sarasse, porque precisava do dinheiro". Outro entregador, Andrew

---

[57] Gangmasters and Labour Abuse Authority (GLAA), *The Nature and Scale of Labour Exploitation across All Sectors within the United Kingdom* (Londres, GLAA, 2018).

Boxer, afirmou: "Eu sou um caso típico, trabalho para uma empresa por cerca de cinquenta horas por semana. Eles me dizem o que fazer e quando e como fazê-lo"[58].

Como sabemos, essas empresas de entrega passaram a se apresentar como "aplicativos" e se tornaram tendência mundial. Na Espanha, a condição de autônomo imputada aos trabalhadores contrasta com as ordens que recebem, que versam sobre o modo de realizar as entregas e lidar com o cliente, ou sobre não recusar pedidos, sob pena de dispensa. Conforme apurado pela Justiça e pela Inspeção do Trabalho, as empresas

> não apenas detalham múltiplos aspectos sobre a forma como o trabalho deve ser executado, mas até estabelecem regras de conduta com proibições expressas ("como já te disseram várias vezes, você é a cara da empresa [...]. Você não pode entrar com o capacete na cabeça nem no restaurante nem na casa dos clientes"), além das restrições quanto à rejeição de pedidos ("A opção de rejeitar um pedido é apenas em casos extremos [...]. quem rejeitar pedidos continuamente não terá garantia de dois pedidos por hora que nosso sistema oferece. Além disso, se você for recorrente nesta opção, a Deliveroo dispensará seus serviços").[59]

Essa subordinação é extremamente similar à detectada no Brasil. As empresas impõem as condições que querem, no tempo que desejam, e as modificam arbitrariamente. Isso é explícito, por exemplo, nos contratos ("Termos e condições de uso") que submetem os entregadores: "Independentemente de qualquer notificação ao Condutor Autônomo, a Loggi poderá modificar o teor do T&C e/ou da própria Plataforma Loggi ou de qualquer parte dela, a qualquer momento e a seu exclusivo critério"[60].

De fato, a critério das "plataformas", os contratos ("termos de uso") são modificados subitamente, mas eles mesmos são ou não seguidos pelas empresas a seu bel-prazer, punindo e dispensando trabalhadores sem qualquer razão neles constante. Na Pesquisa UFBA-UCM, em 2020, a imensa maioria dos entregadores relatou ter sido bloqueada ou desligada, ou conhecia alguém que já havia passado por isso nos "aplicativos" (na Espanha, 82,6%, e no Brasil, 80%). Dentre eles, quase metade sequer sabia o motivo da punição (44% na Espanha e 45% no Brasil), mesmo que alguns deles tenham questionado a empresa a respeito disso.

A flexibilidade para o trabalhador, também aqui, é apenas retórica. Em 2019, pesquisa realizada com 270 entregadores em bicicletas de São Paulo indica que 57% trabalhavam todos os dias, e 55%, 10 ou mais horas por dia (apenas 25%

---

[58] Clive Coleman, "Bike Couriers Launch Legal Fight over Workers' Rights", *BBC News*, Londres, 22 abr. 2016. Disponível *on-line*.
[59] Trabalhador entrevistado residente em Madri.
[60] Disponível em: <https://www.loggi.com/termos-de-uso-entregadores/>. Acesso em: 30 set. 2021.

trabalhavam menos que 8 horas)[61]. São resultados parecidos com pesquisa realizada no mesmo ano em Salvador, em que a jornada média mensurada foi de 10h23min por dia, durante 6 dias na semana.

Os tradutores

A tradução é um dos muitos serviços atualmente oferecidos via internet. As "plataformas" supostamente fazem a mediação entre clientes e tradutores. Os tradutores seriam autônomos que comandam seus próprios negócios, usando a plataforma para alcançar clientes. No entanto, a imagem real está longe dessa descrição superficial.

Em Londres, entrevistei um tradutor que trabalha com esse tipo de arranjo. Ele nos deu acesso a *e-mails* e documentos que demonstram como se organiza o processo de trabalho, fornecendo indícios suficientes para analisar a dinâmica geral desse setor. Em resumo, a empresa contrata um grupo de tradutores que, em princípio, podem trabalhar para outras empresas. Para ingressar nesse *pool*, o tradutor deve concluir um teste, enviar suas credenciais e assinar um contrato e outros documentos. Uma vez feito esse procedimento, toda vez que houver um pedido de tradução, os trabalhadores recebem um *e-mail* com um preço inicial a ser negociado. Quem primeiro oferecer um preço considerado satisfatório pela empresa ganha o serviço. Segundo o tradutor entrevistado:

> É como uma versão acelerada e globalizada, *just in time*, do que existia anteriormente [...]. O processo se tornou muito mais automatizado. Isso significa que, quanto mais participação de mercado uma empresa tiver, mais seus tradutores estarão alertas 24 horas por dia, sete dias por semana, para responder a qualquer demanda por serviço. Assim, você pode gastar muito tempo fazendo lances para serviços, mas não os obter (a menos que reduza sua remuneração). Financeiramente, é uma corrida para o fundo do poço.

A empresa seleciona quem pode ser contratado para formar o *pool* e, em seguida, organiza o processo de trabalho por meio de um leilão entre os trabalhadores para escolher quem receberá cada trabalho. Por fim, define quando e como a tradução deve ser feita, como vemos no seguinte *e-mail*:

> Como você está hoje? Espero que esteja tudo bem. Temos uma tradução rápida de espanhol > inglês (EUA) para 1.200 palavras e precisamos da sua ajuda! JUSTIFICATIVA: clínica; INSTRUÇÕES: siga o formato da fonte o mais próximo possível! Por favor, corresponda ao formato da data. Por favor, indique qualquer texto que esteja ilegível entre colchetes (ou seja, "[ilegível]"); copie/cole logotipos; copie/

---

[61] Aliança Bike, *Perfil dos entregadores ciclistas de aplicativo*, São Paulo, jul. 2019. Disponível *on-line*.

cole números e qualquer texto em inglês; redija todas as informações do paciente. Por favor, indique manuscrito em itálico e uma nota entre colchetes, ou seja, "[hw]".
ENTREGUE: um documento do Word traduzido.
PRAZO DE TRADUÇÃO: 11h EST, quarta-feira, 22/7. Informe-nos se você está disponível para este trabalho.

O trabalho mencionado nesse *e-mail* foi oferecido às 10h23 e teve de ser realizado até as 16h (hora de Londres). Conforme declarou o tradutor, esse é um típico *e-mail* enviado pela empresa. Para ele, o significado do processo é: "Você deve largar tudo e fazê-lo agora! O objetivo é obter um resultado máximo (ou seja, a concorrência mais feroz) de nós, o grupo global de tradutores".

Os motoristas de transporte de passageiros

O transporte de passageiros via "plataformas" é realizado por várias empresas no mundo, sendo a Uber, de longe, a mais famosa. Seus motoristas devem cumprir uma série de requisitos para ser aceitos. Apesar da retórica da flexibilidade do horário de trabalho, quando a Uber inicia sua operação em uma cidade, atrai motoristas fazendo pagamentos fixos pela realização de jornadas determinadas. As tarifas pagas aos motoristas variam de acordo com a hora do dia e a região da cidade, levando-os a trabalhar de acordo com a demanda da empresa.

A empresa impõe unilateralmente o valor que pagará por viagem, a oscilar conforme a cidade, o período do ano etc. O comportamento dos motoristas deve seguir as diretrizes da empresa sobre o relacionamento com o cliente e as condições do carro. Os clientes pagam diretamente à Uber (quando pagam ao motorista, o valor é deduzido das próximas viagens). Os motoristas não podem organizar viagens diretamente com os clientes nem recusar animais, levar outra pessoa no veículo, executar outros serviços enquanto estiverem com passageiros, compartilhar o carro para usar seu registro Uber nem solicitar informações particulares aos passageiros, entre vários outros requisitos que devem ser cumpridos no trabalho. Embora tratado como autônomo, o motorista não pode fazer uso de sua propriedade (o carro) da forma que lhe convenha.

Com sua plataforma, a Uber gerencia permanentemente os motoristas, usando a seu critério, dentre muitas outras informações, as notas atribuídas pelos clientes aos motoristas. A empresa deixa claro que "atitudes que prejudicam a plataforma, usuários ou outros parceiros também podem levar à desativação", mesmo que não estejam no contrato[62]. Ou seja, o trabalhador pode ser dispensado por qualquer motivo que a Uber considerar aplicável.

---

[62] Informações obtidas em entrevista com motoristas e por meio do site da Uber no Brasil. Disponível em: <www.parceirosbr.com/politicas-e-regras>. Acesso em: 1º out. 2016.

C.2) Menos assalariados ou ainda mais subordinados?

A ideia de liberdade e flexibilidade ("trabalhe quando e onde quiser") difundida pelas empresas constitui, de fato, uma transferência deliberada de riscos para aumentar o controle sobre os trabalhadores, que, sem salário garantido e com custos fixos, tornam-se mais vulneráveis. Ademais, contradizendo esse discurso, as "plataformas" utilizam várias medidas explícitas para controlar os trabalhadores, como fica patente nos "termos de uso", avisos de suspensão, processos judiciais, entrevistas, mensagens. Esse rol de medidas não é fixo, pois as empresas fazem alterações sempre que julgam conveniente para o seu processo de produção e trabalho.

As empresas: 1) determinam quem pode trabalhar para elas: se são mais ou menos exigentes na admissão (cadastro), isso não muda o fato de que são elas que decidem de acordo com suas conveniências (estratégias); 2) delimitam o que será feito, seja uma entrega, um deslocamento, uma tradução: logados nas "plataformas" e nos "aplicativos", os trabalhadores não podem prestar serviços não contemplados por eles; 3) definem que trabalhador realizará cada serviço (ou, no mínimo, definem que trabalhadores podem concorrer pelo serviço) e não permitem captação de clientes, ou seja, contratam (ou não) o serviço de cada trabalhador (as notas dos clientes são apenas um instrumento para a decisão que é da empresa); 4) delimitam como as atividades serão efetuadas: isso ocorre nos mínimos detalhes, seja em relação à tradução, seja ao trajeto ou ao estado do veículo e até ao comportamento dos trabalhadores diante dos clientes; 5) determinam o prazo para a execução do serviço.

Cabe destacar que 6) estabelecem, de modo unilateral, os valores a serem recebidos. Essa é uma variável-chave, porque os pagamentos são manipulados para dirigir o comportamento dos trabalhadores. Aqui entram os algoritmos, que nada mais são do que programas, comandados pelas corporações, para processar grande volume de informações (tempo, lugar, qualidade) que permitem direcionar a força de trabalho segundo a demanda a qualquer momento. Há uma espécie de "leilão invertido" que coloca todos os trabalhadores em concorrência permanente, a cada novo serviço a ser executado. As "plataformas" intencionalmente procuram formar um estoque de trabalhadores disponíveis, criando uma espécie de "mercado de trabalho" no interior de cada empresa visando ao enfraquecimento do poder de barganha dos trabalhadores e ao rebaixamento salarial. Essa baixa remuneração é um mecanismo importante para a imposição de longas jornadas aos trabalhadores, pois, para sobreviverem, eles arcam com o conjunto dos custos e dependem dos salários para quitar as dívidas que contraem para poder trabalhar (como a compra ou aluguel dos carros). De fato, segundo o Ministério Público do Trabalho (MPT), quanto menor a tarifa paga, mais horas de trabalho serão necessárias para garantir a sobrevivência do indivíduo[63].

---

[63] Juliana Carreiro Corbal Oitaven, Rodrigo de Lacerda Carelli e Cássio Luís Casagrande, *Empresas de transporte, plataformas digitais e a relação de emprego: um estudo do trabalho subordinado sob aplicativos* (Brasília, Ministério Público do Trabalho, 2018).

As empresas também: 7) determinam como os trabalhadores devem se comunicar com elas: por exemplo, vedam reclamações ou críticas deles em redes sociais ou outros meios que não os estipulados por elas; 8) pressionam os trabalhadores a ser assíduos e a não negar serviços demandados; 9) também os pressionam a trabalhar mais tempo por meio de incentivos, sendo comuns as chamadas promoções, que atuam como metas ou horários a ser cumpridos pelos contratados, para incitar que fiquem mais tempo à disposição das empresas. Por fim, 10) usam o "bloqueio" para ameaçar os trabalhadores, que consiste em impedir que eles exerçam sua atividade por tempo determinado, por qualquer razão definida pelas "plataformas"; 11) utilizam a dispensa a qualquer tempo, sem necessidade de justificativa nem qualquer espécie de aviso, como mecanismo de coerção e disciplinamento.

Vale destacar que, quando os trabalhadores adoecem, descansam ou tiram férias, têm seus instrumentos de trabalho parados e seus rendimentos zerados. Assim, para sobreviver e manter seu vínculo de trabalho, eles precisam trabalhar por longas horas, suprimir descansos, intensificar jornadas e agir de estrito acordo com o que a empresa determina.

Algumas contradições emergem dessas "novas" formas de trabalho. Primeiro, com a individualização dos serviços e da remuneração, a exploração se torna mais explícita – sabe-se quanto cada trabalhador produz e qual o percentual apropriado pela empresa. Ademais, as "plataformas" controlam todo o processo, determinam os formatos exatos dos contratos de trabalho, pagam, mobilizam, ameaçam e dispensam. Os trabalhadores são induzidos a adotar os comportamentos dirigidos pelas empresas, não lhes cabendo alternativa se quiserem trabalhar. O fato de se submeterem a essas condições não significa que a iniciativa, o controle e a autonomia das atividades estejam em suas mãos.

No fim das contas, os trabalhadores são menos livres e estão mais submetidos ao capital que os assalariados reconhecidos como tais. Isso porque sofrem uma dupla coerção para se subjugar. Além da coerção tradicional do mercado de trabalho (externa) sobre qualquer empregado, que é a ameaça de dispensa, eles também sofrem uma coerção interna, pois, mesmo com contrato, estão sob permanente ameaça de não ter renda (e, por fim, mesmo quando conseguem um serviço, não têm nenhum direito respeitado). A tecnologia entra nesse cenário para aperfeiçoar esse controle, pois se sabe precisamente, e em tempo real, quem está fazendo o quê, de que modo, por quanto tempo, em qual velocidade etc. Assim, a grande novidade na organização do trabalho introduzida pelas novas TIC é permitir que as empresas utilizem essas ferramentas como instrumental sofisticado de controle da força de trabalho.

Em estratégias como as adotadas pelas "plataformas", mas também em arranjos como a "produção integrada", o que as empresas fazem é transformar os instrumentos de trabalho (veículos, instalações, computadores, terra etc.) em seu capital sem necessitar de propriedade formal sobre eles. As empresas podem controlar o processo de trabalho e produção por outros meios (por exemplo, monopolizando a interface com os clientes) e, em especial, instrumentalizam a transferência dos riscos do contrato ao trabalhador, que arca com a compra ou o aluguel de carros, motos etc. e sua manutenção. Nessa dinâmica, não ter a propriedade de carros, bicicletas, computadores e terras é uma grande vantagem para as empresas, pois elas não precisam imobilizar capital. Como se não bastasse, contam com trabalhadores mais inseguros e com menor probabilidade de contestar ordens.

Além de dificultar a resistência individual e a ação coletiva, esses arranjos têm minado a regulação protetiva do trabalho pelo Estado. A narrativa que divulga essas "novas" formas de trabalho representa, na prática, um novo adeus à classe trabalhadora. O emprego assalariado estaria sendo substituído por novas maneiras de organizar o trabalho e a produção, com o crescimento do trabalho autônomo ou mesmo da transformação de trabalhadores em clientes. De todo modo, seriam relações inadequadas à regulação da legislação trabalhista[64].

Péssimas condições de remuneração e de trabalho têm sido registradas nas "plataformas". Em Nova York, em 2017, 85% dos motoristas de transporte de passageiros trabalhando para os "aplicativos" ganhavam abaixo do mínimo por hora (previsto em lei), sendo que 60% do total trabalhavam em tempo integral (17% deles mais de cinquenta horas por semana)[65]. No Brasil, o rendimento médio do setor de transporte de passageiros (em que predomina o trabalho autônomo) foi de R$ 1.876 na média móvel de setembro de 2019, e tem caído justamente após a expansão da Uber (chegou a ultrapassar R$ 2.050 em 2014)[66]. Já os motoristas com carteira assinada, no mesmo ano, tiveram média salarial de R$ 2.084 (sem contar demais direitos, como 13º salário e férias)[67].

Como já indicamos, as baixas remunerações são condição essencial para a submissão dos trabalhadores a longas jornadas. No caso dos entregadores, há várias evidências de que isso ocorre de maneira dramática, como ilustra a reprodução da tela do celular de um entregador ciclista em meados de 2019.

O ciclista trabalhou sete dias seguidos, ficou *on-line* por mais de 61 horas e recebeu apenas R$ 212. Na média apurada pela pesquisa da UFBA em 2019, em Salvador, um entregador recebeu R$ 1.100 por mês; quando se restringia a uma jornada de 44 horas, porém, conseguia apenas R$ 780,64. Segundo pesquisa da Aliança Bike em São Paulo, em 2019, trabalhando 9 horas e 24 minutos por dia, os entregadores

---

[64] Sobre o novo adeus à classe trabalhadora, ver Vitor Araújo Filgueiras e Sávio Machado Cavalcante, "What Has Changed: a New Farewell to the Working Class?", *Revista Brasileira de Ciências Sociais*, v. 35, n. 102, 2020. Anteriormente, as previsões enfocavam o trabalho industrial; no entanto, agora tratam do emprego assalariado como um todo.

[65] James A. Parrot e Michael Reich, *An Earnings Standard for New York City's App-based Drivers: July 2018 Economic Analysis and Policy Assessment* (Nova York, CNYCA/CWED, 2018). Disponível *on-line*.

[66] Dados da Pnad.

[67] Dados da Rais, 2019.

Figura 2 – Tela de celular de trabalhador de empresa de entrega

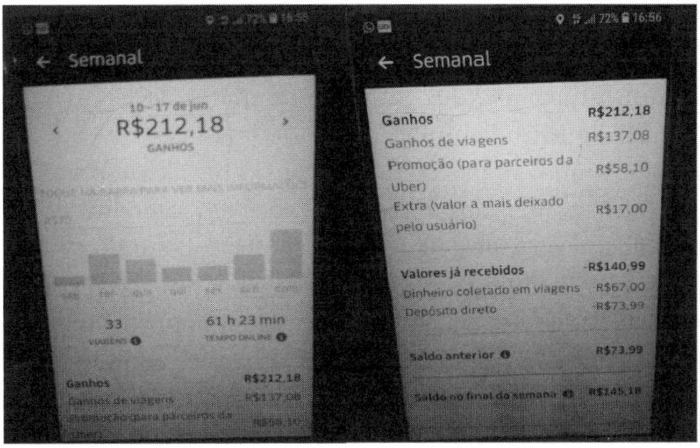

Fonte: Projeto Caminhos do Trabalho.

ciclistas ganhavam R$ 936 por mês; se cumprissem uma jornada legal de 44 horas, receberiam R$ 762,66 por mês. Vale comparar esses indicadores dos entregadores de "aplicativos" com entregadores empregados com carteira assinada no mesmo ano de 2019. O salário médio (sem contar demais direitos) dos entregadores com carteira assinada foi de R$ 1.548 para os motociclistas e R$ 1.310 para os ciclistas[68].

Em 2020, com a pandemia de covid-19, "aplicativos" passaram a ganhar ainda mais dinheiro em decorrência da mudança nos modos de consumo da população. Contudo, os trabalhadores não tiveram a mesma sorte. A pesquisa UFBA-UCM, no Brasil, entrevistou 103 entregadores em julho de 2020, que relataram jornada média de 10 horas e 24 minutos por dia, 64,5 horas por semana, 70,9% deles trabalhando 6 ou 7 dias na semana (um terço do total sem nenhum dia de descanso).

Ademais, com a pandemia, seus rendimentos líquidos (descontados gastos como combustível, manutenção de veículos, internet), que já eram baixos, caíram 18,6%, a maioria recebendo abaixo do salário mínimo. Em um mês de trabalho, 44% dos entregadores conseguiam tirar menos que um salário mínimo e 85%, menos que dois salários mínimos. Como suas jornadas são muito extensas e o descanso semanal é raro, o pagamento recebido por hora é mais adequado para calcular a magnitude dos ganhos. Nesses termos, 51,7% recebiam, por hora, menos que o equivalente a um salário mínimo. A situação é ainda pior quando avaliados os ciclistas isoladamente: ao final de um mês de trabalho, com jornada média de mais de 57 horas semanais, conseguiam apenas R$ 932 brutos e R$ 701 líquidos.

---

[68] Idem.

Isso foi também indicado por pesquisa da Remir realizada em abril de 2020, em que 60,3% dos trabalhadores relataram queda dos rendimentos na pandemia[69]. Microdados da Pnad-Covid, de maio do mesmo ano, mostram uma queda de 34,8% do rendimento efetivo dos entregadores que se declaram autônomos, em comparação ao rendimento habitual.

O cenário espanhol se parece muito com o brasileiro, segundo a pesquisa UFBA-UCM. Na Espanha, dos 25 entrevistados em setembro de 2020, 69,6% afirmaram trabalhar 6 ou 7 dias na semana (34,8% laboram todos os dias), indicando que parece ser comum trabalhar 340 dias por ano, como apurado em um processo judicial[70]. Por lá, algumas empresas impõem e restringem os dias e horários em que os entregadores podem ficar *on-line*. Com isso, é comum que eles laborem menos do que precisam para sobreviver, o que se agravou após a pandemia (cerca de 70% tiveram menos trabalho no período). Mesmo assim, no mínimo 56,6% e até 69,5% trabalham acima da jornada normal semanal (40 horas na Espanha), e, entre os trabalhadores que forneceram horários precisos, a média é de 55,3 horas.

A renda média líquida dos entrevistados caiu 24,4% com a pandemia, chegando a 798,50 euros, e 59% deles tinham rendimento substancialmente menor que o salário mínimo líquido mensal (1.037 euros, considerando os 14 pagamentos anuais). Vale ressaltar que o salário bruto de um entregador, para uma jornada normal, deveria ser de 1.570 euros, conforme decisões judiciais[71]. Considerando que a maioria dos entregadores trabalha jornadas acima do máximo legal, o pagamento recebido por hora é mais adequado para calcular seus ganhos. Nesses termos, após a pandemia, 88,3% passaram a receber menos que o salário mínimo líquido.

No Brasil, dos entrevistados, 70% sofreram acidente ou conhecem alguém que tenha sofrido. Dos acidentados, 83% relataram falta de apoio da empresa ou bloqueio após o infortúnio. Na Espanha, mais de um terço dos entregadores já sofreu acidente trabalhando para os "aplicativos". Somados aos que conhecem alguém que tenha sofrido, são quatro de cada cinco respondentes. Segundo os entrevistados, em 62,5% desses infortúnios a empresa não deu qualquer suporte ao trabalhador acidentado, havendo relatos de insistência para a realização da entrega. Como conta um deles, a empresa "não fez nada, ao contrário, uma vez que comuniquei a queda, insistiram se eu podia finalizar a entrega"[72].

Segundo o relatório da Companhia de Engenharia de Tráfego do município de São Paulo (CET), em 2018, os acidentes fatais com motociclistas

---

[69] Ludmila Costhek Abílio, Paula Freitas Almeida, Henrique Amorim, Ana Claudia Moreira Cardoso, Vanessa Patriota da Fonseca, Renan Bernardi Kalil e Sidnei Machado, *Condições de trabalho em empresas de plataforma digital: os entregadores por aplicativo durante a covid-19* (São Paulo, Remir, 2020). Disponível *on-line*.
[70] Sentença do Tribunal Superior de Justiça (TSJ) de Madri de 3 de fevereiro de 2020.
[71] Idem.
[72] Trabalhador entrevistado residente em Madri.

aumentaram 18% (360, no total)[73], ultrapassando, pela primeira vez, aqueles envolvendo pedestres. No Brasil, levantamento da Associação Brasileira de Medicina do Tráfego (Abramet), com base nos registros do SUS, indica que acidentes graves envolvendo ciclistas tiveram alta de 30% nos cinco primeiros meses de 2021 em relação ao mesmo período do ano anterior, e que "o cruzamento dos dados permite concluir que muitas das ocorrências estão relacionadas aos serviços de *delivery*"[74].

Além dos acidentes de trânsito, os trabalhadores estão também expostos à violência que resulta em morte durante o labor. Segundo uma matéria publicada por Mike Isaac, dezesseis motoristas da Uber foram assassinados no Brasil até meados de 2019[75]. Na Grande São Paulo, apenas em setembro do mesmo ano, ocorreram cinco assassinatos de motoristas[76].

Há casos de exploração extrema que adentram a esfera penal, como o flagrado pela Justiça da Itália na Uber Eats, em 2020, vitimando imigrantes que recebiam apenas três euros por corrida. A empresa usava intermediários para o recrutamento dos trabalhadores vulneráveis. Um deles, por exemplo, trabalhou 68 horas em uma semana e recebeu apenas 179 euros[77].

As estratégias de gestão das "novas" empresas pulverizam o mercado de trabalho, dando a impressão de que elas não se envolvem mais com os trabalhadores nem com a própria produção:

> Na década de 1950, a empresa mais capitalizada do mercado era a maior empregadora do país. Na década de 2010, é a 40ª. No entanto, a empresa mais capitalizada do mercado estava entre as dez maiores por valor agregado na década de 2010 assim como na década de 1970". […] Em 1953, a GM era a empresa líder em capitalização e empregava 1,39% do trabalho não agrícola. Em 2019, a contribuição da Apple para o emprego é de 0,11% (ou menos do que doze avos da participação no emprego da GM em 1953) […]. Em 1953, o valor agregado da GM era de 1,2% do PIB. Em contraste, a contribuição da Apple é de 0,42% em 2019.[78]

---

[73] Não por acaso, cresceu de 9% para 14% a participação de entregadores e motofretistas entre as mortes de motociclistas no trânsito em 2018. Ver Companhia de Engenharia de Tráfego (CET), *Relatório anual de acidentes de trânsito – 2018* (São Paulo, CET, 2019).

[74] Eduardo Sodré, "Acidentes graves envolvendo ciclistas têm alta de 30% entre 2020 e 2021", *Folha de S.Paulo*, 20 ago. 2021. Disponível *on-line*.

[75] Mike Isaac, "How Uber Got Lost", *The New York Times*, 23 ago. 2019. Disponível *on-line*.

[76] "Motorista de aplicativo é espancado no ABC; Grande SP registra 5 mortes em setembro", *G1*, 30 set. 2019. Disponível *on-line*.

[77] Lorenzo Tondo, "Uber Eats in Italy investigated over alleged migrant worker exploitation", *The Guardian*, 13 out. 2020. Disponível *on-line*.

[78] Frederik P. Schlingemann e René M. Stulz, *Has the Stock Market become Less Representative of the Economy?* (Cambridge, National Bureau of Economic Research, out. 2020, *working paper* 27.942). Disponível *on-line*.

Assim, o caso da empresa que valia 19 bilhões de dólares mantendo em seu quadro formal apenas 55 empregados (o WhatsApp, citado na introdução deste livro)[79] está longe de ser um ponto fora da curva. A contratação fragmentada faz as maiores empresas parecerem depender cada vez menos do trabalho. Ao contrário das aparências, apesar de as "novas" empresas negarem seu vínculo com os trabalhadores, elas continuam comandando todo o processo de produção e do trabalho, nos mínimos detalhes, com cada vez mais poder e arbitrariedade.

Nas últimas décadas, estratégias de gestão do trabalho mudaram. A aparência dos contratos foi alterada, porém, com o objetivo de manter e aprofundar a essência da relação capital e trabalho. Usando a retórica do afastamento dos trabalhadores e da transformação da natureza das relações de trabalho, as empresas buscam aumentar a subordinação e reduzir as chances de resistência do trabalho. Com apoio das narrativas sobre as "novas" empresas, essas estratégias têm sido bem-sucedidas, e formas extremas de exploração têm crescido.

Em suma, as "novas" empresas, que na verdade constituem novas estratégias de gestão do trabalho assalariado, potencializam a capacidade de exploração e têm expandido condições de trabalho e de vida que remetem aos primórdios do capitalismo e a suas áreas periféricas (mesmo nesses países, havia sinais de civilização, como o avanço da CLT no Brasil). Essa narrativa do "novo" ajuda a legitimar um velho uso da força de trabalho, que já vivemos e leva ao limite a exploração do trabalho.

3.4. Novos trabalhadores?

Nas últimas décadas, para a maioria dos trabalhadores ao redor do mundo, o desemprego passou a ser uma ameaça ou uma realidade muito mais concretas que no período pós-guerra. Esse é um aspecto verdadeiro presente na narrativa corporativa para os "novos" trabalhadores, e que tem contribuído muito para a ampliação e a radicalização da precarização do trabalho. Com desemprego alto, as resistências individuais e coletivas dos trabalhadores tendem a se enfraquecer, piorando as condições de trabalho e de vida.

Nesse cenário, as soluções majoritariamente adotadas pelos países atenderam às demandas das retóricas das "novidades", com a eliminação ou o corte de direitos sociais como o seguro-desemprego e a Previdência pública, entre outros benefícios que dão alguma segurança existencial àqueles que vivem do trabalho. Políticas públicas dessa natureza tenderam a enfocar parcelas menores da população, seguindo a receita do incentivo ao trabalho e da busca da austeridade para promoção do crescimento do emprego. Assim, as políticas adotadas foram complementares às reformas tratadas na seção 3.1, mercadorizando a força de trabalho pelo lado da oferta.

---

[79] Ver, neste volume, p. 15.

O direito do trabalho é uma política pública que regula a demanda por força de trabalho, para que o empregador respeite e cumpra determinadas regras independentemente das condições e da negociação entre oferta e procura. O salário mínimo, por exemplo, impõe que, seja qual for o cenário de barganha entre patrão e empregado, o primeiro é obrigado a cumprir essa regra.

Outros direitos sociais desmercadorizam parcialmente a força de trabalho pelo lado da oferta. Se há programas de renda, como assistência a desempregados, a força de trabalho dessas pessoas se desmercadoriza parcialmente, pois uma parcela da riqueza social é concedida independentemente das contingências do mercado, reduzindo o papel coercitivo deste. Sem essas políticas, as pessoas se tornam mais vulneráveis a aceitar qualquer ocupação[80].

Ao mesmo tempo que os direitos sociais foram atacados no mundo, foi comum a redução de impostos para empresas e pessoas mais ricas. Essa austeridade de mão única foi defendida pelo argumento de que mais recursos ao capital ampliariam o investimento e o emprego, beneficiando, portanto, os trabalhadores. Enquanto eram cortados direitos sociais, a evasão fiscal pelas parcelas mais ricas cresceu, criando contradições grotescas para a retórica da responsabilidade fiscal, como o caso da reforma da Previdência no Brasil, em que as estimativas de economia com cortes de gastos são muito inferiores aos valores devidos pelas empresas que descumprem a legislação[81].

No bojo da plataforma liberalizante, as políticas públicas para fomento do emprego deram muita ênfase à qualificação da força de trabalho (seja via ensino formal, seja profissionalizante, particularmente por meio da canalização de recursos públicos para a prestação privada dos serviços) e ao chamado empreendedorismo (com incentivos fiscais, facilitação da abertura de empresas, retirada de obrigações trabalhistas etc.).

Pois bem, como vimos na seção 3.1, os mercados de trabalho pelo mundo não melhoraram nas últimas décadas. Vejamos a situação agora pela perspectiva dos "novos" trabalhadores.

A) Qualificação como solução do desemprego

É evidente que educar, qualificar, treinar, são ações importantes para a produção de riqueza em qualquer sociedade. Contudo, além de o conteúdo da qualificação

---

[80] Ao contrário do propalado pelo discurso empresarial, há evidências de que direitos sociais não tornaram as pessoas menos dispostas a trabalhar. Ver Vitor Araújo Filgueiras, "Mercado de trabalho e coerção sobre os trabalhadores: Brasil, Reino Unido e o avanço do 'moinho satânico'", *Revista da Abet*, v. 15, n. 2, jul./dez. 2016, p. 107-26. Quanto ao Bolsa Família, especificamente, segundo dados oficiais (Censo Demográfico 2010, do IBGE), 75,4% dos beneficiários trabalhavam, taxa superior ao índice de participação do conjunto da população em idade ativa.
[81] Ver alguns indicadores em Vitor Araújo Filgueiras e José Dari Krein, "Reforma da previdência para quem? Proposta para uma reforma efetiva e pragmática", *Plataforma Política Social*, 17 maio 2016.

ser algo altamente problematizável[82] do ponto de vista da produção e do emprego, no capitalismo, há algo ainda mais básico a ser respondido: a qualificação resolve o problema do desemprego?

O caso brasileiro é interessante para ilustrar um processo comum a muitos países e ajuda a responder a essa questão. Inicialmente, e sem entrar no mérito do que seria um cenário desejado de qualificação, é importante considerar a relação efetivamente existente entre escolaridade e postos de trabalho. Entre todos os trabalhadores contratados via CLT, 8,6% tinham nível superior em 2002, passando para 13,7% em 2014 e 15,6% em 2017[83].

O número de empregados com nível superior cresce ano após ano (quase triplicou – aumento de 188% – entre 2002 e 2014), inclusive durante a crise, a partir de 2015. Contudo, no mesmo período, cresce ainda mais o emprego de trabalhadores com graduação completa em funções que não são de nível superior. Antes da crise, assistentes administrativos e auxiliares de escritório já eram as duas funções em que eles eram mais empregados. Não surpreende, desse modo, a participação muito maior das pessoas com ensino superior no setor público que no privado.

Quase metade dos trabalhadores graduados no Brasil está no Estado (sem contar empresas públicas), apesar de serem menos de 20% no total do empregado formal. Esse peso dos graduados no Estado não pode ser atribuído a um eventual excesso de graduados em áreas supostamente não produtivas (como ciências sociais), pois boa parte dos servidores públicos tem formação em áreas tipicamente "produtivas" e depois buscou concursos. Proporcionalmente, há mais engenheiros servidores públicos que a média das demais ocupações[84]. Parece, portanto, que há um excesso de pessoas qualificadas em relação à demanda do setor privado.

Isso é corroborado pelo fato de que os graduados com perfil "produtivo" são crescentemente subaproveitados na iniciativa privada. Pressupõe-se que engenheiros, químicos etc. devam ser contratados como tais. Os cargos de técnico exigem,

---

[82] Qualificar como? Para quê? Seguindo quais critérios? São muitas as questões a serem enfrentadas.
[83] Dados da Rais.
[84] Segundo a Rais, no total do emprego formal no Brasil (todos os vínculos, setores e ocupações), os servidores públicos representavam 25,2%, em 2007, e 21,6%, em 2019. Considerando apenas os indivíduos contratados como engenheiros, 27,9% eram servidores públicos em 2007 e 27,6%, em 2019 (engenheiros da família ocupacional na CBO: mecatrônicos, em computação, ambientais, civis, eletroeletrônicos, mecânicos, químicos metalurgistas e de materiais, de minas, agrimensores, cartógrafos, industriais, de produção e segurança, agrossilvipecuários, de alimentos e afins). Essa desproporção dos engenheiros no serviço público é, provavelmente, subdimensionada, pois 1) excluímos do indicador engenheiros professores e pesquisadores; 2) o indicador não inclui como servidores públicos engenheiros de obras ou qualquer outra atividade terceirizada pelo Estado (engenheiros terceirizados da Petrobras, por exemplo), ou seja, pessoas que trabalhavam efetivamente para o Estado; 3) por fim, engenheiros com posse em outros cargos públicos (que não expressamente de engenharia) também estão fora da conta. Para se ter uma ideia, em 2011, apenas na Fiscalização do Trabalho, eram mais de 500 engenheiros contratados como auditores.

por excelência, apenas o 2º grau de escolaridade, muitas vezes com complementação de cursos técnicos. Contudo, pessoas com nível superior que ocupam cargos de técnico crescem em termos absolutos e proporcionais no setor privado. Do total dos cargos para técnicos no Brasil[85], entre 2006 e 2017, a participação de graduados passa de 12,4% para 20,8%, crescendo todos os anos, mesmo na crise. Se somarmos esses técnicos com assistentes e auxiliares de escritório, são cerca de 20% de todos os empregados de nível superior no setor privado. Há, provavelmente, mistura de ilegalidade (desvio de função) com uso menos produtivo da força de trabalho empregada. Ou seja, empresas contratam poucos trabalhadores graduados e crescentemente subutilizam aqueles que empregam, sobrando, portanto, gente com qualificação superior à demandada.

A proporção de empregados com nível superior no conjunto da ocupação continuou aumentando de 2015 para cá, mesmo com a elevação do desemprego no conjunto do mercado de trabalho. No auge do crescimento da desocupação antes da pandemia, o número total de empregados (CLT) teve uma queda de mais 3 milhões (2017 em relação ao fim de 2014), mas os ocupados com nível superior cresceram 4,9%. Ou seja, a elevação da qualificação dos trabalhadores brasileiros não resolveu o problema do desemprego, ao contrário do prometido. Evidentemente, pessoas com maior qualificação têm melhores condições de competir pelos empregos que já existem, como evidenciam os dados. Contudo, não é sua qualificação que determina o nível de emprego, mas a decisão de investimento dos empresários, que empiricamente não está subordinada ao nível de qualificação da força de trabalho.

Países do sul europeu, como Espanha e Portugal, evidenciam de forma triste essa dinâmica de sobrequalificação dos trabalhadores e ausência de empregos. Ao mesmo tempo que o nível educacional e de qualificação cresceu fortemente nas últimas décadas, houve uma emigração em massa desses países por falta de emprego[86]. Mesmo com a ampliação dos postos de trabalho nos últimos anos, há um imenso descompasso entre capacitação dos empregados e as funções executadas, ou seja, investimentos ocorreram desconsiderando a qualificação dos trabalhadores.

Em suma, é óbvio que a tão apregoada qualificação é uma medida importante, todavia: 1) é preciso ir além do chavão e discutir que tipo de qualificação e o que se pretende com ela; 2) no capitalismo, a qualificação não determina o nível de emprego. Este é determinado, fundamentalmente, pela decisão dos capitalistas. Qualquer política pública de qualificação que pretenda colaborar com o emprego deve ter como pressuposto que, se muito, pode ajudar, mas não é condição neces-

---

[85] Indicador obtido a partir da Rais (CLT) para subgrupos (CBO) designados com técnicos: entre outros, técnicos em biotecnologia, mecatrônicos, eletromecânicos, edificações, obras de infraestrutura, metalmecânica, geologia, operações industriais, equipamentos, instrumentos de diagnóstico, transportes (logística).

[86] Cláudia Pereira e Joana Azevedo, *New and Old Routes of Portuguese Emigration: Uncertain Futures at the Periphery of Europe* (Nova York, Spring, 2019).

sária, nem suficiente, para resolver o problema. Portanto, não pode ser anunciada da forma como as "novidades" têm feito.

B) Empreendedorismo e neoempreendedorismo

Há duas situações distintas na dinâmica das formas de trabalho fora do emprego formal e que não podem ser confundidas para que se entenda o problema do empreendedorismo. Uma é o trabalho efetivamente autônomo (aquele que não tem chefe), a outra é o assalariamento disfarçado sob a forma de trabalho autônomo (casos vistos na seção anterior). Nos dados das pesquisas amostrais declaratórias de diversos países, trabalhadores em ambas as situações tendem a ser misturados na mesma classificação. Isso ocorre justamente porque a retórica empresarial apresenta todos esses trabalhadores como empreendedores, e muitos dos que são de fato assalariados se declaram autônomos, e não empregados sem registro.

Apesar de envolvidos em relações substancialmente diferentes, trabalhadores autônomos e assalariados disfarçados têm também identidades: 1) suas ocupações tendem a ser mais precárias que a média do mercado de trabalho; 2) essas formas de inserção crescem ou diminuem de acordo com dinâmica do mercado de trabalho e sua regulação protetiva. São esses os "empreendedores" da retórica do capital.

Nas últimas décadas, o caso do Reino Unido é sintomático, pelo crescimento destacado do número de "empreendedores" na comparação com os demais países ricos. Por lá, ao longo dos anos 1980 e até meados da década seguinte, houve uma tendência de incremento do trabalho autônomo no mercado de trabalho, até atingir 13,8% do total da ocupação em 1995. Todavia, a proporção dos autônomos cai para 11,8% em 2000. O primeiro período foi marcado por altas taxas de desemprego e redução da proteção ao trabalho, e o segundo, pela queda da desocupação e o desincentivo ao assalariamento disfarçado. Nos anos 2000, a tendência de crescimento dos autônomos voltou, mas só em 2012 sua participação no mercado de trabalho superou o percentual de 1995.

Entre 2001 e 2019, o percentual de autônomos cresceu em praticamente todos os setores da economia britânica: da agricultura até as artes, passando pela indústria, educação, saúde e outras áreas[87]. Alguns indicadores revelam características desse incremento de autônomos e "autônomos". No início de 2014, o número de empresas sem nenhum empregado havia crescido 68% (1,6 milhão) em relação a 2000, atingindo 4 milhões. Nesse período, pessoas jurídicas sem nenhum empregado responderam por 91% do crescimento do número de todas as novas empresas. Ao mesmo tempo, caiu, em termos absolutos e relativos, a quantidade de autônomos com outros rendimentos que não aposentadorias ou outro emprego. Ademais, grande parte dos que se tornaram autônomos depois da crise de 2008

---

[87] Giulia Giupponi e Xiaowei Xu, *What Does the Rise of Self-Employment Tell Us about the UK Labour Market?* (Londres, The Institute for Fiscal Studies, 2020). Disponível *on-line*.

já estava nos mesmos setores e atividades antes da crise[88]. Ou seja, são pessoas que antes eram contratadas como empregados.

Nesse crescimento do "empreendedorismo" no Reino Unido, parece clara a importância do fenômeno que no Brasil ficou conhecido como "pejotização", no qual pessoas são obrigadas a abrir empresas para conseguirem ser contratadas sem formalização do vínculo de emprego. Em outras palavras, parte importante do trabalho declarado como autônomo, no Reino Unido, é assalariamento disfarçado, como vimos na construção civil. Não parece ser coincidência o fato de que, no Reino Unido, os rendimentos dos trabalhadores declarados como autônomos são mais baixos e sofrem maior dispersão que os dos trabalhadores apresentados como empregados[89]. Os indicadores apontam que a renda dos autônomos caiu fortemente desde os anos 2000. A renda real média semanal era de 290 libras, em 2002/2003, caindo para 207 libras em 2012/2013[90]. Em 2018/2019, a renda dos autônomos ainda era 13% menor que antes da crise de 2008, e seu rendimento médio bruto era 30% menor que o dos empregados[91].

No Reino Unido, entre idas e vindas, o saldo de crescimento dos autônomos fez com que representassem 1,5% a mais no total dos ocupados em comparação com 1995, chegando a 15,3% em 2019. Ainda assim, os empregados permaneceram com quase 85% do mercado de trabalho, participação acima da média registrada em todas as regiões de mundo. Ou seja, passadas três décadas, e mesmo considerando que parte dos "empreendedores" britânicos são assalariados disfarçados, não houve mudança substancial nas formas de ocupação no mercado de trabalho.

O Brasil tem vivido experiência similar à do Reino Unido. Na década de 1990, a deterioração do mercado de trabalho foi concomitante ao crescimento da participação do trabalho autônomo[92]. Nos anos 2000, a expansão econômica foi acompanhada do incremento do emprego formal por mais de dez anos. Com a crise deflagrada em 2015, o trabalho dito autônomo voltou a crescer com força, atingindo mais de 25% da população ocupada.

Os indicadores dos dois países sugerem que não há uma trilha irresistível sobre as formas de inserção nos mercados de trabalho. O trabalho declarado como autônomo oscila entre crescimento e declínio, tanto no Brasil quanto no Reino

---

[88] Reino Unido, *Business Population Estimates for the UK and Regions* (Londres, Department for Business, Energy & Industrial Strategy, 2014).
[89] Office of Tax Simplification (OTS), *Employment Status Report* (Londres, OTS, 2015). Disponível *on-line*.
[90] Office for National Statistics (ONS), *Labour Force Survey* (Londres, ONS, 2014).
[91] Giulia Giupponi e Xiaowei Xu, W*hat Does the Rise of Self-Employment Tell Us about the UK Labour Market?*, cit.
[92] Conforme dados da Pnad apresentados por Baltar (2003), o número de autônomos cresce 42,5% entre 1989 e 1999 nas ocupações não agrícolas, enquanto o emprego total cresce 16,7% no mesmo período.

Unido, nas últimas décadas, a depender da dinâmica da economia e da regulação do trabalho[93]. Estamos lidando com um fenômeno político relacionado a três questões: as políticas adotadas para o crescimento do emprego, as estratégias de gestão da força de trabalho pelo capital e a atuação de outras forças na sociedade em relação às práticas empresariais (seja confrontando, seja consentindo).

Além disso, os dados ajudam a evidenciar que não se pode imputar aos trabalhadores "empreendedores" a determinação do nível de emprego. No Brasil, quanto maior a participação dos "empreendedores" na ocupação, maior o desemprego, e vice-versa. A queda do desemprego entre os anos 2004 e 2014 é acompanhada pela redução da posição na ocupação "conta própria"; em contrapartida, a partir da crise, o aumento do desemprego foi seguido por aumento do trabalho autônomo. No Reino Unido, a continuidade do incremento dos "empreendedores", mesmo com a queda do desemprego nos anos 2010, parece se relacionar ao assalariamento disfarçado, ou seja, à falta de regulação protetiva pelo Estado ou pelos sindicatos.

Os autônomos, falsos ou efetivos, têm apenas sua força de trabalho ou produtos de seu trabalho para vender. Por isso, quanto maior o desemprego, mais pessoas buscam empreendimentos precários para sobreviver e aceitam empregos apelidados de "novas" formas de trabalho. Abstraído o papel do Estado, o emprego, numa sociedade capitalista, é fundamentalmente definido pela decisão do empresário, que tem recursos suficientes para monopolizar os meios de produção, portanto, o poder de decidir pelo investimento e, consequentemente, de gerar demanda pela força de trabalho. O trabalhador depende dessa demanda, ou de atividades tradicionalmente não dominadas diretamente pelo capital que, em geral, são precárias[94]. Fora dessas hipóteses, temos as tentativas de sobrevivência (comércio de rua, ambulantes etc.) com "empreendedores" ainda mais precários.

Nesse cenário, há sinais de que é global a tendência da queda de renda dos trabalhadores considerados autônomos:

> Na maioria dos países, os rendimentos dos trabalhadores autônomos diminuíram na última década, o que poderia ser devido à recessão global e também é provável que aqueles que são dispensados de empregos remunerados se tornem autônomos, deprimindo os rendimentos dos trabalhadores autônomos e levando ao aumento da diferença de renda.[95]

---

[93] Entre 1991 e 2018, a participação do trabalho assalariado cresceu em todos os continentes. Dados do Ilostat.
[94] Chaveiros, pintores, marceneiros, encanadores etc. As chamadas profissões liberais, como advocacia e medicina, em alguma medida fogem à regra da precariedade.
[95] OIT, *World Employment and Social Outlook 2015: The Changing Nature of Jobs* (Genebra, OIT, 2015), p. 42.

Podemos acrescentar que o crescimento do trabalho declarado como autônomo empregado nas "novas" formas de trabalho provavelmente tem papel relevante nesse processo de deterioração dos rendimentos.

A despeito de o empreendedorismo não ter resolvido o problema do emprego até os anos 2000, ele voltou reforçado nos últimos anos. Trata-se do neoempreendedorismo, que advoga que o avanço tecnológico fez aumentarem as chances de sucesso em ser "patrão de si mesmo". Agora, o peso da retórica está muito mais na promoção do assalariamento disfarçado (as "plataformas") que no empreendedorismo do autônomo tradicional. O sucesso está disponível para qualquer um, mas depende do mérito individual para identificar e conseguir aproveitar as oportunidades.

Estamos tratando de mercados que são ultracentralizados, dominados por pouquíssimas empresas que empregam (compram os serviços de) quem e como elas querem. Os "neoempreendedores" variam entre aqueles que trabalham para as empresas sem obter o reconhecimento de seu vínculo de emprego e aqueles que sonham em vender sua ideia para uma grande empresa. Como antes, o "empreendedorismo" de trabalhadores não pode resolver o problema do desemprego, pois eles não têm os meios para tal, e continuará a ser uma estratégia de sobrevivência e/ou um emprego disfarçado, precarizando o mercado de trabalho.

Ademais, nas "novas" formas de trabalho do neoempreendedorismo, os trabalhadores sequer têm a liberdade de que desfrutavam nas ocupações tradicionalmente autônomas, nas quais efetivamente não há chefe. Se naqueles casos o empreendedorismo não combate o desemprego, neste, além de não resolver, ainda traz o chefe. Como demonstrado, a relação que as empresas mantêm com os entregadores, sob o rótulo de trabalho "autônomo", é completamente despótica; ainda assim, elas aludem à "democracia" para tentar fugir da legislação trabalhista. A "liberdade de trabalho", tão evocada por empresários do século XIX para resistir à limitação das jornadas e à proibição do trabalho infantil, está de volta. Trata-se de uma liberdade do trabalho falaciosa, porque vale apenas para o capital, sendo negada o tempo todo aos trabalhadores, a começar pelo fato de que eles só trabalham se a empresa deixar.

Além de não atacar o problema do desemprego e de responsabilizar os trabalhadores, o "empreendedorismo" ainda isenta aqueles que têm poder para resolver o problema – os capitalistas, que deveriam ser os reais empreendedores. No atual contexto, o aprofundamento da retórica do empreendedorismo se torna uma grande ironia. Quem tem recursos para (e deveria) ser não é verdadeiro empreendedor, não expande a riqueza produtiva. O capitalismo tem sido marcado por baixos níveis de investimento produtivo em escala global, quando comparados à Era de Ouro, e grande quantidade de capital é alocada em ativos financeiros e outros que não ampliam a produção. Enquanto isso, os mais pobres, que sempre praticaram o empreendedorismo da sobrevivência, defrontam-se agora com o neoempreeendedorismo, em que continuam dependendo das decisões capitalistas para a dinâmica do mercado de trabalho e não têm mais a relativa liberdade propiciada pelo trabalho por conta própria tradicional.

As narrativas atribuem reiteradamente aos trabalhadores a solução do desemprego como se fosse um problema individual, da decisão de cada pessoa, resgatando a antiga ideia do desemprego voluntário da teoria neoclássica da economia. Todos conseguirão trabalho se aceitarem o preço do mercado. Se achar pouco, "qualifique-se e vai conseguir mais". Como os resultados empíricos contradizem as promessas das "novidades", o neoempreendedorismo radicaliza a retórica. Agora qualificação não garante sucesso, é preciso ser resiliente e aproveitar as oportunidades; o recado é: "tente até conseguir". Nada disso tem reduzido o desemprego, e o que mudou de fato, nas últimas décadas, é que trabalhadores buscam sobreviver em mercados de trabalho cada vez mais precários e desprotegidos.

Assim, o corte nos direitos sociais e as políticas de qualificação e empreendedorismo não elevaram o emprego, mas deixaram as pessoas mais vulneráveis e tiraram o foco dos verdadeiros responsáveis pelo desemprego, contribuindo para a piora das condições de vida e de trabalho para aqueles que conseguiram alguma ocupação.

3.5. As "novidades" como ferramenta de promoção do "velho"

Nas últimas décadas, o mundo do trabalho tem feito o caminho de volta ao capitalismo mais genuíno, em que a assimetria entre capital e trabalho tende a ignorar qualquer limite. Nesse processo, o capital conta com o apoio dos discursos das "novidades", que elencam mudanças que não poderiam conviver com políticas públicas e posturas prévias de trabalhadores e suas instituições. Sob a alegação de necessidade de adaptar legislações e práticas, vê-se, de fato, a radicalização das características típicas do capitalismo e o retorno a seus momentos mais "puros"[96], acentuando a mercadorização da força de trabalho e contribuindo para a queda dos salários, a piora das condições de trabalho e vida e a radicalização da desigualdade[97], sem com isso reduzir (e provavelmente contribuindo para agravar) o desemprego.

De fato, as narrativas das "novidades" são parte da busca, pelo capital, da eliminação dos limites à exploração do trabalho que foram arduamente construídos em diversas partes do globo, pois elas ajudam a legitimar tais mudanças, afirmadas

---

[96] Para Antunes, em plena era do capitalismo de plataforma, vivenciamos a recuperação de formas de exploração que remetem à protoforma do capitalismo, os primórdios da Revolução Industrial. Ver Ricardo Antunes, "Trabalho intermitente e uberização do trabalho no limiar da indústria 4.0", em Ricardo Antunes (org.), *Uberização, trabalho digital e indústria 4.0* (São Paulo, Boitempo, 2020).

[97] Piketty usa uma quantidade colossal de dados para mostrar que a desigualdade entre capital e trabalho é o cerne das assimetrias de renda e riqueza que vêm se intensificando nas últimas décadas ao redor do mundo. Ver Thomas Piketty, *O capital no século XXI* (trad. Monica Baumgarten de Bolle, Rio de Janeiro, Intrínseca, 2014).

como inevitáveis e positivas. Para isso, fazem alusões a fatos e problemas reais para depois exagerar, distorcer ou inverter a natureza das mudanças, que são descritas de modo a desenhar um diagnóstico comum: é necessário implementar políticas públicas e adotar práticas que: 1) reduzem direitos e enfraquecem trabalhadores e suas possibilidades de reação (em geral sem dizer isso explicitamente), para 2) melhorar a situação do mercado de trabalho (e isso sempre é dito).

As narrativas têm sido bem-sucedidas em legitimar políticas e práticas, mas são desastrosas quanto às promessas de maiores e melhores destinos para aqueles que seguem suas receitas. Essa inconsistência empírica das retóricas evidencia seu caráter ideológico como ferramenta para convencer os dominados de que estão presos a essa condição: "se quiser direitos, se lutar contra a exploração, terá desemprego e informalidade para todos; não questione as novidades e se comporte bem, pois a saída é individual e só depende de você".

Mais que inconsistentes, as narrativas estão cheias de contradições quase irônicas e que reforçam sua natureza ideológica: 1) demandam cortes de salários, de benefícios e de gastos públicos, justamente quando o capitalismo enfrenta um grave problema de demanda efetiva; 2) prometem que a tecnologia vai tornar o trabalho mais livre e criativo, exatamente quando ela é mais utilizada para subjugar e impor sofrimento; 3) apontam a fragmentação das empresas e da gestão do trabalho, num momento em que o capital acentua sua centralização; 4) afirmam haver mais liberdade para os trabalhadores, quando as relações de trabalho nunca foram tão despóticas e o trabalho tão subordinado; 5) imputam aos trabalhadores isolados superar o desemprego em um cenário em que o porte dos capitais comprime as chances de soluções individuais; 6) dizem que não dá mais para ter proteção ao trabalho, mas nunca foi tão fácil, tecnicamente, proteger aqueles que trabalham. Todas essas contradições colaboram para constituir a contradição fundamental das narrativas: elas apresentam o "novo" para promover o "velho".

Se isso não bastasse, ao defender o "velho" capitalismo por meio das "novidades", as narrativas se baseiam em pressupostos ou fórmulas efetivamente velhos, que são requentados: a relação negativa entre salário, direitos e emprego; a combinação entre trabalho e capital (tecnologia) por seus preços relativos; a reedição de formas velhas de gestão do trabalho, como as "parcerias" e o trabalho por peça ou avulso; a ideia de que a oferta de trabalho gera a própria demanda.

O modo como as narrativas são construídas busca cercear o contraditório, eliminando ou, no mínimo, enfraquecendo críticas e propostas alternativas. Primeiro, as "novidades" e suas soluções são comumente apresentadas como inexoráveis, portanto, não haveria como escapar delas.

Segundo, mesmo quando não se afirmam como inevitáveis, as narrativas adotam pressupostos que, se aceitos, dificultam escapar de suas soluções. Assim, se aceitamos que direito do trabalho promove desemprego, é bem difícil se opor às reformas; se acreditamos que as empresas têm se afastado dos trabalhadores e estes têm mais liberdade, fica muito mais complicado exigir responsabilidades e regulação protetiva.

Terceiro, após não entregar o que prometem, as retóricas afirmam que é preciso mais tempo ou que é necessário aprofundar ainda mais suas soluções para alcançar as promessas das "novidades". Tal estratégia se tornou tradicional na defesa da plataforma neoliberal, e se reproduz porque inviabiliza a avaliação da promessa, já que não há prazo de aferição nem limite prévio de precarização.

As narrativas do "novo" são reeditadas precisamente para reproduzir e aprofundar as políticas públicas e as práticas que defendem, desarmando as eventuais resistências às "novidades" implementadas. As reformas trabalhistas dos anos 1980-2000 não cumpriram suas promessas, mas a crise de 2008 é utilizada como "novidade" para insistir com essas políticas. A Terceira Revolução Tecnológica não promoveu empregos de boa qualidade, mas a Indústria 4.0 é o "novo" que vai cumprir a mesma promessa. A terceirização começa a enfrentar alguns limites e surgem "novas" formas de trabalho que não podem ter qualquer proteção. O empreendedorismo dos anos 1990-2000 não resolveu o problema do desemprego, mas o "novo" empreendedorismo, com as plataformas, é diferente, mais democrático, acessível, e trará a solução. Como as promessas nunca são cumpridas, a reedição das novidades vai mascarando sua inconsistência, enfraquecendo as eventuais resistências e conquistando o público com o "agora é diferente e vai dar certo".

E, de fato, essa reiteração das retóricas do "novo", com novas roupagens, para reproduzir ou aprofundar seus objetivos tem atuado substancialmente no convencimento de que é preciso manter ou aprofundar práticas e políticas públicas que não entregam o que prometem e precarizam o trabalho. Assim, ao direcionar deliberadamente o debate para buscar interditá-lo, as narrativas do "novo" são parte importante da longa ofensiva do capital sobre o trabalho que temos experimentado há mais de quarenta anos.

4
A assimilação do "novo" e as profecias autorrealizáveis

As narrativas das "novidades" ajudam a dar coesão ao discurso empresarial ao redor do mundo e tendem a se espalhar como senso comum no conjunto da sociedade, pois dominam os meios de comunicação e são divulgadas massivamente. Um aspecto, contudo, é vital para a importância dessas retóricas na ofensiva patronal: a influência que têm exercido sobre trabalhadores e suas instituições.

Parte do campo do trabalho assimila as narrativas, parcial ou integralmente, e contribui para que as políticas públicas e as práticas que elas buscam promover sejam efetivadas, perpetuadas e radicalizadas. Há dois tipos de adesão às retóricas das "novidades": a assimilação explícita e integral, que acredita em suas promessas ou em sua inevitabilidade, e a absorção de seus pressupostos, discordando de parte do discurso e, especialmente, criticando as consequências dos fenômenos debatidos. Mesmo nesta última hipótese, por não considerar o caráter ideológico das narrativas, a oposição tende a ser ineficaz.

É provável que, em geral, as pessoas que aderem aos pressupostos não percebam a encruzilhada em que vão parar. Como as premissas caracterizam o conteúdo das mudanças, as energias tendem a enfocar os efeitos das "novidades", sem atacar as causas desses problemas. Assim, mesmo quando criticam a precarização, muitos agentes e instituições frequentemente admitem que as empresas têm se afastado dos trabalhadores, que há mais autonomia nas relações de trabalho etc.

A assimilação total ou parcial das narrativas do capital tem induzido agentes e instituições a adotar uma das três posições a seguir:

1) *Concordar com o fim da regulação protetiva do Estado via direito do trabalho*, seja por seu anacronismo (sugerindo outras medidas que supostamente excluiriam as leis do trabalho, como a renda mínima), seja porque os contratos de emprego são muito precários e não ajudariam os trabalhadores (como tem sido comum no debate sobre os entregadores), entre outras razões.

2) *Procurar um "meio-termo" para a regulação protetiva*, seja pela adaptação da legislação às mudanças ("terceira via" de contratos[1] etc.), seja por mudanças na organização coletiva dos trabalhadores (associações de autônomos em vez de sindicatos), rebaixando o patamar de direitos anteriormente existentes.

3) *Manter a crítica aos fenômenos, mas sem conseguir apresentar argumentos consistentes para combatê-los* (a exemplo da absorção da concepção da terceirização como aprofundamento da divisão do trabalho), enfraquecendo a oposição e a apresentação de alternativas.

Nesses termos, passada a surpresa inicial dos discursos das "novidades", mesmo quando o campo do trabalho fica menos atônito e desenvolve alguma resistência efetiva, esta é rebaixada e incapaz de evitar (ou mesmo estimula) que o capital progressivamente elimine todos os limites à exploração do trabalho. Como o discurso do "novo" é reiterado em ondas, as débeis resistências desenvolvidas são pisoteadas mais facilmente pelas novas "novidades".

Por exemplo, foram anos até que a terceirização reduzisse seu encanto e sofresse uma resistência minimamente consistente, que, contudo, muitas vezes aceitou tal estratégia de gestão e não atacou o cerne de sua narrativa sobre a divisão do trabalho. Desse modo, quando as empresas dobraram a aposta retórica com o advento das "plataformas", encontraram terreno livre para mais uma vez tomar de surpresa o campo do trabalho e legitimar a exploração quase sem limites.

Assim, ao assimilar as retóricas das "novidades", trabalhadores e instituições (incluindo os setores progressistas da academia) têm dado contribuição importante para o sucesso da ofensiva do capital nas últimas décadas.

4.1. Novo cenário e políticas públicas

A ideia de que custos do trabalho promovem o desemprego é central no senso comum promovido pelas empresas e seus representantes no conjunto da sociedade, inclusive em parte dos trabalhadores e suas instituições. De modo mais ou menos consciente, a "necessidade de flexibilizar" as relações de trabalho, "reduzindo" a intervenção do Estado, foi muito assimilada e reproduzida no campo do trabalho.

Assim, as lutas contra as reformas, quando acontecem, comumente enfocam seus efeitos, a precarização do trabalho, sem ênfase ou força para divulgar e mobilizar contra o fundamento do problema, qual seja, a natureza ideológica e a validade da premissa de que o custo do trabalho é fator relevante ou impeditivo da criação do emprego.

---

[1] Ver, neste capítulo, p. 156.

A) Trabalho, intervenção do Estado e flexibilização

No Brasil, desde a década de 1990, parcela do movimento sindical aderiu ao discurso da necessidade de reformar a legislação para se adequar às mudanças provocadas pela globalização e pela competição empresarial. A Força Sindical (FS) não só apoiou medidas dessa natureza como pôs em prática acordos com empresas para reduzir direitos e forneceu ao governo projetos para "flexibilizar" a legislação.

Todavia, as dificuldades do campo do trabalho estavam além das direções e das correntes mais próximas dos interesses empresariais. Segundo Galvão:

> A dificuldade de reação dos sindicatos – ainda que manifestem sua contrariedade no plano do discurso – deve-se ao fato de que a ideologia neoliberal se disseminou também entre os trabalhadores. Sindicalistas também falam em nome da flexibilização, da modernização, da busca do entendimento, da "parceria", manifestando os efeitos da ideologia neoliberal. Muitos estão convencidos das vantagens de se desregulamentar o mercado de trabalho em tempos de "globalização", endossando a retórica patronal, que adquire um verniz intelectualizado devido à colaboração de estudiosos identificados teoricamente ao neoliberalismo.[2]

O Brasil é caso exemplar da inconsistência da narrativa empresarial sobre custos do trabalho e desemprego, pois viveu dois períodos recentes com evidências bem definidas:

1) Segundo o IBGE, a renda média de todos os trabalhos registrada em 1996 caiu seguidamente até 2003. Ao mesmo tempo, a taxa de desemprego cresceu no mesmo período e só apresentou trajetória de queda após 2003. O emprego com carteira assinada (CLT), após atingir 20,9 milhões em 1989, só ultrapassou essa marca em 2001. A informalidade atingiu 60,7% em 1999, seu pico histórico.

2) Entre 2003 e 2014, segundo a Rais, o salário real e o emprego formal (CLT) cresceram todos os anos, sem exceção. O desemprego caiu a partir de 2004, chegando ao mínimo de 6,7%, em 2013. A informalidade seguiu a mesma trajetória, atingindo o mínimo de 45% também em 2013[3]. Enquanto isso, no acumulado, salários reais médios subiram 31%, e o número de empregos formais via CLT cresceu 87%, passando de 22,3 milhões para 40,5 milhões.

No primeiro período, houve mudanças consistentes para "flexibilizar" a CLT, apesar de não ter ocorrido uma reforma. No segundo, a legislação não passou por mudanças relevantes, e o salário mínimo teve grande valorização. Mesmo com resultados tão flagrantemente díspares, no segundo período não houve fortalecimento significativo de uma posição que explicitasse a inconsistência da retórica

---

[2] Andréia Galvão, *Neoliberalismo e reforma trabalhista no Brasil* (doutorado em ciências sociais, Campinas, IFCH-Unicamp, 2003), p. 227.
[3] Dados do IBGE.

empresarial e disseminasse uma visão alternativa para rivalizar com as "novidades" da "flexibilização", "competividade", "modernização" etc. Pelo contrário, essas "novidades" continuaram circulando no campo do trabalho.

Vale citar, a título de exemplo, a posição do então presidente do Sindicato dos Metalúrgicos do ABC (vinculado à Central Única dos Trabalhadores – CUT), Sérgio Nobre, em 2012, sobre a CLT: "A legislação não contempla todas as categorias, impede os empresários de resolver problemas que a competitividade moderna impõe e impede os trabalhadores de avançar em conquistas de direitos"[4]. O dirigente faz uma crítica ao fato de que os acordos não podiam se sobrepor às leis. A questão é: qual é o impeditivo ao avanço de conquistas para o trabalhador? A legislação sempre permitiu acordos para aumentar direitos. Se os trabalhadores querem voltar mais cedo para casa, há um problema real a ser enfrentado. Mas por que não pautar o debate pela diminuição da jornada, ao invés de reduzir o horário de refeição, como fez o sindicato da CUT, prejudicando a saúde e a segurança dos trabalhadores? Teria sido objetivamente uma conquista, um avanço em relação ao mínimo legal. Ou seja, empresas manipulam uma demanda legítima (sair mais cedo) para apresentar uma solução contra os próprios trabalhadores (aumentar o adoecimento), e parte deles e de seus representantes cai nesse discurso.

Esse caso é um exemplo de sucesso da lógica que culpa a CLT pelo problema real da informalidade e da precariedade de grupos da população historicamente marginalizados[5]. Ao invés de denunciar as fraudes e descumprimentos da CLT pelas empresas, as limitações da legislação (que demandam seu fortalecimento) e a falta de políticas públicas de proteção aos não assalariados, critica-se o patamar mínimo que ainda ajuda a impedir a exploração sem limites no mercado de trabalho. Assim, dada a insuficiência da política pública existente (no caso, a CLT), a solução é destruí-la, piorando o problema que (supostamente) se quer resolver[6].

Dentre os exemplos mais sintomáticos dos impactos da assimilação das "novidades" do capital no campo do trabalho, está o projeto elaborado no fim dos anos 2000 pelo Sindicato dos Metalúrgicos do ABC, o Acordo Coletivo de Trabalho com Propósito Específico, cuja finalidade era permitir formas de prevalência do negociado sobre o legislado: "A lei tolhe a autonomia dos trabalhadores e empresários, impondo uma tutela pelo Estado que, como toda tutela, se converte em barreira para o estabelecimento de um equilíbrio mais consistente. Onde existe[m]

---

[4] Ver "Projeto cria alternativa ao rigor da CLT", *Jusbrasil*, 9 jul. 2012. Disponível *on-line*.
[5] Exemplo claro disso é o discurso da CNI citado da seção 1.1 deste livro (p. 28).
[6] Recentemente, no campo do trabalho, muita gente dá vazão à lógica desse discurso empresarial no caso dos entregadores, como veremos na seção 4.4. Nessa óptica, como a CLT é muito precária, não seria interessante formalizar os contratos desses trabalhadores.

controle excessivo e regras engessadas a liberdade morre"[7]. Portanto, o sindicato supõe que existe assalariamento sem Estado. E segue:

> Um passo fundamental para inovar no campo das relações de trabalho é reconhecer que a atual legislação não dá conta de resolver todas as demandas e conflitos, tampouco superar e atender às expectativas dos trabalhadores e empresas em situações únicas, específicas, para as quais a aplicação do direito no padrão celetista não mais alcança resultados satisfatórios.[8]

Não por acaso, "o setor empresarial faz coro ao projeto, que facilita a resolução de questões internas nas empresas"[9]. Enquanto a FS já nasceu sob o discurso da necessidade de uma nova postura dos sindicatos nos anos 1990, privilegiando a conciliação com as empresas como pressuposto de atuação, parte da CUT, que inicialmente flertou com o "negociado sobre o legislado" por outras razões, caminhou na mesma direção apaziguadora à medida que se aproximou do poder.

Conforme Colombi, a direção da CUT buscou aproximar sua plataforma às pautas governamentais, vocalizando as demandas por mais emprego e melhores salários, mas sem pautar o debate em torno da legislação trabalhista. A CUT e a FS se aproximaram porque, além da disposição à negociação, trouxeram ao centro da agenda sindical o acesso ao emprego, à renda e à inclusão financeira. Ao longo dos governos petistas, houve uma

> subordinação da agenda trabalhista à conciliação de interesses com frações do capital [...] e à moderação política [...] da cúpula sindical frente aos governos de mesmo matiz político-ideológico [...], aspectos que compuseram uma estratégia de parceria social que circunscreveu a dinâmica sindical às fronteiras do jogo político e às necessidades empresariais.[10]

Se a vinculação aos governos é um dos fatores para essa postura, não se pode deixar de destacar a assimilação de aspectos do discurso empresarial por parcela dos sindicatos, particularmente a "flexibilidade" e a conciliação como pressupostos de atuação. Não parece coincidência que a "atuação das duas maiores centrais sindicais brasileiras encontrou tantas dificuldades para disputar os parâmetros da reforma trabalhista aprovada em 2017"[11]. É verdade que a FS foi mais longe e defendeu

---

[7] Sindicato dos Metalúrgicos do ABC, "ACE", *Tribuna Metalúrgica*, São Bernardo do Campo, 2012, p. 13.
[8] Idem, p. 39.
[9] "Projeto regulamenta comissão de fábrica e cria alternativa à CLT", *IHU On-Line*, 9 jul. 2012. Disponível *on-line*.
[10] Ana Paula Fregnani Colombi, "As centrais sindicais e a reforma trabalhista: enfrentamentos e dificuldades", *Tempo Social*, v. 31, n. 3, 2019, p. 218.
[11] Ibidem, p. 217.

que, com ajustes, "a reforma ganha equilíbrio e avança na direção da modernização das relações de trabalho e da estrutura sindical"[12], mas a fraqueza geral dos sindicatos tem relação com a adesão ou, no mínimo, a acomodação ao discurso da "flexibilização", sem que se tenha tentado construir uma narrativa alternativa sobre a relação entre Estado, direito do trabalho e dinâmica do emprego.

Nas instituições de regulação do direito do trabalho, a retórica de que o Estado "intervém demais" reverbera com força, como ilustra o presidente do TST em 2012, João Dalazen:

> A regulação das leis do trabalho tem que ter um cunho protecionista [...], mas não exclusivamente protecionista, como é hoje. É preciso que se abra campo para uma negociação entre o capital e o trabalho. De imediato, além de suprirmos as lacunas, pois em vários pontos a legislação é omissa, deveríamos revisar e atualizar a CLT para permitir, pelo menos, uma ampliação da autonomia dos sindicatos para negociar com as empresas sob determinadas condições. Eles são os interlocutores que melhor conhecem a realidade econômica e social e poderiam fixar normas apropriadas e adequadas para determinados segmentos.[13]

Segundo pesquisa do Centro de Estudos Sindicais e Economia do Trabalho (Cesit), de 2008, que entrevistou 792 juízes do trabalho de todo o Brasil (mais de um quinto de todos os magistrados em atividade): "43% dos entrevistados manifestam a opinião de que uma redução da legislação e da proteção poderia ter um efeito positivo sobre o mercado de trabalho"[14]. Não fosse suficiente:

> Na mesma perspectiva anterior, os magistrados estão divididos sobre a responsabilidade da legislação na alta informalidade presente no Brasil; quase 50% manifestaram uma posição de que seria possível resolver a problema da informalidade por meio da redução da legislação trabalhista e, consequentemente, do custo do trabalho. Ou seja, que a "formalidade" poderia ser alcançada por meio de um estatuto diferenciado (rebaixado) de proteção social.[15]

Mesmo que a maioria não adote abertamente (e boa parte até critique) a retórica da "flexibilização", o discurso e a prática da conciliação predominaram

---

[12] Juruna, "Justiça do Trabalho não serve aos trabalhadores e amorteceu sindicatos", *Poder 360*, 2017, citado em Ana Paula Fregnani Colombi, "As centrais sindicais e a reforma trabalhista", cit.
[13] Entrevista a *O Globo*, "Tudo mudou, exceto a legislação trabalhista", *O Globo*, Rio de Janeiro, 15 jul. 2012.
[14] Associação Nacional dos Magistrados do Trabalho (Anamatra) e Centro de Estudos Sindicais e de Economia do Trabalho (Cesit), *Trabalho, justiça e sociedade: o olhar da magistratura do trabalho sobre o Brasil do século XXI* (Campinas, IE-Unicamp, 2008). Disponível *on-line*.
[15] Idem.

maciçamente na Justiça, no MPT e na fiscalização, admitindo ou estimulando que as empresas descumprissem a legislação[16].

A) Custo do trabalho e desemprego

Na academia, mesmo no campo progressista, muitos admitiram que os salários haviam subido demais nos anos 2000 e causado inflação, contribuindo para o fim do ciclo de crescimento em 2014. O aumento do consumo teria sido comprometido pela concentração do crescimento do emprego no setor de serviços, com reduzido espaço para incremento de produtividade, e pela pressão salarial daí decorrente sobre os preços, por serem atividades de difícil contenção inflacionária via importação. Contudo, entre 2003 e 2014, o salário médio dos empregados formais cresceu menos que o PIB (31% *vs.* 50%)[17]. Os salários médios no comércio e nos serviços também não subiram mais que o PIB no período (no comércio subiram 43%, e nos serviços menos ainda), nem foram estes os setores com maior crescimento (salários médios aumentaram mais na indústria extrativa e nos setores público, rural e da construção).

Portanto, a inflação dos serviços não pode ser explicada pela maior aceleração do aumento dos salários nesse setor, tampouco tais salários impediram a ampliação do consumo dos demais assalariados. Onde os salários mais cresciam (agronegócio e indústria extrativa) não houve pressão inflacionária. Na indústria de transformação, que seria a mais afetada pela pressão salarial, pois não poderia repassar os custos para os preços (pois perderia para os importados), os salários, além de serem cada vez menos importantes na estrutura de custos[18], cresceram praticamente na mesma proporção (33%) que a média do mercado de trabalho. Ao final de 2014, os salários médios do emprego formal, a despeito do crescimento verificado, eram de R$ 2.069, muito aquém do mínimo necessário, de R$ 2.975,55[19].

---

[16] Vitor Araújo Filgueiras, *Estado e direito do trabalho no Brasil: regulação do emprego entre 1988 e 2008* (doutorado em ciências sociais, Salvador, FFCH-UFBA, 2012). Esse apelo à conciliação não é exclusividade brasileira. Na HSE, do Reino Unido, houve uma queda das medidas coercitivas nos anos 2000, justamente quando ocorreu uma campanha para que a efetividade da legislação se baseasse mais na educação e no aconselhamento. Vale ressaltar, contudo, que a postura da inspeção britânica ainda é muito mais rígida que a brasileira. Ver também Vitor Araújo Filgueiras (org.), *Saúde e segurança do trabalho na construção civil* (Aracaju, J. Andrade, 2015); idem, *Saúde e segurança do trabalho no Brasil* (Brasília, Movimento, 2017).

[17] Salários médios subiram mais que o PIB apenas entre 2012 e 2014 (em média, 0,85% a mais).

[18] Célio Hiratuka, "Mudanças na estrutura produtiva global e a inserção brasileira: desafios ao cenário pós-crise", em Centro de Gestão e Estudos Estratégicos (CGEE), *Dimensões estratégicas do desenvolvimento brasileiro, v. 5: Continuidade e mudança no cenário global – desafios à inserção do Brasil* (Brasília, CGEE, 2016).

[19] Segundo estimativa do Departamento Intersindical de Estatística e Estudos Socioeconômicos (Dieese).

Aumento intenso entre 2003 e 2014 foi o registrado na massa salarial do setor formal, que se expandiu 138%, mais que o dobro do PIB. Isso se explica porque, apesar de a média de crescimento dos salários formais ter sido inferior à do PIB, o incremento de trabalhadores no setor formal foi de 87%. A ampliação dos empregados com CLT, de 18 milhões de trabalhadores, é semelhante ao crescimento total da ocupação: considerando todos os formais, são 21 milhões a mais, passando de 28 milhões, em 2002, para 49 milhões, em 2014. Assim, a participação dos salários no PIB cresceu graças à passagem da informalidade para a formalidade, que foi desproporcional ao incremento do PIB. O aumento da renda de quem era informal e passou a ter emprego pela CLT foi um pouco maior que o crescimento da economia. No conjunto do mercado de trabalho, a média real de todos os rendimentos do trabalho subiu 58% quando se compara 2014 com 2002, e 59% considerando o trabalho principal[20].

Desse modo, enquanto a participação dos salários na renda nacional caiu de 60,2%, em 1993, para 46,2%, em 2004, subiu até 51% em 2013. Contudo, além de a participação dos salários na renda ter continuado muito aquém da observada no início dos anos 1990, o Brasil permaneceu com uma das piores distribuições de renda do mundo[21], tornando pouco crível a hipótese de uma limitação do crescimento da acumulação causada pela expansão salarial[22]. Pelo contrário, a queda do crescimento da massa salarial pode ter contribuído para desacelerar o consumo e o investimento. Se a massa salarial cresceu, em média, 8% ao ano entre 2003 e 2010, e 6,5% entre 2011 e 2014[23], no último período essa taxa de crescimento caiu seguidamente até atingir 3% em 2014. Apesar de o salário médio continuar subindo após 2010, o crescimento do emprego formal não foi capaz de manter o ritmo de incremento da massa salarial. É possível que este tenha sido um dos fatores da queda do consumo no período, desestimulando novos investimentos.

De todo modo, mesmo que os salários fossem um problema para as margens de lucro, outras variáveis poderiam ser buscadas como solução (investimentos públicos etc.). Se a acumulação produtiva estivesse apertada e a desigualdade se reproduzindo via capital rentista, mais uma vez, a retomada do incremento da produção exigiria o sacrifício não dos salários, mas das fontes do rentismo. A partir de 2011, optou-se pela defesa das margens de lucro para estimular os investimentos (especialmente via desonerações), apostando na resposta dos empresários. Todavia,

---

[20] Dados do IBGE.
[21] Programa das Nações Unidas para o Desenvolvimento (PNUD), *Relatório de Desenvolvimento Humano 2015* (Nova York, PNUD, 2015). Disponível *on-line*.
[22] A concentração de renda é subestimada, pois a Pnad não atinge os mais ricos. Ver Marcelo Medeiros, Pedro de Souza e Fábio de Castro, "A estabilidade da desigualdade de renda no Brasil, 2006 a 2012: estimativa com dados do imposto de renda e pesquisas domiciliares", *Ciência e Saúde Coletiva*, v. 20, n. 4, 2015, p. 971-986.
[23] Dados da Rais.

lucros não se tornaram investimentos. A reforma trabalhista é uma radicalização da mesma lógica de tentar aumentar as margens, mas à custa de quem trabalha.

Nas últimas décadas, não houve movimento consistente para tornar consensual, nem mesmo no campo do trabalho, a negação da vinculação entre custos do trabalho e desemprego, seja pela perspectiva da demanda efetiva, seja pela opção por outras políticas públicas, enfatizando que a regulação do trabalho, por definição, é uma questão valorativa.

Em suma, para que o debate tivesse alguma chance de caminhar de modo distinto, o campo do trabalho precisaria ter construído e fortalecido uma narrativa alternativa que partisse da rejeição das premissas das "novidades". Seu germe está no próprio pressuposto de que o Estado começa sua intervenção no assalariamento com o direito do trabalho, como se existisse emprego sem propriedade privada. Nesse raciocínio, o Estado "entra" para proteger (ou tutelar, se pejorativo) o trabalhador. Isso alimenta a ideia de que o Estado deve "diminuir" a interferência nas "livres" relações de trabalho e se desdobra na retórica da "flexibilização". Ademais, se as forças do trabalho não assumem e apresentam o direito do trabalho como política de atenuação de uma assimetria de poder garantida pelo próprio Estado, está aberta a porta para a retomada da ideia de que o custo do trabalho influencia negativamente o nível de emprego.

Apesar de a retórica da reforma trabalhista ter se mostrado empiricamente frágil nos anos 2000, ela não perdeu a hegemonia. Assim, seu retorno foi fácil e radical, usando a crise iniciada em 2014 para atualizar a "novidade". Note-se que, já em 2015, mudanças na Previdência e no seguro-desemprego ocorreram dentro da lógica de redução dos direitos sociais em nome da austeridade e da retomada do crescimento.

A reforma foi aprovada com facilidade, em 2017, entre outros fatores, porque sua lógica nunca foi efetivamente rejeitada e atacada. Assim, a narrativa a favor de sua implementação encontrou terreno fértil quando a crise teve início e o desemprego cresceu.

4.2. Novas tecnologias

A retórica empresarial sobre os impactos das novas tecnologias no mundo do trabalho também foi bastante assimilada por trabalhadores e instituições. Em particular, as mudanças nos processos produtivos e o medo do desemprego relacionados às tecnologias ajudaram a colocar o foco dos debates na qualificação, ou mesmo contribuíram para o diagnóstico da inviabilidade da regulação protetiva, seja pela ação coletiva, seja pelas instituições do Estado. Na academia, o pessimismo com as possibilidades de lutas pautadas pelo trabalho tem se relacionado, desde os anos 1980, com a projeção do declínio do emprego em consequência das novas tecnologias. A ideia de uma renda mínima que substituísse essas proteções, *à la* instituições corporativas, também tem feito sucesso no campo do trabalho há décadas.

A importância da qualificação como forma de evitar o desemprego advindo das transformações produtivas repercute nos sindicatos há décadas. No Brasil, nos anos 1990, a Força Sindical é exemplo claro da assimilação do discurso empresarial. Trópia faz uma análise didática de um documento da central intitulado *Relações capital e trabalho*, que foi usado em cursos de formação de delegados sindicais[24]: "O documento afirma que a 'substituição do homem pela máquina' e o processo de 'globalização' são inexoráveis. Eles produzem o desemprego, que é, por sua vez, um fato sobre o qual 'não há juízo de valores'"[25]. Segundo o documento, com o fim do fordismo, "o trabalhador é cada vez mais instado a desempenhar múltiplas tarefas dentro da fábrica e ter total conhecimento do processo de produção". Por isso, é preciso ser "mais qualificado e mais consciente de sua importância dentro do processo produtivo". Na visão da FS, trabalhador mais consciente é aquele "preocupado com a qualificação para não perder seu emprego e não aquele trabalhador que só se preocupa com reajuste salarial no final do mês". Ainda segundo o documento:

> As tarefas mais simples e mecânicas serão [...] as primeiras a serem substituídas pelas máquinas. Permanecerão as tarefas mais complexas e que exigem, em algum grau, tomada de decisão por parte do trabalhador. "Somente o trabalhador preparado e qualificado sobreviverá à nova estrutura produtiva."[26]

Mais de vinte anos depois, em novembro de 2019, Ricardo Patah, presidente nacional da União Geral dos Trabalhadores (UGT), reproduz uma visão parecida sobre o papel da qualificação, mas mais otimista, ao vinculá-la à Quarta Revolução Industrial:

> O novo mundo do trabalho proporcionado pela Quarta Revolução Industrial está invadindo quase todos os continentes. [...] O fato de automatizar não significa reduzir empregos. Surgem novas ocupações. E a chave para resolver esse problema é a qualificação profissional. Estamos muito atrasados. Ainda não temos o básico, como os marcos regulatórios da era digital e a agência encarregada de implementá-los. [...] Por estarem próximos dos trabalhadores e por conhecerem as necessidades do mercado de trabalho, os sindicatos têm condições de fazer a qualificação profissional.[27]

O sucesso da qualificação também atinge parte do campo progressista na academia. Piketty, em que pese sua grande contribuição para quantificar e denunciar

---

[24] Força Sindical, *Relações capital e trabalho*, mímeo, s.d.
[25] Patrícia Vieira Trópia, *O impacto da ideologia neoliberal no meio operário: um estudo sobre os metalúrgicos da cidade de São Paulo e a Força Sindical* (doutorado em ciências sociais, Campinas, IFCH-Unicamp, 2004), p. 172.
[26] Idem.
[27] Ricardo Patah, "Novo mundo do trabalho", *Espaço Democrático*, 13 nov. 2019. Disponível *on-line*.

a desigualdade colossal produzida pelo capitalismo desde os anos 1970, assume o fundamento do discurso da qualificação. Para ele, a raiz da desigualdade, inerente à dinâmica do mercado e da propriedade privada "deixados a sua própria sorte", reside na combinação entre capital e trabalho como fatores de produção. Com a dinâmica da economia, a quantidade de capital cresce em relação ao número de trabalhadores. Contudo, Piketty afirma que, como o capital tem vários usos (edifícios, escritórios, equipamentos, patentes etc.), a elasticidade de substituição capital-trabalho tende a ser superior a 1 no longo prazo. Isso significa que a demanda por capital não diminui, e por isso ele não se torna excessivo em relação à demanda por trabalho, ou seja, seu preço não cai, pelo contrário. Trata-se, portanto, de uma explicação fundada na dinâmica da oferta e demanda por capital e trabalho relacionada a uma particularidade técnica do capital.

Por isso, apesar de admitir a importância da regulação protetiva do trabalho (particularmente do salário mínimo) para a redução das desigualdades, Piketty afirma que ela só vale em determinados intervalos de tempo para determinadas educação e tecnologia, quando os fatores de produção estão dados. Para aumentar a produtividade e o produto a ser dividido na sociedade, educação e tecnologia são os fatores-chave. Assim, para esse autor, o fator fundamental de combate à desigualdade é a educação, para fazer frente à elasticidade de substituição do capital provocada pela tecnologia. É preciso qualificar os trabalhadores para competir com a produtividade do capital.

Desse modo, Piketty reproduz a concepção neoclássica da competição entre trabalhadores e instrumentos de trabalho porque não entende capital como relação social. A despeito dos esforços do autor em sentido contrário, sua explicação não é fundada na natureza política das relações sociais de produção e distribuição, mas nas características técnicas que determinam a combinação entre capital e trabalho no processo produtivo. A ênfase na qualificação, portanto, não surpreende.

Ainda no campo acadêmico progressista, o maior impacto das "novidades" tecnológicas está na eliminação dos postos de trabalho e das possibilidades de regulação do trabalho. A emergência da Terceira Revolução Tecnológica e a redução do trabalho industrial na Europa produziram já nos anos 1980 forte impacto nas análises, que repercutiram no conjunto do campo do trabalho. Houve uma grande convergência na identificação de uma mudança radical: a automação promovida pela microeletrônica tendia a tornar marginal ou mesmo a abolir o trabalho humano na produção material. Nos outros setores, comumente chamados de serviços, haveria ainda a necessidade de atividades humanas, mas seu conteúdo exigiria outra racionalidade, um trabalho mais "reflexivo", irredutível à quantificação econômica em moldes tradicionais. Não haveria, no limite, o mesmo sentido de trabalho tradicional.

Para Gorz, o impacto da revolução microeletrônica "inaugura a Era da abolição do trabalho" em dois sentidos. Primeiro, a quantidade de trabalho diminui ao ponto de "se tornar marginal na maioria das atividades organizativas e da produção material"; segundo, acaba o contato "face a face entre o trabalhador e a matéria", agora totalmente mediado pelas novas tecnologias[28]. Como o trabalho deixa de ser a principal fonte de toda a riqueza ou a principal força produtiva[29], e porque a técnica provoca a "segmentação e desintegração da classe trabalhadora"[30], o autor afirma que a construção de um projeto social inclusivo baseado no trabalho seria inviável.

Offe também argumenta que o assalariamento foi profundamente fragmentado pelas mudanças técnicas, em especial com o crescimento do trabalho nos serviços. Segundo ele, o trabalho nesse setor teria uma "racionalidade distinta", qualitativamente diferente das atividades na indústria[31]. Duas diferenças em relação ao modelo tradicional de trabalho emergiriam. Primeiro, pela heterogeneidade, descontinuidade e incerteza dessas atividades, "não seria impossível estandardizar uma função técnica do trabalho para ser usada como critério para controle da execução do trabalho". Segundo, seria inviável planejar estrategicamente "o tipo, o volume, a localização e o tempo do seu fornecimento". Mais importante, nessas atividades prevaleceria o "trabalho reflexivo", no sentido de que as pessoas elaboram e mantêm seu próprio trabalho.

Essa espécie de "adeus ao trabalho" se baseou num diagnóstico das mudanças que atribuía à tecnologia um papel decisivo e inevitável. Assim, a relação causal foi estabelecida entre o que seria a perda de relevância do trabalho como fonte da riqueza – ou a dificuldade de mensurá-lo em determinadas atividades – e as barreiras para reconstruir padrões estáveis de regulação protetiva do trabalho. Para alguns autores, como Gorz, essas mudanças deveriam alterar as lutas progressistas. Se o trabalho deixa de ser critério de integração social – planos de pleno emprego seriam inviáveis nesse contexto –, a cidadania precisaria ser garantida por outras políticas voltadas à distribuição de riqueza que não a produção, como as políticas de renda mínima.

O sucesso dessas posições transcendeu a academia e contribuiu para botar lenha na fogueira em que as lutas sociais se fragmentavam, dado que o trabalho não seria mais seu elemento unificador. As reinvindicações por direitos civis, políticos e sociais são apresentadas muitas vezes como se fossem excludentes e, ao mesmo tempo, comumente instrumentalizadas pelo capital. Até hoje, o campo do trabalho não superou o desafio de aglutinar esse conjunto de pautas (gênero, raça, orientação sexual, meio ambiente) para se fortalecer na disputa contra o capital.

---

[28] André Gorz, *Les Chemins du paradis: l'agonie du capital* (Paris, Galilée, 1983).

[29] Argumentos presentes, respectivamente, em *Farewell to the Working Class* (Londres, Pluto, 1982) [ed. bras.: *Adeus ao proletariado: para além do socialismo*, trad. Ângela Ramalho Vianna e Sérgio Goes de Paula, Rio de Janeiro, Forense Universitária, 1982] e *Critique of Economic Reason* (Londres, Verso, 1989) [ed. bras.: *Metamorfoses do trabalho: crítica da razão econômica*, trad. Ana Montoia, São Paulo, Annablume, 2003].

[30] Idem, *Critique of Economic Reason*, cit., p. 66.

[31] Claus Offe, *Trabalho e sociedade: problemas estruturais e perspectivas para o futuro da sociedade do trabalho*, v. 1 (trad. Gustavo Bayer e Margrit Martincic, Rio de Janeiro, Tempo Brasileiro, 1989), p. 22-3.

O primeiro "adeus ao trabalho" teve grande repercussão no campo do trabalho ao redor do mundo. Contudo, como demonstrou Antunes, esse tipo de diagnóstico tem ao menos dois equívocos fundamentais. O primeiro foi seu caráter eurocêntrico, na medida em que a globalização do circuito produtivo capitalista recria milhões de empregos tipicamente industriais em outras regiões do mundo. Quanto ao segundo limite, Antunes argumentou que, mesmo na Europa, o setor industrial e o de serviços apresentam mais semelhanças que diferenças entre si[32]. De fato, a ofensiva neoliberal contra a proteção das condições de venda da força de trabalho encoraja formas de contratação distintas do padrão fordista típico, mas isso não implica uma redução qualitativa ou quantitativa dos grupos de assalariados cujas vidas foram subsumidas pela lógica capitalista.

Nos anos 2000, já havia evidências flagrantes de que Antunes tinha razão. O trabalho não perdeu relevância e, ao invés de tornar-se mais criativo, se precarizou. Experiências de renda mínima deram alguma contribuição aos não proprietários, mas de forma complementar ao trabalho. O direito do trabalho e a ação coletiva dos trabalhadores, mesmo sob ataque, continuaram sendo os elementos centrais para a sobrevivência de alguma civilidade no capitalismo. Não houve, contudo, um projeto capaz de aglutinar o campo progressista e vaciná-lo contra a nova onda do discurso das mudanças tecnológicas.

Nos últimos anos, o fantasma da automação e do "fim" do trabalho voltou à cena. Autores destacados no debate sobre o primeiro fenômeno (como Aaron Bastani, Peter Frase, Nick Srnicek) apontam os atuais níveis de subemprego e de desigualdade como evidências de que houve um avanço qualitativo na dinâmica tecnológica. Em suma, acreditam que a robótica e a inteligência artificial estariam tornando o trabalho humano obsoleto em cada vez mais setores econômicos; nesse novo cenário, apostam na renda básica como solução[33].

Os "teóricos da automação", nas palavras de Benanav, defendem a renda básica universal por considerarem que tecnologias como máquinas inteligentes, robótica avançada e inteligência artificial estão criando um mundo de abundância, no qual bens e serviços são produzidos em grandes volumes sem a necessidade de trabalho humano. Por isso, o problema estaria na distribuição e não mais na produção: "A única maneira de evitar uma catástrofe do desemprego em massa é fornecer uma renda básica universal [UBI, na sigla em inglês], quebrando a conexão entre a renda que as pessoas ganham e o trabalho que fazem, como forma de inaugurar uma nova sociedade"[34].

---

[32] Ricardo Antunes, *Adeus ao trabalho? Ensaio sobre as metamorfoses e a centralidade do mundo do trabalho* (São Paulo, Cortez, 1995).
[33] Aaron Benanav, "Automation and the Future of Work – 1", *New Left Review*, n. 119, set.-out. 2019.
[34] Idem.

O pressuposto de que haverá queda estrutural e permanente do emprego é simplesmente uma promessa. Primeiro porque a questão é a velocidade do incremento da produção em relação à automação. Aliás, o baixo crescimento que tem prevalecido contradiz a abundância esperada pelos autores. Crescimento e repartição são questões essencialmente políticas, mais que técnicas. Segundo porque até a maior das utopias da automação, no capitalismo, não prescinde do trabalho, pois a produção é crescente, portanto, depende da intervenção humana. Fora da utopia, produtos não vão brotar por geração espontânea; além disso, no capitalismo, pessoas vão continuar vendendo sua força de trabalho para se reproduzir socialmente. Assim, qualquer programa de renda que seja relevante depende de muita luta e não exclui o trabalho.

Pode não parecer, mas a renda mínima é uma regulação protetiva do trabalho. Standing, um dos grandes defensores da renda universal, é um dos muitos autores que não atentam para esse aspecto. Ele defende acabar com o direito do trabalho como forma de mercadorizar completamente o trabalho, sem perceber que a renda mínima o desmercadoriza parcialmente[35], assim como fazem as regulações que ele considera anacrônicas[36]. A diferença é que ela incide na oferta de força de trabalho, e não na demanda. A natureza e o resultado, contudo, são semelhantes. Assim como um salário mínimo, a renda mínima pode constituir o patamar fixo e inicial a partir do qual o mercado opera e o assalariamento se estabelece. Ela atua, *a priori*, como limitador do despotismo empresarial, porque torna o trabalhador menos submisso no mercado de trabalho.

Em uma perspectiva progressista, a excludência entre renda mínima e trabalho é também um equívoco em termos práticos. Todas as experiências do programa de renda mínima pagam valores que não permitem uma vida tranquila sem outra fonte de remuneração como a advinda do trabalho, e não há nenhum sinal de que será politicamente viável implantar uma renda básica que superasse essa questão. A tendência das propostas existentes, ao contrário, é de que ela seja uma compensação imediata para que se possa precarizar no atacado. Não por acaso, o FMI e várias posições ligadas aos interesses corporativos defendem a adoção de programas de renda mínima que se vinculem à eliminação de direitos sociais.

Ademais, se for acompanhada da exclusão de direitos sociais, a renda mínima perde capacidade de desmercadorização e acentua o individualismo, seja no trabalho (as pessoas podem continuar aceitando qualquer condição por um salário mais alto, por exemplo), seja na sociedade. Afinal, tudo (saúde, educação, previdência etc.) será comprado de empresas, que determinarão o que será oferecido com base na lógica do lucro, e não do direito e da democracia.

---

[35] Ver o capítulo 3 deste livro.
[36] Guy Standing, *The Precariat: The New Dangerous Class* (Londres, Bloomsbury, 2011) [ed. bras.: *O precariado: a nova classe perigosa*, trad. Cristina Antunes, Belo Horizonte, Autêntica, 2017].

Programas de renda mínima podem ser importantes para ampliar os direitos existentes, desde que sejam complementares. Contudo, quando se aceitam os fantasmas da tecnologia e do fim do trabalho, direito do trabalho e ações coletivas são comumente tidos como anacrônicos, ajudando a tornar a retórica patronal uma espécie de profecia autorrealizável. Se for proposta nessa perspectiva, a renda mínima vai alimentar a fragmentação das classes subalternas, pois contribuirá para tirar o foco do principal elemento de reprodução social no capitalismo, o trabalho, servindo como atenuante ou mesmo pretexto contra a proteção social.

Há décadas, o capital tem se beneficiado dessa fragmentação de pautas, além de instrumentalizar direitos civis, políticos e a questão ambiental para criar aparentes exclusões entre demandas. Assim, acena a pautas importantes (raça, gênero etc.) sem resolvê-las, aproveitando a situação para radicalizar seu programa de destruição social. Exemplo paradigmático desse jogo de aceno no varejo para combate no atacado foi realizado nos Estados Unidos pela Uber, que espalhou cartazes para apoiar o movimento contra o racismo, mas gastou centenas de milhões de dólares para não respeitar os direitos trabalhistas dos motoristas, a maioria deles negros e de outros grupos vulneráveis. Fazem alusão e jogam com um problema real e inaceitável, mas concretamente aprofundam a segregação dos grupos vulneráveis a piores condições de trabalho e vida.

Muitos agentes do campo do trabalho deixaram de combater ou mesmo têm alimentado, há décadas, essa falsa dicotomia entre direitos sociais (do trabalho, em especial) e outras pautas – sejam direitos civis e políticos, sejam programas de renda mínima. Tal excludência é típica da retórica empresarial. Desse modo, mesmo que sem perceber, setores do próprio campo progressista têm ajudado a legitimar tanto os ataques do capital contra os limites à exploração do trabalho quanto a desigualdade no conjunto da sociedade.

4.3. "Novas" empresas e "novas" relações de trabalho

Parcela expressiva do campo do trabalho pressupõe que as empresas estão mudando essencialmente sua operação, externalizando, deixando de produzir, contratando menos empregados, comprando e mantendo novas formas de relação com os trabalhadores. Acredita-se que empresas estão efetivamente mais distantes da produção e do trabalho, por meio de formatos que vão desde a terceirização, passando pelas empresas "compradoras", até as "plataformas". Em consequência, se tornaram comuns propostas que aceitam o rebaixamento de responsabilidades das empresas, de direitos dos trabalhadores, ou mesmo a eliminação da própria proteção ao trabalho.

A) Terceirização e o "mistério da injustiça"

O impacto do conceito de terceirização nas possibilidades de proteção aos trabalhadores é importante. Ao invés de apreendê-la como uma estratégia de gestão da força de trabalho, normalmente se admite o pressuposto do aprofundamento da divisão social do trabalho, o que consequentemente engendra a dicotomia entre "boa" e "má" terceirização. Assim, mesmo quando as consequências nefastas do fenômeno são percebidas, há uma grande dificuldade para entender que a origem do problema é a própria terceirização e que ela não é inevitável.

Um exemplo do impacto da retórica corporativa ocorre na regulação da terceirização no Reino Unido. Segundo Rogaly, a utilização de intermediadores de força de trabalho (conhecidos como *gangmasters*) para colheita sazonal tem uma longa história no país, mas a prática cresceu intensamente nas últimas décadas, levando a um "retorno dos *gangmasters*"[37]. Há vários registros e denúncias de péssimas condições de trabalho na zona rural britânica na década de 1990 e no início dos anos 2000. A situação atingiu o ápice em fevereiro de 2004, quando 23 trabalhadores chineses morreram afogados na praia de Morecambe Bay. Após a tragédia, diversos agentes, incluindo sindicatos, ONGs e supermercados, trabalharam juntos num "grupo sobre trabalho temporário da iniciativa de comércio justo" para a criação de uma nova regulação do trabalho no campo"[38]. O resultado foi a Lei dos *Gangmasters*, que instituiu a Gangmasters Licensing Authority (GLA):

> A GLA licencia fornecedores de mão de obra (*gangmasters*) para a agricultura, horticultura, [coleta de] mariscos, bem como todo o processamento e embalagem associados. As suas principais prioridades estratégicas são prevenir a exploração dos trabalhadores, proteger as pessoas vulneráveis e combater as atividades criminosas e não licenciadas. De acordo com a lei dos *Gangmasters* (2004), é ilegal operar ou empregar os serviços de um *gangmaster* não licenciado.[39]

A Lei dos *Gangmasters* tem como objeto fundamental os intermediários. A norma impõe os requisitos para ter uma licença e se tornar um *gangmaster* legalizado, e até as penalidades previstas evidenciam a responsabilização prioritária dos intermediários. Enquanto um *gangmaster* sem licença pode pegar até dez anos de prisão, um empresário que contrata trabalhadores usando esse intermediário ilegal é condenado a, no máximo, seis meses.

Além da ênfase da lei nos intermediários, as atividades da GLA também parecem priorizar sistematicamente a punição dos *gangmasters*, sem responsabilizar as empresas contratantes. É o que indica a Tabela 2, que apresenta o número de condenações judiciais relacionadas às atividades do órgão entre 2008 e 2020.

---

[37] Ben Rogaly, "Intensification of Workplace Regimes in British Horticulture: The Role of Migrant Workers", *Population, Space and Place*, v. 14, n. 6, 2008, p. 497-510.
[38] Idem.
[39] Gangmasters and Labour Abuse Authority (GLAA), "Cambridgeshire 'Trafficking' Arrests", GLAA, 2 maio 2014. Disponível *on-line*.

Tabela 2 – Condenações judiciais advindas de investigações da GLA

Crime	Ser um *gangmaster* sem licença	Recorrer a um *gangmaster* sem licença	Obstruir um agente da GLA	Outros	*Pessoas condenadas*
2008-2009	1	0	0	0	*1*
2009-2010	5	1	1	2	*8*
2010-2011	14	3	0	0	*16*
2011-2012	8	4	0	0	*12*
2012-2013	11	15	0	0	*26*
2013-2014	5	1	0	3	*6*
2014-2015	5	0	0	4	*5*
2015-2016	5	0	0	6	*1*
2016-2017	5	0	0	11	*10*
2017-2018	3	0	0	4	*7*
2018-2019	6	0	0	0	*4*
2019-2020	8	0	0	15	*10*
Total	76	24	1	45	*106*

Fonte: GLAA. Disponível em: <https://www.gla.gov.uk/our-impact/conviction-totals/>. Acesso em: 5 maio 2021.

Ao longo da história da GLA, são raros os condenados por utilizar *gangmasters* sem licença (exceto em 2012-2013), e, na maioria dos anos, nenhum tomador de serviços foi penalizado. Portanto, ser um intermediário ilegal (atuar sem a licença da GLA) é muito mais arriscado que contratar trabalhadores por meio de um *gangmaster* sem licença. Vale ressaltar que, desde 2016, a GLA ganhou novas funções e passou a regular formas extremas de exploração em toda a economia, agora sob o nome The Gangmasters and Labour Abuse Authority (GLAA). Desde então, como se vê na Tabela 2, nenhum tomador de serviços foi condenado pelo uso de intermediário não autorizado.

A limitação fundamental que atinge tanto o órgão quanto a lei é que, ao enfocar a regulação sobre os intermediários, deixam os protagonistas desse processo de organização do trabalho (fazendeiros e grandes empresas, como supermercados), no mínimo, em condição mais confortável que se fossem responsabilizados diretamente. As grandes empresas, que são as maiores beneficiárias do serviço dos trabalhadores, podem legalmente utilizar os intermediários (pouco importando características individuais dos envolvidos, como "boas" ou "más" intenções) como peças no tabuleiro, tanto para atribuir responsabilidades quanto para continuar gerindo sua força de trabalho:

Cada vez mais, os *gangmasters* tinham que mostrar que não estavam trapaceando, por exemplo, no pagamento de salários ou benefícios não salariais, como férias, nem cobrando taxas excedentes para transporte ou aluguéis exorbitantes para acomodação. Os *gangmasters* também tiveram suas margens espremidas pelos fazendeiros. Enquanto os *gangmasters* viram o cumprimento da nova Lei dos *Gangmasters* (Licenciamento) aumentar seus custos, os fazendeiros resistiram em pagar taxas mais altas por trabalhador intermediado.[40]

A pesquisa de Rogaly indica que a regulação da GLA estava fazendo os intermediários serem esmagados pelas empresas, que se negavam a pagar mais pelos trabalhadores, e, ao mesmo tempo, pela elevação dos custos para se adequar às normas trabalhistas.

Em dezembro de 2015, tive a oportunidade de participar de uma inspeção *in loco* de um agente da GLA a um intermediário em Billericay, a quarenta quilômetros do centro de Londres. Na ocasião, o *gangmaster* detalhou sua relação com as empresas para as quais fornecia trabalhadores; em síntese, os tomadores de serviço controlam as atividades e estrangulam os *gangmasters*. Não há qualquer espaço para negociação, e qualquer reclamação do intermediário é respondida pelas empresas: "Bem, se não quer assim, contrato outro".

Para as empresas tomadoras dos serviços, um cenário ideal se concretiza. Elas podem gerenciar a força de trabalho usando intermediários para contratá-la, de modo que evitam responsabilidades. Se algo correr diferentemente do que esperam, trocam os *gangmasters* como quiserem, levando-os a uma corrida para o fundo do poço, o que na prática significa o fundo do poço para os trabalhadores.

A Lei dos *Gangmasters*, ao invés de focar a fonte da exploração que propõe combater – qual seja, a contratação de trabalhadores via intermediários –, institucionalizou ainda mais a terceirização. Não por acaso, a própria GLA tem seguidamente reconhecido o crescimento da exploração do trabalho, incluindo tráfico de pessoas e trabalho forçado:

> Durante 2014-2015, o Reino Unido viu um aumento acentuado na exploração do trabalho, desde viagens e esquemas ilegais de viagem e subsistência e de retenção de pagamento de férias até exemplos de tráfico humano, trabalho forçado, fraude de benefícios e outros crimes hediondos cometidos por criminosos organizados que têm procurado se infiltrar na legítima cadeia de fornecimento de recursos humanos. A promulgação esperada da Lei da Escravatura Moderna, de 2015, também criou enfoque midiático, operacional e estratégico na salvaguarda de pessoas vulneráveis à exploração e na função da GLA.[41] Evidências anedóticas e operacionais da Gangmasters Licensing Authority (GLA) sugerem que houve uma mudança na natureza do não cumprimento das normas do

---

[40] Ibidem, p. 10.
[41] Gangmasters Licensing Authority (GLA), *Strategy for Protecting Vulnerable and Exploited Workers: 2015-2018* (Londres, GLA, 2015), p. 1.

mercado de trabalho nos últimos dez anos, com uma passagem de abusos contra a legislação trabalhista para uma atividade criminosa cada vez mais organizada, envolvida em exploração do mercado de trabalho.[42]

A explicação da GLA para a piora do cenário reside na atuação de "criminosos organizados que têm procurado se infiltrar na legítima cadeia de fornecimento de recursos humanos". A terceirização, e a lógica que ela institui, não são discutidos. Desse modo, grandes empresas podem se comportar como espectadores ou coadjuvantes de um processo no qual, na realidade, são protagonistas absolutos.

Essa situação chega a ser irônica, porque as empresas principais, usando os intermediários como peões para sua gestão do trabalho, recorrentemente alegam que não têm nada a ver com os flagrantes de exploração do trabalho e se apresentam como vítimas de traição pelas subcontratadas. Isso é comum ao processo de terceirização ao redor do planeta. Por exemplo, em maio de 2021, foi essa a postura de duas das maiores cervejarias do mundo, cujos trabalhadores foram submetidos a condições de trabalho análogas às da escravidão:

> Em nota, a Ambev confirmou ao UOL que o caso denunciado realmente ocorreu, mas que a empresa foi surpreendida e reforçou que as denúncias foram feitas sobre uma terceirizada de pequeno porte, que atua sob demanda. A comunicação da empresa informou ainda que está tomando "uma série de medidas para poder garantir que isso não aconteça mais". […]
> Já o grupo Heineken declarou que a companhia "repudia completamente qualquer forma de atuação que não respeite os direitos fundamentais dos trabalhadores". Em nota, a empresa alegou que não possuía vínculo direto com os motoristas, mas que eles eram contratados pela transportadora que presta serviços ao grupo.[43]
> Em nota, o Grupo Heineken informou ter tomado conhecimento do caso "por meio da Superintendência Regional do Trabalho, e colaborou ativamente para garantir que todos os direitos fundamentais dos trabalhadores envolvidos fossem observados conforme a orientação dos auditores". A companhia afirmou também que "todos os fornecedores passam por um rigoroso processo de seleção e assinam um Código de Conduta onde se comprometem a cumprir integralmente a legislação trabalhista e de direitos humanos". A nota diz ainda que possui desde 2015 o "Programa de Excelência de Transportadoras, por meio do qual realiza auditorias periódicas, avaliando as empresas contratadas nos âmbitos de segurança, conservação de veículos, sustentabilidade e gestão de riscos".[44]

---

[42] Home Office, "Equality Duty", *Tackling Exploitation in the Labour Market* (Londres, Department of Business, Innovation and Skills, 2016), p. 5.
[43] Rayanne Albuquerque, "Ambev e Heineken são autuadas por trabalho escravo em empresa terceirizada", *UOL*, 17 maio 2015. Disponível *on-line*.
[44] Gil Alessi, "Ambev e Heineken são autuadas por trabalho escravo de imigrantes venezuelanos em São Paulo", *El País Brasil*, 17 maio 2021. Disponível *on-line*.

É comum que instituições de regulação do trabalho aceitem essas alegações empresariais e não tomem nenhuma medida eficaz contra as empresas principais. Embora estas afirmem colaborar com as autoridades, as péssimas condições de trabalho persistem, o que resulta numa espécie de "mistério da injustiça". Assim, ao invés de apreender a terceirização como uma estratégia de gestão da força de trabalho, a regulação do Estado muitas vezes aceita o pressuposto do aprofundamento da divisão social do trabalho – e, consequentemente, a dicotomia entre boa e má, ou verdadeira e falsa, terceirização. Com isso, o combate à precarização é dificultado, pois, a despeito de se identificar as consequências nefastas da terceirização, há um grande obstáculo para demonstrar que ela não é inevitável.

Mesmo na atuação sindical, a retórica da "novidade" repercute, como o caso brasileiro deixa claro. Druck demonstra isso ao tratar de projeto de lei, elaborado pela direção da CUT, sobre a terceirização:

> Esse debate exemplifica certo estado de resignação da maior parte dos dirigentes sindicais brasileiros diante da ofensiva neoliberal, o que leva a justificar uma atuação nos limites e no interior do próprio jogo político controlado pelas forças dominantes dessa era. Se a terceirização é mais uma "fatalidade" dos tempos modernos, contra a qual não se pode lutar, então a única alternativa é colocar alguns limites a essa prática, a fim de minorar os seus efeitos sobre os trabalhadores. Trata-se de uma atuação que contribui fortemente para legitimar e legalizar a terceirização, com o aval propositivo dos representantes dos trabalhadores, a exemplo do referido Projeto de Lei da Central Única dos Trabalhadores.[45]

No Projeto n. 1.621, de 2007, eram previstas algumas regras a serem seguidas pelas empresas contratantes, como não diferenciar salário, jornada, benefícios e ritmo de trabalho, sem atacar a causa dos problemas, que é própria terceirização. Ao contrário, admitia-se a terceirização, reduzindo as possibilidades de resistência ao arbítrio empresarial.

Nesses termos, as iniciativas no campo do trabalho: 1) deixam de contribuir para eliminar a terceirização (a fonte da precarização); 2) tendem a apresentar propostas "intermediárias", quando muito, que rebaixam as condições na legislação e na prática, pois não atacam a origem do problema; 3) mais que isso, tendem a aceitar os novos jogos de palavras dos empregadores, renovando ou radicalizando a externalização de responsabilidades com supostos novos arranjos.

Enquanto admitirem a retórica empresarial sobre a suposta fragmentação das empresas, as forças do trabalho tenderão a manter um círculo vicioso em sua atuação. No Brasil, isso começou com a Súmula 331 como "meio-termo" da terceirização, que hoje não tem mais limite. Nos últimos anos, a retórica corporativa das

---

[45] Graça Druck, "Trabalho, precarização e resistências: novos e velhos desafios?", *Caderno do CRH*, v. 24, n. 1, 2011, p. 52.

"novas" empresas se radicalizou e tem conseguido deixar trabalhadores, instituições e academia atônitos mais uma vez.

B) O "afastamento" das empresas e o rebaixamento do "meio-termo"

A ideia de que empresas têm se afastado crescentemente dos trabalhadores encontra eco nas instituições de proteção ao trabalho e no campo mais crítico da academia. Isso tem dificultado o enfrentamento às práticas precarizantes.

Na academia, a presunção de mudança de conteúdo na gestão do trabalho pelas empresas contaminou de modo amplo as análises, mesmo aquelas mais críticas. Ela aparece muito associada ao crescimento do rentismo na economia mundial e vai dos neoclássicos arrependidos aos marxistas. Para os primeiros, isso significa apropriação de fatia da riqueza sem ter contribuído para sua produção; para os últimos, a apropriação pela mera condição de proprietário. Em comum, autores tão diferentes presumem que empresas têm se afastado do processo produtivo.

No campo marxista, Leda Paulani, por exemplo, considera o capitalismo atual fortemente rentista; nele, o processo de acumulação se daria mais sob os imperativos da propriedade que sob os da produção. A propriedade é cada vez mais de capital fictício que de meios de produção, com importância crescente dos ativos intangíveis, no lugar do trabalho vivo e do trabalho morto. Utilizando citação de um manual corporativo[46], a autora conclui que, como os principais ativos das empresas são imagens, marcas e patentes, o capital parece haver terceirizado a exploração, delegado o comando da expropriação. Seus rendimentos agora não vêm diretamente da atividade de exploração: são "direitos" que a propriedade lhe confere. Paulani afirma que o trabalho continua sendo o fundamento desse sistema, mas que o comportamento empresarial busca se autonomizar dos entraves do processo produtivo, apropriando-se cada vez mais do valor, mesmo sem participar de sua criação.

Já Guy Standing afirma que os países capitalistas avançados são, cada vez mais, economias rentistas, que recebem por suas atividades no mercado global uma porção crescente dos rendimentos. Para Standing, empresas como a Uber são rentistas, por não possuírem juridicamente os instrumentos de trabalho ou os meios de produção. O tipo de trabalho que mais cresce é o *crowdwork*, realizado por *taskers* ("tarefeiros"), que integram o chamado precariado e trabalham sem direitos nem garantia de renda. Os *taskers* trabalham por meio do que seriam intermediários (*labour brokers*), as plataformas. Segundo o autor, os *taskers*

---

[46] "A capacidade de mobilização e exploração dos ativos intangíveis ou invisíveis tornou-se muito mais decisiva do que investir e gerenciar ativos físicos tangíveis." David P. Norton e Robert Kaplan, *The Balanced Scorecard*, citado em Leda Paulani, "Acumulação e rentismo: resgatando a teoria da renda de Marx para pensar o capitalismo contemporâneo", *Revista de Economia Política*, v. 36, n. 3, jul.-set. 2016, p. 532.

não são empregados, pois não são diretamente supervisionados, possuem os principais meios de produção e, em princípio, têm controle sobre o tempo de trabalho. [...] Eles também não são autônomos, pois dependem dos intermediários para acessar os aplicativos. Mas eles têm de arcar com a maioria dos riscos, acidentes, problemas de saúde, reparos e manutenção. Eles fazem parte do núcleo do precariado.[47]

Por considerar as características do antigo sistema de regulação do trabalho inadequadas à realidade atual, Standing defende sua substituição por uma renda básica universal como política pública para o precariado. A regulação do trabalho seria anacrônica em função do caráter rentista do capitalismo e das mudanças na organização do trabalho. Desse modo, Standing absorve como verdadeiro um discurso propalado pelas empresas de que "novas formas" de trabalho estão substituindo o assalariamento.

Ao admitir que as empresas se afastam da produção, como apontam alguns autores marxistas, mesmo que se mantenha a ideia de que o lucro vem do trabalho, a gestão da força de trabalho deixa de ser da "marca" (da empresa principal). Esse é exatamente o cerne do argumento empresarial para reduzir as chances de limitação da exploração. E assim tem acontecido, como veremos nas alegações corporativas bem-sucedidas e assimiladas pelas instituições de regulação.

Penso que, mesmo admitindo a separação entre renda e lucro, a fronteira que os divide é, muitas vezes, difícil de determinar. Mas o que procuro, acima de tudo, demonstrar neste livro é que o atual modelo de empresa que se multiplica (como as "marcas" e as "plataformas") não deixar de gerir o trabalho para se apropriar da riqueza social. A ideia de que as empresas apenas "gerem a marca" é parte da retórica empresarial, pois pesquisas e documentos evidenciam que as "marcas" comandam diretamente o processo de produção e de trabalho, a exemplo das grandes grifes.

Já Guy Standing incorre em dois equívocos. O primeiro é não perceber que o meio de produção mais importante do negócio é a própria plataforma, pois, além de organizar todo o processo produtivo, é usada para determinar quem pode e quem não pode exercer a atividade. Ademais, esse ponto de vista que enfatiza a propriedade prioriza a formalidade, e não o conteúdo real das relações. Como vimos no capítulo 3, as empresas comandam todo o processo de produção, determinando unilateralmente o modo de trabalho, contratação, dispensa etc. Ao subordinar os trabalhadores, as empresas transformam os instrumentos de trabalho (carros, bicicletas, computadores etc.) em seu capital constante, pois são usados sob seu controle e para seu benefício[48]. Em suma, a empresa não precisa da propriedade legal porque tem a posse efetiva.

---

[47] Guy Standing, "A Revolt Is Coming for Cloud Labor", *Huffpost*, 27 out. 2016. Disponível *on-line*.
[48] Para aprofundar essa subordinação, em muitos casos, a empresa participa do financiamento de meios de produção aos trabalhadores (ou os financia totalmente) para viabilizar a atividade. Desse modo, imobiliza menos capital e deixa o trabalhador mais vulnerável no contrato que estabelecem.

A retórica empresarial e de seus porta-vozes parece ser tomada, muitas vezes, pela aparência, sem ser posta à prova. De que a acumulação financeira tem sido mais rápida que a produtiva nas últimas décadas não há dúvida. Que isso implique uma hegemonia financeira sobre o capital produtivo é passível de questionamento[49]. Mas afirmar que capital que vende bens e serviços se afasta da gestão, e, portanto, da produção, é equívoco empírico. Ele controla a produção e o trabalho, talvez com precisão inédita. Pode-se afirmar que essas empresas ampliam a apropriação via monopólios de marca etc., mas não que elas se afastam, de fato, da produção.

Para testar essas proposições, é preciso passar das formalidades, das aparências, tanto da retórica quanto da forma jurídica que os empresários dão a seus negócios. Há evidências oficiais e acadêmicas de que os novos "rentistas" ("marcas", "aplicativos") continuam na produção, enquanto outras formas do capital muitas vezes invadem e dirigem a produção e o trabalho (como as redes de varejo e os grandes supermercados, que cada vez mais dirigem o processo produtivo dos "fornecedores"). Em vez de enfatizar o afastamento da produção, talvez seja pertinente pensar numa radicalização da ofensiva do capital em todos os espaços.

Essa ideia equivocada também tem sido assimilada pelas instituições de regulação protetiva, mesmo quando há evidências de que esse distanciamento é retórico, como nos casos em que as "marcas" seriam apenas compradoras:

> Embora as autoridades fiscalizadoras tenham constatado a forte ingerência por parte das grandes lojas na produção de vestuário, tem se fortalecido a tese da cadeia produtiva, ou seja, a ideia de que oficinas, confecções e "varejistas" são empresas independentes e que a grande loja (real tomadora dos serviços) apenas deve ser responsabilizada juridicamente por monitorar as condições de trabalho de suas contratadas e subcontratadas. Convém ressaltar que a ideia de que existe autonomia entre as empresas é fomentada pelo empresariado tanto em suas defesas administrativas como judiciais, configurando-se em um forte instrumento hegemônico e ecoando na literatura especializada.[50]

Ao negar qualquer vínculo com os trabalhadores, incluindo a designação "terceirização", as empresas buscam fugir das responsabilidades trabalhistas, mesmo que subsidiariamente. As instituições têm comumente comprado a ideia, e oscilam entre adotar um novo "meio-termo" na regulação ou simplesmente aceitar que as empresas não têm qualquer responsabilidade pelos trabalhadores. Arranjos denominados "contratos comerciais" e "contratos de facção" têm precedentes favoráveis até no TST:

---

[49] Talvez seja um cenário mais favorável para o capital como um todo, contra o trabalho, como veremos no capítulo 5.
[50] Carolina Vieira Mercante, "A terceirização na indústria de confecções e a reincidência do trabalho análogo ao escravo", *XIV Encontro Nacional da Abet*, Campinas, set. 2015, p. 5.

O contrato de facção destina-se ao fornecimento de produtos por um empresário a outro, a fim de que deles se utilize em sua atividade econômica. O referido ajuste, ao contrário da terceirização a que alude a Súmula n. 331, IV, do TST, não visa à obtenção da mão de obra necessária à realização de atividades-meio de uma das partes da avença, mas, tão somente, da matéria-prima necessária à exploração do objeto social, motivo pelo qual aquele que adquire os bens em comento não pode ser responsabilizado subsidiariamente pelos créditos trabalhistas devidos aos empresários de seu parceiro comercial.[51]

As brechas abertas pelo próprio Estado ao assumir as premissas corporativas são usadas para legitimar e manter os arranjos mesmo quando se constata desrespeito aos direitos dos trabalhadores. A M.Officer, por exemplo, emitiu nota para negar responsabilidade pelo flagrante de trabalho análogo ao escravo na confecção de suas roupas:

> A relação jurídica que a M5 tem com o Empório Uffizi não envolve um contrato de prestação de serviços, mas um contrato mercantil, com cláusula que expressamente proíbe a subcontratação, a qual foi violada por exclusiva e reconhecida iniciativa do contratado. [...] A iterativa jurisprudência do Tribunal Superior do Trabalho afasta a responsabilidade da M5 em situação como a examinada, como mostram as seguintes ementas colhidas entre 2006 e 2013.[52]

Nesse cenário, acordos para que a regulação seja feita por auditorias privadas se tornaram uma moda global. Não por acaso, péssimas condições de trabalho se perpetuam, inclusive casos de condições de trabalho análogas às de escravidão:

> Toda a cadeia produtiva é fiscalizada através da certificação da Abvtex (Associação Brasileira do Varejo Têxtil), neste caso por meio da Bureau Veritas (empresa internacionalmente reconhecida), que audita de forma detalhada as condições de trabalho [...]. Estes fatos contrariam frontalmente os valores empresariais da Lojas Renner, que manifesta a sua total indignação com essas ocorrências, uma vez que não aceita e não tolera nenhuma situação de precarização do ambiente de trabalho de seus fornecedores.[53]

O caso da Zara chama atenção. Após um resgate de trabalhadores em condições análogas às de escravidão, a empresa fez um acordo com o MPT para monitorar os "fornecedores", sem assumir sua condição (e responsabilidade) de empregadora.

---

[51] Processo n. RR-17000-27.2009.5.15.0140.
[52] Citado em Repórter Brasil, "Nota da M. Officer sobre o segundo flagrante de trabalho escravo na confecção de peças da grife", *Repórter Brasil*, 16 maio 2014. Disponível *on-line*.
[53] Citado em Repórter Brasil, "Nota da Renner sobre flagrante de trabalho escravo em sua cadeia produtiva", *Repórter Brasil*, 28 nov. 2014. Disponível *on-line*.

Não surpreende que o acordo tenha sido descumprido, e as condições de trabalho não melhoraram[54].

Algumas corporações tiveram trabalhadores resgatados mais de uma vez, como a M.Officer. Mesmo assim, as empresas não assumem a responsabilidade e ainda se apresentam como vítimas, como se fossem meras espectadoras: "A M5 está tomando as medidas judiciais contra os responsáveis e trabalhará ombro a ombro com o Ministério Público do Trabalho e Ministério do Trabalho e Emprego para elucidar os fatos"[55]. Como no caso da terceirização explícita, as empresas "querem" ajudar, e surge o "mistério da injustiça".

Ocorre que medidas de "meio-termo" para a retórica das empresas "compradoras" rebaixam ainda mais a responsabilidade das corporações, tornando o "distanciamento" dos trabalhadores mais uma forma de profecia autorrealizável. Na terceirização explícita, a responsabilidade era subsidiária; agora, basta "monitorar" fornecedores, ou seja, uma abordagem cada vez mais fraca e empiricamente ineficiente.

Mas a assimilação da retórica das "novas" empresas por parcela das forças do trabalho não para por aí. Da negação do vínculo com as empresas passamos à negação muito absorvida do próprio assalariamento, que constitui um novo adeus à classe trabalhadora.

C) O novo adeus à classe trabalhadora e as "plataformas"

O que chamamos de novo adeus à classe trabalhadora postula um declínio estrutural do trabalho assalariado e a impossibilidade de reconstruir padrões de regulação do emprego por meio do direito do trabalho. Diferentemente do primeiro adeus, que anunciava o fim do trabalho em geral (como em Gorz), o novo não anuncia o declínio do emprego, mas diz que a noção de emprego não caberia mais para tipificar essas atividades. Enfatiza-se, nesse sentido, que não apenas o trabalho industrial, mas todo trabalho assalariado estaria em declínio diante do surgimento de "novas" formas de organização.

Esse novo adeus é construído por perspectivas diferentes, mas as suposições e conclusões destas são semelhantes: 1) o trabalho assalariado está em declínio; 2) as novas características do mercado de trabalho impedem a proteção do trabalho por meio de legislações já existentes. Isso é reproduzido, por exemplo, em uma publicação da Organização Internacional do Trabalho (OIT) de 2015, sugestivamente chamada de *The Changing Nature of Jobs* [A natureza mutável dos empregos]:

---

[54] Sindicato Nacional dos Auditores Fiscais do Trabalho (Sinait), "Zara é autuada por descumprir acordo de melhorar condições de trabalho nas oficinas de costura", *Sinait*, 11 maio 2015. Disponível *on-line*.

[55] "Nota da M. Officer sobre o segundo flagrante de trabalho escravo na confecção de peças da grife", *Repórter Brasil*, 16 maio 2014. Disponível *on-line*.

Em várias economias avançadas, a incidência de emprego remunerado e assalariado tem apresentado uma tendência de queda, afastando-se, portanto, dos padrões históricos. Por outro lado, o trabalho por conta própria e outras formas de emprego fora do escopo do acordo tradicional empregador-empregado estão em ascensão.[56]

Essas considerações normalmente são baseadas nos seguintes argumentos:

Novas tecnologias e mudanças na maneira como as empresas organizam a produção são fatores-chave por trás da mudança nas relações de emprego e da expansão de novas formas de trabalho. Atingir o modelo de emprego-padrão para a maioria dos trabalhadores está se tornando mais difícil.[57]

A suposição de que "novas" formas de trabalho têm aumentado também é muito comum na academia brasileira:

O fim da norma fordista de trabalho – como norma, o que não impede a existência de trabalhos caracterizáveis como fordistas – obriga à reflexão sobre as várias formas e diferenciações que o trabalho e o emprego assumem. Essas diferenciações se encontram na origem do "embaralhamento" das fronteiras salariais e da constituição de uma "zona cinzenta" relativa às novas relações de trabalho e emprego. Essa "zona cinzenta" exige tanto a revisão quanto a criação de novos conceitos no âmbito da sociologia do trabalho. [...] Entre as formas emergentes de inserção pelo trabalho, destaca-se o autoempreendedorismo como objeto emblemático de uma relação de trabalho em substituição a uma relação de emprego, uma vez que se tornar empreendedor de si significa uma forma de distensão da relação de emprego.[58]

O novo adeus à classe trabalhadora – visão que considera o declínio do emprego assalariado irreversível e o direito do trabalho inadequado ao contexto atual – parece reunir muitas perspectivas ideológicas diferentes. Como parte da narrativa das "novas" empresas, esse novo adeus à classe trabalhadora tem tido grande impacto no campo do trabalho, inclusive entre os próprios trabalhadores, como veremos na próxima seção.

Nos últimos anos, esse novo adeus se radicalizou com a disseminação dos chamados "aplicativos" e "plataformas", que não apenas negam a natureza assalariada da relação entre empresa e trabalhadores como rejeitam o próprio caráter laboral da relação, comumente imputando aos trabalhadores a condição de clientes das empresas. A despeito das divergências nas instâncias inferiores, já há decisões

---

[56] Organização Internacional do Trabalho (OIT), *World Employment and Social Outlook 2015: The Changing Nature of Jobs* (Genebra, OIT, 2015), p. 13.
[57] Ibidem, p. 14.
[58] Cinara Rosenfield, "Autoempreendedorismo: forma emergente de inserção social pelo trabalho", *Revista Brasileira de Ciências Sociais*, v. 30, n. 89, 2015, p. 115-6.

no TST que aceitam a alegação empresarial de que os trabalhadores seriam autônomos por supostamente não haver exigência de horário nem outras metas[59] – uma ironia, pois é justamente isso que caracteriza o contrato intermitente de emprego, tão defendido pelas empresas na reforma trabalhista de 2017. De todo modo, há fartas evidências de que as empresas controlam jornadas e impõem metas aos trabalhadores, de modo mais ou menos explícito[60].

Algumas decisões, reproduzindo as "novidades", afirmam que os trabalhadores assumem o risco do negócio e, por isso, são "empreendedores". De saída, há uma confusão entre risco do contrato de trabalho e do negócio da empresa. A empresa transfere para cada trabalhador individual o risco do contrato. Ele assume todos os riscos da relação com a empresa, como não ter renda se sofrer acidente, mas o risco fundamental do negócio, que é vender o transporte ou a entrega para lucrar, é da empresa. O trabalhador pode manter sua renda, mesmo que o negócio esteja péssimo e a empresa esteja tendo prejuízo. Em contrapartida, o negócio pode ir bem, vendendo e lucrando muito, e o trabalhador morrer de fome, se a empresa não passar corridas para ele. Para que tenha algum sentido lógico, assumir o risco do negócio significa se expor ao ônus, mas também ao bônus; portanto, demanda poder para tocar o negócio, como determinar preços, investimentos, organização da plataforma, o que é evidente que o trabalhador não tem nessas relações. Acontece que, ao passar os riscos do contrato a muitos trabalhadores, a empresa consegue transferir parte do risco de negócio ao coletivo dos trabalhadores, pois não imobiliza capital com carros e motos nem tem custos trabalhistas fixos. Nesse sentido, o TST tem permitido que a empresa se beneficie da própria torpeza, pois passar riscos desse modo é ilegal, segundo o próprio tribunal.

A corte ainda não tem uniformidade de posição sobre o tema, contudo, a "autonomia" que tornaria esses trabalhadores não assalariados cada vez mais se fortalece na regulação do trabalho no Brasil. O MPT tem apresentado constantemente uma visão mais crítica sobre o trabalho para as "plataformas", contudo, tem aceitado que as empresas assumam responsabilidades abaixo da lei – por exemplo, que empresas se comprometam a fornecer equipamentos de proteção individual (EPI) aos trabalhadores sem sequer reconhecer o vínculo de emprego. Seguindo a lógica do "meio-termo", as concessões vão se deteriorando, e agora o mero reconhecimento de que a relação de trabalho é assalariada é tido como o ponto extremo do debate.

Parte das forças do trabalho tem colaborado para a degradação da proteção do trabalho porque admite o progressivo "afastamento" das empresas, mesmo quando critica suas consequências. Facilitam assim que: 1) a terceirização não reduza direitos

---

[59] Processo n. TST-AIRR-10575-88.2019.5.03.0003.
[60] Por exemplo, vale ver as provas documentais de controle de jornada e imposição de metas das empresas Uber Eats e Loggi, nos processos (TRT 5): 0000286-47.2021.5.05.0011 e 0000300-61.2021.5.05.0001.

explicitamente, mas torne a proteção menos efetiva; 2) as "compradoras" sequer respondam pelos trabalhadores – no máximo, "monitorem", reduzindo ainda mais a efetividade da legislação. O pior chegou com as "plataformas", que pleiteiam não apenas ter responsabilidade zero sobre a efetividade dos direitos como também que estes sequer existem.

Como os pressupostos da retórica empresarial são aceitos, qualquer limitação às práticas do capital (quando surge) é rebaixada: 1) aceita-se que a responsabilidade da terceirização seja apenas subsidiária e que convenções coletivas não sejam as mesmas; 2) aceita-se que a responsabilidade das "compradoras" seja só "monitorar" os "fornecedores", como se não houvesse terceirização; 3) aceita-se que novos contratos de trabalho, piores que a CLT, sejam a solução para as "plataformas". Assim, em todos os casos, perpetua-se a situação anterior e abre-se espaço para sua piora, seja facilitando a não responsabilização das empresas, seja legalizando o rebaixamento dos direitos. A cada nova rodada de "meios-termos", o capital dobra a aposta e radicaliza ainda mais a precarização do trabalho.

4.4. "Novos" trabalhadores

A suposição de que o problema do desemprego será resolvido pelos próprios trabalhadores, seja por meio da qualificação, seja do empreendedorismo, e de que sindicatos e direito do trabalho não seriam pertinentes para representar e proteger esses "novos" trabalhadores, ganhou força nas instituições de regulação, na academia e entre os próprios trabalhadores.

A) Qualificação

O papel central da qualificação como solução para o desemprego tem sido uma pauta bastante difundida no meio sindical. No Brasil, Trópia demonstra, já nos anos 1990, como a Força Sindical difundia para os trabalhadores a ideia da "empregabilidade", ou seja, de que o desemprego é consequência do despreparo profissional dos trabalhadores diante da qualificação exigida pelas empresas[61]. A central anunciava as vantagens do "sindicalismo de serviços" em relação ao sindicalismo de confronto, passando a oferecer programas de qualificação com recursos públicos:

> As centrais sindicais, ao assumirem a função de qualificadores, tornam eficaz o discurso neoliberal, segundo o qual o trabalhador é o responsável pelos riscos do mercado de trabalho, restando-lhe "pegar ou largar" as oportunidades de qualificação ou requalificação que lhes são oferecidas, gratuitamente, pelos sindicatos. [...] [Há] o incremento de uma concepção individualista e privatista, segundo a qual os trabalhadores são investidores e empreendedores; a concepção de que o desmonte

---

[61] Patrícia Vieira Trópia, *O impacto da ideologia neoliberal no meio operário*, cit.

da função produtiva e social do Estado é a resolução dos problemas sociais (fim das desigualdades socioeconômicas, fim da corrupção) e econômicos (desemprego, crescimento econômico).[62]

Na mesma linha, Galvão indica como o fornecimento de serviços com recursos públicos, em particular de qualificação dos trabalhadores, atravessou diferentes centrais sindicais desde os anos 1990, incluindo a CUT e a CGT[63].

A retórica da qualificação como solução para os problemas do mercado de trabalho também impactou as instituições de regulação do direito do trabalho, mesmo quando estavam em pauta as formas mais extremas de exploração. No Brasil, uma parceria entre o Sindicato Nacional dos Auditores do Trabalho (Sinait), o Conselho Nacional de Justiça (CNJ) e a OIT, entre outras entidades, originou uma das únicas políticas públicas para apoiar trabalhadores resgatados em condições de trabalho análogas às da escravidão. Trata-se do chamado Projeto Ação Integrada (PAI), criado em 2009. Esse projeto oferece assistência a trabalhadores resgatados ou considerados vulneráveis, com cursos de qualificação profissional e intermediação com empresas para melhorar sua inserção no mercado de trabalho.

Até 2018, o PAI havia oferecido cursos de qualificação para 106 trabalhadores resgatados entre os anos de 2009 e 2017. Destes, 72 trabalhadores (67,9% do total) foram qualificados em período de expansão da demanda por força de trabalho no Brasil (2009 a 2014) e 34 (32,1%) no período de crise econômica (2015 a 2017). Dos trabalhadores qualificados no primeiro período, 79,17% obtiveram emprego formal após a realização do curso. Entretanto, em 2018, apenas 25% dos qualificados estavam formalmente empregados. No que concerne aos trabalhadores qualificados no período de desaceleração econômica, 52,94% obtiveram emprego formal após a participação, mas menos de um terço continuava formalmente empregado em 2018.

Esses resultados são muito parecidos com os obtidos pelos trabalhadores resgatados que não passaram pela qualificação. Desde 2007, dos trabalhadores resgatados não qualificados pelo PAI e rastreados pelo projeto Vida Pós-Resgate, 462 (78,71%) tiveram emprego formal. Porém, em 2018, 71,89% dos não qualificados estavam desempregados ou não possuíam carteira assinada. Ou seja, quando a economia cresceu – e, com ela, os empregos –, a maioria dos trabalhadores, qualificados ou não pelo PAI, conseguiu uma ocupação. Quando veio a crise, a grande maioria desses mesmos trabalhadores, qualificados ou não, ficou desocupada.

A proposta do PAI é importante, pois possibilita ao trabalhador entrar na competição do mercado de trabalho para pleitear um posto de trabalho numa situação menos desfavorável. Contudo, seu próprio objetivo constitui sua principal limitação. E trata-se de uma limitação estrutural: por enfocar a oferta de

---

[62] Ibidem, p. 172.
[63] Andréia Galvão, *Neoliberalismo e reforma trabalhista no Brasil*, cit.

trabalho, depende completamente da dinâmica econômica, particularmente da demanda por força de trabalho, para ser bem-sucedida. Por mais qualificados que sejam os trabalhadores, eles permanecem à mercê do desempenho do mercado de trabalho.

Portanto, persiste uma vulnerabilidade estrutural dos trabalhadores em relação a suas possibilidades de reprodução física e social que constitui o fundamento das práticas criminosas que atingem aqueles que vivem do trabalho. Essa debilidade é comum a qualquer programa de qualificação que pretenda resolver o problema do emprego, pois o foco reside em quem não tem poder para determinar a existência ou não do posto de trabalho.

B) Empreendedorismo

Após ser martelada diuturnamente por todo o planeta, a retórica do empreendedorismo poderia ter sido abalada pela inefetividade de suas promessas entre as décadas de 1980 e 2000, seja por não ter resolvido o problema do desemprego, seja por não ter tornado o trabalho assalariado obsoleto. Pior, em todos os continentes houve elevação do trabalho assalariado explícito.

Ainda assim, a narrativa de que abrir o próprio negócio é a solução para o desemprego se mostrou muito resiliente e ganhou novo fôlego com as chamadas "plataformas" e os "aplicativos". Desse modo, o discurso do empreendedorismo é assumido por parcela importante da sociedade, inclusive por parte dos trabalhadores[64]. A retórica da autonomia e da flexibilidade é repetida mesmo por aqueles que vivem rotinas rígidas e despoticamente controladas.

Um exemplo recente do impacto desse discurso nas forças do trabalho ocorreu nas eleições estadunidenses de 2020. Para manter formas de contratação como a da Uber, as empresas conseguiram uma espécie de referendo contra uma lei, aprovada na Califórnia, que previa o reconhecimento do vínculo de emprego. É certo que as corporações gastaram centenas de milhões de dólares na campanha e fizeram ameaças de fechar postos de trabalho no estado. De todo modo, a vitória eleitoral das empresas mostra que seu discurso é, ao menos em alguma medida, assimilado por parte importante da população. Frise-se que a Califórnia tem maioria de eleitores do Partido Democrata, ao menos em tese mais simpática aos direitos trabalhistas, e que o próprio Biden fez campanha contra o pedido da Uber.

Em Londres, no Reino Unido, segundo pesquisa realizada por Woodcock em 2017 com 158 entregadores, 47,6% acreditavam que deveriam ser contratados

---

[64] Desde as últimas décadas do século XX, houve um fortalecimento internacional do que Dardot e Laval chamaram de "a nova razão do mundo", que fomenta uma nova racionalidade com o objetivo de fazer com que todos pensem e ajam como se fossem empresas. Ver Pierre Dardot e Christian Laval, *A nova razão do mundo: ensaio sobre a sociedade neoliberal* (trad. Mariana Echalar, São Paulo, Boitempo, 2016).

como empregados e 43,5% como *workers*[65]. Desse modo, quase todos os entrevistados eram contra a classificação como autônomos, mas estavam fundamentalmente divididos sobre a adesão ao contrato de emprego.

Parece que parte importante dos trabalhadores, de fato, têm caído no discurso corporativo. Isso foi detectado nas entrevistas com entregadores no Brasil e na Espanha na pesquisa UFBA-UCM, em 2020. A maioria dos trabalhadores contratados como autônomos na Espanha (60,9%) prefere seguir no arranjo, resultado semelhante ao encontrado no Brasil (54,4%). Quase sempre as justificativas dos respondentes, em ambos os casos, para não querer o reconhecimento do vínculo de emprego foram ter mais flexibilidade, autonomia e rendimentos sendo "autônomo".

Entregadores, em ambos os países, responderam preferir o atual arranjo porque: "Agora que experimentei ser autônomo, eu gosto de não ter que prestar contas a ninguém", nas palavras de um trabalhador de Lugo. Outro entregador, este de Badalona, afirmou: "Sou dono da minha empresa. Decido quando trabalhar e descansar". Já no Brasil, segundo um dos entrevistados em Natal: "Prefiro trabalhar como autônomo, ter folgas quando eu quiser e trabalhar a carga horária que eu quiser sem ter ninguém no meu cangote me exigindo nada, a não ser eu mesmo".

Contudo, a imensa maioria desses mesmos entregadores já foi bloqueada ou desligada, ou conhece alguém que já tenha passado por essas situações nos "aplicativos" (na Espanha 82,6% e no Brasil 80%). Ou seja, são "autônomos" ou "empresários" que a empresa pode impedir de trabalhar. Dentre eles, quase metade sequer sabe o motivo do bloqueio ou da desconexão (44% na Espanha e 45% no Brasil), mesmo que alguns tenham insistido com a empresa para saber o que aconteceu. Assim, apesar de "não ter chefe" ser, em tese, a característica básica do trabalho com "aplicativos", as condições e a própria relação de trabalho são não apenas determinadas de modo unilateral pelas empresas como completamente arbitrárias.

Outros não querem o contrato de emprego porque: "Carteira assinada só iria atrapalhar a vida dos motoboys no regime da CLT. [...] Sendo que nossos ganhos poderiam diminuir em torno de 50%", segundo um entregador de Brasília. Ou, para um motorista de Fortaleza: "Se a Uber paga mal sem imposto, imagina com imposto. E já estamos acostumados a ver os impostos não serem investidos na gente". Todavia, ao contrário do que supõem esses entrevistados, os entregadores com carteira assinada têm rendimentos superiores aos contratados como autônomos, antes (8% acima) e ainda mais durante a pandemia (56% superiores)[66]. Isso sem contar os demais direitos da CLT que aumentam a renda (férias, 13º salário,

---

[65] Jamie Woodcock, "O panóptico algorítmico da Deliveroo: mensuração, precariedade e a ilusão do controle", em Ricardo Antunes (org.), *Uberização, trabalho digital e indústria 4.0* (São Paulo, Boitempo, 2020). O *worker*, no Reino Unido, tem um contrato de trabalho que seria um "meio-termo" entre vínculo de emprego e trabalho autônomo. Os direitos são rebaixados em relação ao contrato de emprego.
[66] Dados da Pnad-Covid, maio 2020.

FGTS) e tornam o emprego formal ainda mais vantajoso. Também ao contrário do imaginado, nas faixas de rendimentos da grande maioria dos entregadores não se paga imposto de renda. Os encargos relacionados ao emprego formal são pagos pelas empresas (FGTS, parte ou todo o INSS) e, assim como os que eventualmente incidem sobre o salário (parcela do INSS), vão para os bolsos dos próprios trabalhadores quando estes adoecem, são dispensados ou se aposentam.

Empregados com carteira assinada têm jornadas com limites, descanso semanal e férias, ao passo que os entregadores "autônomos" vivem jornadas semelhantes às da Primeira Revolução Industrial. E enquanto a CLT tem regras para a aplicação de punições e dispensa dos trabalhadores, as "plataformas" punem e desligam trabalhadores de modo unilateral.

Portanto, há uma situação contraditória na defesa do contrato de "autônomo" com base nas justificativas apuradas, pois esses trabalhadores reportam condições mais rígidas, arbitrárias, e piores rendimentos do que os daqueles formalmente empregados. Os dados sugerem uma grande ironia no mantra da "autonomia" e da "liberdade" repetido pelas empresas para convencer trabalhadores e o resto da sociedade. Um caso ilustrativo da natureza da relação entre entregadores e "aplicativos" foi transmitido ao vivo pela TV. No meio de um dilúvio, navegando de bicicleta por uma rua do Rio de Janeiro inundado, o entregador Rudi é abordado pela repórter, que questiona se ele não pararia de trabalhar: "Se parar, eles bloqueiam a gente [...], mandei foto e tudo, mas eles falaram '*não posso fazer nada, tem que ir*'". Temeroso, o entregador hesita até em revelar o próprio nome, seguindo sua travessia[67].

Uma situação parecida, mas mais dramática, e que parece comum, ocorreu nas atividades do projeto Caminhos do Trabalho, em fevereiro de 2021. Umas das pesquisadoras do projeto abordou um trabalhador caído na rua após uma colisão com um carro, orientando-o a comunicar o acidente à empresa para que o infortúnio fosse formalizado e os direitos relacionados, mais facilmente reivindicados. O trabalhador disse que não iria avisar, porque seria bloqueado por não completar a entrega. Horas após o acidente, novo contato foi feito para saber de seu estado de saúde, sendo respondido do seguinte modo.

Em Madri, uma entrevista com outro entregador foi bastante diferente[68]. Nada temeroso, Isaac falou como primeiro entregador a ser parte em uma decisão do Tribunal Supremo da Espanha, relatando detalhes de seu trabalho, como a preocupação da empresa com o hambúrguer no momento em que ele sofreu um acidente, e das dificuldades por que passou depois do infortúnio.

---

[67] "Chuva alaga ruas do Jardim Botânico nesta terça-feira", *G1*, Rio de Janeiro, 22 set. 2020. Disponível *on-line*.
[68] Laura Olías, "Isaac Cuende: el repartidor que ganó a Glovo en el Supremo", *El Diario*, 23 set. 2020. Disponível *on-line*.

Figura 3 – Reprodução da tela do celular de uma pesquisadora do projeto Caminhos do Trabalho

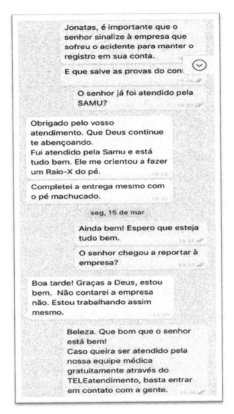

Fonte: Projeto Caminhos do Trabalho

Outro fator para boa parte dos trabalhadores não querer o contrato de emprego formal pode se relacionar com a forma de gestão das empresas. Por não haver presença física do patrão, cria-se, segundo Woodcock, uma "ilusão de liberdade" nos trabalhadores. Conforme explica um dos entregadores entrevistados por ele: "A ilusão de liberdade é realmente forte, você se sente realmente como seu próprio chefe porque nós todos podemos ficar por aí e falar merda sobre a Deliveroo o quanto quisermos" porque "você não tem aquele tipo de espetáculo de autoridade"[69]. Esse sentimento é corroborado explicitamente nas falas citadas dos entregadores de Natal (RN) e de Lugo (Espanha)[70], que não querem contrato de emprego porque hoje trabalham sem ter ninguém "no cangote" exigindo nada e sem "ter que prestar contas a ninguém".

---

[69] Jamie Woodcock, "O panóptico algorítmico da Deliveroo", cit., p. 44.
[70] Ver, neste volume, p. 151-2.

Além da assimilação da retórica do empreendedorismo, da "ilusão de liberdade", da presunção de que vai ganhar mais como "autônomo", de que precisaria pagar impostos, a rejeição ao contrato formal de emprego pode envolver a resistência às condições cada vez mais precárias oferecidas sob a CLT, bem como à própria subordinação. Isso também aparece na pesquisa UFBA-UCM. Sobre querer ou não a carteira assinada, um dos entrevistados, de São Paulo, respondeu: "Pelos aplicativos, jamais... Porque eles exploram sem eu ter carteira, imagina sendo obrigado a trabalhar pra eles". Outro entrevistado, de Fortaleza, afirmou: "Iríamos ser muito explorados, já somos sem vínculo, imagina com vínculo com a empresa. Carteira assinada é bom pelos direitos, mas a escravidão ia ser grande". Segundo um entregador de Aracaju (SE): "Corro contra o parceiro Galo[71], queremos valores justos, aquilo que o cliente der, deve ser repassado 100% para o motoboy, os *apps* conseguem nos escravizar dessa forma quando estamos trabalhando como parceiros deles, imagina com uma CLT". Ou seja, há a ideia de que a CLT torna as condições piores que as já vividas e contra as quais se mobilizam. Contudo, fora do emprego formal a situação é ainda pior, conforme indicam os dados concernentes aos próprios parâmetros apontados por eles (salários, jornadas, arbitrariedade), pois não há limite à exploração.

Essa posição seria coerente se aqueles que "não querem ter chefe" buscassem outros modos de trabalho em que não recebessem ordens unilaterais, ao contrário do que eles mesmos explicitam viver nos "aplicativos". Querer trabalhar para os "aplicativos", sob a justificativa de evitar ter chefe, é uma contradição quando se observa a realidade que os próprios entregadores atestam. O poder não vem da assinatura do contrato de trabalho, mas do monopólio dos meios de produção e do mercado de trabalho, não importando a formalidade nem a aparência do contrato. O fato de se achar que é a CLT que dá poder à empresa não torna os "autônomos" menos subordinados. Como visto, ocorre o contrário: sem a carteira assinada a subordinação é ainda maior.

Os depoimentos corroboram algo que temos percebido constantemente no projeto Caminhos do Trabalho, por meio dos atendimentos sistemáticos aos entregadores. A maioria desses trabalhadores desconhece por completo os direitos existentes. Muitos deles assimilam passivamente a retórica de que não são empregados e que, por isso, não têm direitos, ou de que ser contratado nos termos da CLT implicaria pagamento de impostos e maior exploração. Quando informados de seus direitos, e após refletir sobre a relação com os "aplicativos", a mudança de posicionamento tem sido sintomática. Por isso, a desinformação pode ser um fator importante para explicar como parte dos trabalhadores toma para si a retórica da "autonomia" e rejeita a CLT.

O direito do trabalho reduz a arbitrariedade do trabalho assalariado. Ao invés de relações de trabalho organizadas por decisão unilateral da empresa (que

---

[71] Líder do movimento dos entregadores antifascistas, que pedem o reconhecimento do vínculo de emprego entre trabalhadores e "aplicativos".

os trabalhadores isolados "aceitam" para sobreviver), como no caso dos "aplicativos", o direito do trabalho incorpora outros agentes ao processo decisório, seja via sindicatos, seja pela legislação. O direito do trabalho não democratiza as empresas (que continuam a ter donos), mas sem ele a democracia certamente está muito mais distante das relações de trabalho.

O fato é que, fora do emprego formal, a situação do assalariamento é ainda pior, pois não há limite à exploração. Não por acaso, entregadores "autônomos" são mais subordinados e vivem condições piores que os empregados formais. O nível de degradação de suas condições de trabalho é tão acentuado que ações coletivas contra esse cenário têm ocorrido com frequência, inclusive com a participação de trabalhadores que se consideram autônomos. Em vários países, há até a formação de associações de trabalhadores "autônomos" para negociar com essas empresas. Porém, sem questionar seus contratos, não surpreende que as demandas apresentadas e os acordos realizados estejam abaixo dos parâmetros mínimos já definidos na legislação para remuneração, descanso, punição e dispensa, entre outros aspectos das relações de trabalho.

No campo legislativo, em 2020, parte dos entregadores apoiou um projeto de lei da deputada federal Tabata Amaral que estipularia alguns direitos, criando um "meio-termo" (ou "terceira via" de contrato) entre o regime da CLT e o trabalho autônomo. Tal projeto pode generalizar o modelo das "plataformas" para todos os setores, rebaixando as condições da CLT. Ignora-se, assim, que já existe na legislação a previsão para os casos em o que trabalhador "escolhe" quando trabalhar: o contrato intermitente. Trata-se de um contrato precário que não é solução, mas não é pior que não ter sequer o reconhecimento do vínculo de emprego e os direitos mínimos associados.

A CLT, como um todo, está longe de ser uma maravilha, mas se o trabalho é assalariado (independentemente da aparência do contrato), o pior é não ter a formalização. Quando não há ponto de partida mínimo a ser respeitado na relação, a empresa pode pressionar e tem grandes chances de impor condições muito mais precárias que as do contrato formal.

As narrativas empresariais também têm sido capazes de convencer muitos agentes de que, se a regulação protetiva não alcança todos ou não é ideal, pode ser melhor não a ter. Por exemplo, sobre a formalização dos entregadores, Abílio afirma:

> Na prática: o horizonte da legalização incorre no risco de o trabalhador passar doze horas por dia à disposição da empresa, sete dias por semana, sendo remunerado apenas pelo tempo em que efetivamente fizer uma entrega, e ganhe menos que um salário mínimo por mês. De forma que as atuais iniciativas pela regulação têm de ter clareza se estarão escancarando ou não as porteiras da uberização.[72]

---

[72] Ludmila Costhek Abílio, "De motoboy invisível a entregador organizado: uberização e o trabalhador *just-in-time* na pandemia", em Dalila Andrade Oliveira e Marcio Pochmann (orgs.), *Devastação do trabalho: a classe do labor na crise da pandemia* (Brasília, Positiva/CNTE, 2020), p. 280.

O contrato intermitente é péssimo e não deve ser horizonte de luta nem de regulação pelo Estado[73]. Porém, para quem é assalariado, pior é não ter contrato, e é isso que as evidências (trazidas pela própria Abílio) demonstram. Além de ser melhor que a situação atual, o reconhecimento do vínculo é um ponto de partida para avançar, ter convenções coletivas, mudar as próprias condições do contrato. Reconhecimento do vínculo é o mínimo, não o máximo a ser demandado. Se a crítica à CLT demanda algo melhor, que supere o trabalho assalariado, ela contribui. Mas, no âmbito do assalariamento, melhores condições de trabalho passam pela CLT.

De fato, a precarização do direito do trabalho tem sido significada muitas vezes para rejeitar a relação de emprego ou seu reconhecimento, como se o problema fosse ela, e não o rebaixamento da proteção. Qualquer relação de emprego implica dominação, e autonomia é a solução mais radical para as relações de trabalho. Contudo, o que muitos trabalhadores supostamente autônomos vivem é o oposto da autonomia. Ao adotar o discurso de que não têm chefe, eles se sentem retoricamente fortalecidos e associam emprego formal à exploração; rejeitam a CLT mesmo que vivam condições piores que as do emprego formal.

Como vimos no capítulo 2, a retórica do empreendedorismo fala em dinheiro, mas também apela para a autonomia. Como o discurso ocorre no atual cenário de destruição de direitos (pelas próprias empresas), muitos trabalhadores acreditam que o problema de suas condições é o contrato de emprego. Desse modo, a precarização do contrato formal, que no discurso empresarial da reforma trabalhista seria a solução para ampliar a formalização, se torna um instrumento de ataque ao próprio contrato. Em vez de demandar melhorias no contrato, muitos trabalhadores aceitam ou até reivindicam não o ter, como forma de combate ao despotismo e às péssimas condições de trabalho. As mesmas empresas que precarizam a CLT usam as condições cada vez mais precárias da legislação para colocar os trabalhadores contra ela.

É estratégia semelhante à observada com outros direitos sociais, como saúde e educação públicas. Argumenta-se que as universidades públicas não atendem toda a sociedade e que a saúde pública tem filas e outros problemas. Contudo, em vez de se defender a melhora desses serviços públicos, demanda-se sua eliminação, ou seja, sua privatização.

Em suma, a lei trabalhista é um mínimo civilizatório para o avanço da luta dos assalariados. Direitos que entregadores reivindicam, e que não estão na CLT, podem ser alcançados por negociação coletiva. Eles complementam a CLT, não a contradizem. Sendo empregado formal e com representação coletiva, o trabalhador

---

[73] Verdade seja dita que o contrato intermitente não permite doze horas à disposição da empresa. Essa modalidade contratual é muito precária, mas por falta de garantias (se não houver chamada para trabalho, não tem salário), e não por falta de limites ao trabalho quando ele ocorre (salário mínimo, jornada máxima etc., continuam valendo).

pode ter (e é mais provável que consiga) efetiva flexibilidade no contrato. Dentre os precedentes, vale citar as trocas de turno pelos próprios trabalhadores, previstas em convenção coletiva. No caso dos entregadores, uma solução simples seria, via acordo coletivo, assegurar horas mínimas (e pagamento pelo tempo à disposição) para que o trabalhador optasse por exercê-las ou não. Assim, por exemplo, o entregador teria quarenta horas semanais garantidas, com valor mínimo por hora, e caberia a ele, agora com segurança de trabalho e renda mínimos, decidir quantas horas gostaria de trabalhar.

Ressalte-se que a regulação do trabalho para os "aplicativos" atinge todo o mercado do trabalho, e não apenas esses trabalhadores. Se algumas empresas puderem ter empregados sem CLT, todas vão exigir o mesmo. É preciso entender que a modalidade de contratação dos entregadores, bem como de qualquer profissão, não é um problema apenas setorial, mas de toda a sociedade, pois se um modelo com menos (ou nenhum) direitos se legitima, ele tende a se espalhar pelo mercado de trabalho, afetando toda a população.

Chama atenção, em algumas entrevistas, a resistência dos entregadores aos sindicatos. Um entregador de São Paulo afirmou que não quer contrato de emprego formal porque: "Não é vantagem pra nós, autônomos. O motivo das manifestações é apenas melhoria nas taxas, fim dos bloqueios indevidos e fim das pontuações da Rappi e no caso *score* do iFood. Ninguém quer CLT, não, porque o sindicato se envolve". Outro entregador, do Rio de Janeiro, afirmou rejeitar a CLT pelas seguintes razões: "Remuneração baixa, cumprimento de horário, sindicato mordendo". O problema é que a forma como eles estão se mobilizando legitima a estratégia de precarização das empresas, pois aceita a ideia de que não são assalariados e apresenta demandas abaixo do mínimo legal para os empregados. Não é uma forma superior de associativismo, no sentido de exigir mais poder para os trabalhadores, mas inferior, porque dá mais poder e legitimidade às empresas.

Na Espanha, durante as disputas que marcaram os processos judiciais pelo reconhecimento de vínculo de emprego dos entregadores, a Deliveroo assinou uma espécie de acordo com uma recém-criada associação chamada Asoriders. Segundo Prat,

> os funcionários dos escritórios da Deliveroo ligavam para entregadores oferecendo férias, melhores horários de trabalho e outros benefícios se eles se inscrevessem na associação e concordassem em pagar uma pequena taxa mensal. O que procuravam era conseguir representatividade para o processo judicial, já que os afiliados seriam a prova de que os entregadores estavam satisfeitos com o modelo de trabalho.[74]

---

[74] Felipe Diez Prat, "A des/propósito de... Mi experiencia como repartidor de Deliveroo y el intento por articular nuestra lucha desde la estructura sindical de UGT", *Teknokultura*, v. 17, n. 2, 2020, p. 192.

Na pesquisa UFBA-UCM, três entregadores afirmaram fazer parte da Asoriders. Todos disseram preferir o vínculo como "autônomos", por ter "liberdade de horários" (um entrevistado de Castellón), "pela liberdade de trabalhar quando quiser" (um entrevistado de Madri) ou porque "eu gosto, me sinto confortável" (um entrevistado de Granada). Eles indicaram ter jornadas de trabalho semanais de, respectivamente, 66 horas, 56 horas e, para o terceiro, entre 35 e 45 horas. Dois já haviam sido suspensos e desligados pelos "aplicativos", um por atraso e cancelamento de pedido, e outro sem saber os motivos.

Em março de 2021, um evento promovido pela Asoriders e outras associações semelhantes reuniu 2 mil entregadores em doze cidades espanholas. A manifestação demandava que os trabalhadores pudessem optar por manter o contrato como autônomos com os "aplicativos", contando com o apoio das empresas (uma delas parou de operar no horário)[75].

Na Itália, em julho de 2021, um acordo entre a já citada Deliveroo e a Unione Generale del Lavoro [Central Sindical Geral do Trabalho] (UGL, entidade sindical ligada à extrema direita italiana) que admitia contratos com direitos abaixo da relação de emprego foi cassado e classificado como conduta antissindical pela corte de Bolonha[76].

Não se pode ignorar que movimentos coletivos de trabalhadores também podem ser reacionários. Desse modo, é possível que o caso dos entregadores fique parecido com as mobilizações e o perfil político que parece majoritário entre os motoristas de caminhão. No caso dos caminhoneiros brasileiros, seu perfil de atuação, pautado pela crença na "autonomia", tem se mostrado infrutífero mesmo para seus interesses específicos. Depois de grande mobilização que culminou com a paralisação de 2018, eles continuam precários porque não miraram o inimigo correto, as empresas, e sim o preço dos combustíveis.

No caso dos motoristas, a transferência do risco do contrato para o trabalhador, incluindo os custos dos insumos, tem permitido às empresas desviar da relação de trabalho o foco da disputa distributiva. Aceitando a condição de "autônomo" imposta pelas empresas, o motorista tem visto nos preços dos insumos uma fonte de determinação de seus ganhos mais importante que o preço pago por seus serviços. Antes da crise de 2018, outras mobilizações já traziam como principal demanda o preço do combustível. Segundo pesquisa da CNT, 56,4% dos motoristas enquadrados como autônomos considerava esse o principal problema do seu trabalho (contra apenas 24,9% dos contratados como empregados), e apenas 1% apontava o valor do frete como a reivindicação mais importante para a categoria.

---

[75] Marimar Jiménez, "Más de 2.000 repartidores piden que la 'ley de Rider' incluya la opción de poder ser autónomo", *CincoDías*, 4 mar. 2021. Disponível *on-line*.
[76] "Rider, il Tribunale del lavoro di Bologna: 'Illegittimo il contratto Ugl, Deliveroo non lo applichi'", *La Repubblica*, 2 jul. 2021. Disponível *on-line*.

Mesmo no assalariamento disfarçado dos motoristas contratados como autônomos, a luta poderia ser por melhores salários. A rigor, a demanda esteve presente em 2018, pois a tabela com preço mínimo do frete é apenas um eufemismo para uma espécie de salário mínimo. Todavia, tal demanda está longe de ser a pauta mais enfatizada. Parte dos motoristas parece mesmo incorporar a retórica empresarial de que são autônomos e, assim, sofrem, morrem, mas não demandam ser menos explorados por seus empregadores.

Quase todas as análises sobre o movimento dos caminhoneiros, assim como ocorre em outros casos em que o assalariamento não é explícito, assimilam acriticamente a condição de "autônomos" dos trabalhadores, sem perceber que a própria designação é um elemento central da gestão do trabalho pelas empresas. Houve tabelamento dos fretes após 2018, mas isso não resolveu o problema dos motoristas, porque eles continuam sem qualquer garantia de direito nas relações, a começar por continuar a assumir os custos da atividade[77]. Enquanto isso, como a disputa foi centrada no custo do combustível, os empresários se aproveitam da afinidade eletiva entre patrões e empregados e apoiam (ou mesmo promovem) mobilizações dos "autônomos". Trabalhadores são precarizados e geridos pelas empresas de tal modo que direcionam seus esforços sem perceberem ou serem capazes de enfrentar quem fundamentalmente lhes impõe baixos rendimentos, grande instabilidade e péssimas condições de trabalho.

Em síntese, empreendedorismo, individualismo, assimilação da "autonomia", ações coletivas que não questionam o vínculo de emprego e demandam abaixo do mínimo já previsto na lei, perda de credibilidade da regulação protetiva, são estas algumas das manifestações da introjecção da narrativa sobre os "novos" trabalhadores que tem ajudado a reproduzir ou aprofundar a precarização do trabalho. Mesmo quando há mobilização, em muitos casos, as ações coletivas se baseiam em identidades de "empreendedores". Em suma, a assimilação da narrativa corporativa tem ajudado a legitimar a completa ausência de proteção ou rebaixar as demandas aquém do mínimo previsto em lei.

4.5. Os desejos empresariais como profecias autorrealizáveis

Se parte do campo do trabalho absorve integralmente as narrativas das "novidades" e defende ou consente com suas soluções, outra parcela relevante dos agentes e das entidades titubeia e denuncia os resultados produzidos pelas mudanças no mundo do trabalho, mas aceita os pressupostos das retóricas empresariais. No fim das contas, uma vasta gama de posições políticas e ideológicas incorpora, em algum grau, o discurso do capital, e isso tem contribuído para a efetividade das narrativas e o sucesso da ofensiva patronal.

---

[77] Alexandre Putti, "Caminhoneiros autônomos pedem socorro: 'Estamos pagando para trabalhar'", *CartaCapital,* São Paulo, 9 abr. 2021. Disponível *on-line*.

Esse processo de absorção do discurso empresarial restringe as forças do trabalho nas disputas com o capital ou até mesmo inviabiliza esse enfrentamento. Isso porque: 1) quem considera que as soluções das narrativas das "novidades" não são problemáticas, ou são inevitáveis, não contesta os objetivos empresariais; 2) quem critica os resultados das "mudanças", mas incorpora os pressupostos das narrativas, tende a criar uma oposição fraca ou nula, por enfocar as consequências e não as causas dos problemas. Assim, os argumentos contra as propostas do capital se enfraquecem, e soluções alternativas, quando aparecem, ou pioram problemas que realmente existem (como não defender o reconhecimento do vínculo de emprego porque a CLT é precária), ou são insuficientes para garantir o mínimo civilizatório (como admitir opções rebaixadas de contratação).

A assimilação da retórica patronal tem contribuído para manter um círculo vicioso dramático, porque crescentemente precarizante. Como muitos agentes e instituições aceitam o discurso do capital (mesmo que parcialmente), eles tendem a buscar o que acreditam ser um "meio-termo". Mas, à medida que "novidades" são atualizadas e radicalizadas, o campo do trabalho vai cedendo mais, e o "meio-termo" fica cada vez mais próximo do ideal buscado pelas empresas. Primeiro se aceita como solução "do meio" "flexibilizar" itens do contrato de trabalho; depois, que a empresa responda apenas subsidiariamente; em seguida, que a ela basta monitorar a "cadeia produtiva"; agora muitos admitem que os contratos sequer sejam de emprego, trocando-os por uma "terceira via" ou legislação específica. Com isso, realizam ações coletivas ou institucionais em que aceitam que as empresas atuem abaixo do mínimo legal, aproximando a responsabilidade empresarial e o direito do trabalho ainda mais da inexistência normativa ou factual. Ou seja, o capital, seguindo sua lógica sem limites e com a contribuição (intencional ou não) de parte dos trabalhadores e de suas instituições, vai levando o "meio-termo" da regulação protetiva do trabalho para o extremo que deseja: a desaparição.

Não se trata de afirmar que a absorção do discurso empresarial é simplesmente consequência de ingenuidade ou peleguismo. Pode-se argumentar que a assimilação das narrativas está relacionada às mudanças na estrutura ocupacional e à crescente incorporação de trabalhadores a vínculos precários. Isso é ainda mais grave nos países periféricos, que já tinham a precariedade como característica de seus mercados de trabalho e agora veem esse quadro se acentuar. Contudo, as mudanças nos mercados de trabalho são justamente parte de uma ofensiva do capital; trata-se de um processo político, e o fato de as forças do trabalho absorverem a retórica empresarial dificulta a resistência e ajuda a criar uma espécie de profecia autorrealizável. Isso porque as posições adotadas por trabalhadores e instituições ajudam a tornar reais as narrativas, ou melhor, os objetivos empresariais que estão presentes nelas: a alteração e a legitimação de práticas e políticas públicas conforme são assimiladas.

Ou seja, as narrativas têm se tornado espécies de profecias autorrealizáveis quando aqueles que deveriam ou poderiam fazer oposição a esses ataques acreditam nelas. Seja no que concerne à relação entre emprego e direitos, às novas empresas e novas formas de trabalho ou aos novos trabalhadores, facilitam-se a "inevitabilidade" das reformas trabalhistas e da terceirização, a "autonomia" dos entregadores, o "anacronismo" da CLT. Por óbvio, autorrealizáveis nas narrativas são os objetivos do capital, e não suas promessas.

Parte desse processo de assimilação se relaciona com uma espécie de conciliacionismo[78] que parece assolar o campo do trabalho, em geral justificado por "pior seria se não aceitasse o meio-termo". Calculada ou não, essa conciliação tem criado uma dinâmica, sem data para acabar, de consentimento e deterioração do novo "meio-termo", aproximando-nos do "pior" que essa estratégia alega querer evitar. Nosso objetivo aqui não é analisar as razões da assimilação do discurso, mas demonstrar que a absorção ocorre e quais são suas consequências. Perceber esse processo de assimilação e de facilitação dos objetivos do capital pode ser justamente o primeiro passo para sair desse círculo vicioso.

Esse cenário ganha ares de tragédia irônica, pois os argumentos centrais dessas narrativas (a inviabilização da regulação do direito do trabalho pela tecnologia, a maior autonomia dos trabalhadores, a maior chance de empreender sozinho) são não apenas inconsistentes como efetivamente contraditados pelas evidências empíricas, pois nunca foi tão fácil regular, tão difícil empreender individualmente, tão intensa a subordinação do trabalho.

Por sua inconsistência, pela não verificação empírica das promessas, e pelas resistências (mesmo que frágeis e rebaixadas) que surgem no campo do trabalho quando este se torna menos atônito, as narrativas se repetem com novos trajes para tentar manter convencidos os que já as assimilaram e convencer os resistentes de que "agora vai dar certo". Mas, ao fazer isso, as retóricas não apenas se mantêm vivas como se radicalizam, o que ajudar a aprofundar suas consequências. Esse "agora vai" tem empurrado cada vez mais para o extremo as narrativas e a deterioração da proteção e das condições de trabalho.

Em suma, à medida que a ofensiva patronal avança e as condições se deterioram, com mudanças como aumento do desemprego e o aprofundamento da piora das ocupações, as forças do trabalho se colocam mais e mais na defensiva,

---

[78] Para as instituições de regulação do direito do trabalho, ver Vitor Araújo Filgueiras, *Estado e direito do trabalho no Brasil*, cit.; idem, "O Ministério Público do Trabalho e a flexibilização do direito do trabalho", *Encontro Nacional da Associação Brasileira de Estudos do Trabalho* (Abet), Curitiba, 2013; idem, "Justiça do Trabalho e a conciliação impossível", *Revista do Tribunal Regional do Trabalho da 15ª Região*, Campinas, v. 1, 2014; idem, *NR 12: Máquinas, equipamentos, dedos, braços e vidas: padrão de gestão da força de trabalho pelo empresariado brasileiro*, Campinas, 2014, disponível *on-line*; e idem, "Padrão de atuação da fiscalização do trabalho no Brasil: mudanças e reações", *Revista de Ciências Sociais Política & Trabalho*, v. 2, n. 41, jan. 2015.

de modo que a assimilação das narrativas tem se tornado cada vez mais provável. Assim, se a assimilação das narrativas é um fator que ajuda a reproduzi-las e, por conseguinte, a reproduzir as práticas precarizantes, estas práticas e o cenário daí advindo também contribuem para que as narrativas sejam mais facilmente assimiladas, em um processo de retroalimentação.

O fato é que, como temos discutido ao longo deste livro, houve mudanças relevantes no mundo do trabalho nas últimas décadas, mas não do modo como as narrativas das "novidades" apresentam e parte do campo do trabalho absorve. A rigor, a principal mudança no mundo do trabalho são a própria ofensiva do capital e seus resultados, para os quais a assimilação das retóricas patronais tem contribuído.

5
Precisamos de novidades

Este livro discute um aspecto da relação entre as classes sociais: o uso do discurso como forma de legitimação e convencimento. Ele é ainda mais específico, analisando um ponto da retórica empresarial, qual seja, o uso da ideia do "novo" para promover e garantir práticas e políticas públicas que atendam seus interesses. Apesar desse recorte limitado, penso se tratar de um aspecto importante da ofensiva do capital nas últimas décadas, especialmente por contribuir para criar um círculo vicioso de limitação das resistências de trabalhadores e suas instituições.

Desde a crise do compromisso entre classes que produziu a chamada Era de Ouro do capitalismo (a que se somou o fim das experiências ditas socialistas), o campo do trabalho não foi capaz de se apresentar como agente da transformação social. A ideia do "novo" é muito apelativa em momentos de crise, quando mudanças tendem a ser vistas como solução para os problemas enfrentados. Trabalhadores e suas instituições viram o capital preencher esse espaço com as narrativas das "novidades" e fortalecer sua agenda no conjunto da sociedade.

Em particular, quando as forças do trabalho aceitam, total ou parcialmente, as narrativas das "novidades", o debate tende a se restringir ao campo delimitado pelo capital e próximo a seus objetivos. Uma solução ou um acordo de "meio-termo", nessas condições, já é hipótese muito favorável às empresas. Sair desse círculo vicioso demanda parar de apreender a retórica empresarial sem questioná-la integralmente, mesmo naqueles aspectos que parecem meramente descritivos. As aparências das relações de trabalho (contratos, nomenclaturas) podem e comumente são criadas com o objetivo de disfarçar sua essência e dificultar seu questionamento. Assim, é indispensável que uma postura (auto)crítica se torne costume no campo do trabalho, ou "novidades" e outras estratégias empresariais sequer serão encaradas como merecem.

É preciso que as forças do trabalho criem suas próprias narrativas e proponham soluções alternativas às pautas dominantes. Já há, a rigor, muitos exemplos de enfrentamento aos discursos das "novidades" por meio de diferentes iniciativas ao redor do planeta, algumas mais e outras menos abrangentes. É verdade que elas não têm sido capazes de fazer frente à retórica do capital mesmo no campo do trabalho. Em alguns casos, contudo, elas atingem a raiz das "novidades", confrontando e buscando (eventualmente conseguindo) resultados positivos para aqueles que vivem do trabalho. Isso demonstra que é possível não apenas se opor à retórica empresarial, como ter resultados diferentes dos que ela apresenta como ameaça, o que ressalta o caráter ideológico das narrativas, pois não são, nem nunca foram, inexoráveis.

A situação atual de crise abre uma janela de oportunidade para fortalecer ou criar alternativas. Para ajudar nessa empreitada, é possível denunciar as contradições das próprias narrativas empresariais e aludir a suas promessas para lutar pela efetivação destas. As contradições das narrativas podem ser exploradas porque elas indicam caminhos alternativos para mudar a situação em que nos encontramos. E suas promessas de mais liberdade, poder e democracia para os trabalhadores, apesar de manipuladas ideologicamente para serem usadas contra quem trabalha, podem ser transformadas em pautas a serem conquistadas, usando contra o próprio capital o veneno empresarial da subversão retórica.

Quanto mais radicais, no conteúdo, forem as iniciativas adotadas pelo campo do trabalho, maior a chance de elas colaborarem para restabelecer parâmetros civilizatórios para a disputa com o capital. Se em qualquer luta política é pouco crível que alguém consiga mais do que pede, isso é ainda menos plausível para o trabalho assalariado. Contudo, as forças do trabalho estão nas cordas e, em grande medida, continuam aceitando andar para trás como se a ofensiva fosse parar por iniciativa do adversário.

Se, em contextos mais favoráveis, chegar a uma conciliação com o adversário pode significar ceder a pauta ideal para obter um "meio-termo" em alguma medida civilizatório, atualmente conciliar tem sido aceitar os termos da disputa em limites estreitos e que coincidem quase integralmente com a própria pauta do capital. Ou seja, até para uma hipótese futura e civilizada de conciliação seria mais promissor refutar acordos nos termos hoje impostos pelo capital, ampliando o horizonte das posições e reivindicações. Por exemplo, mesmo nos marcos do capitalismo, o direito do trabalho pode ser impositivo e criar situações em que o capital deve se adaptar aos seres humanos que trabalham, e não o contrário. Todavia, ainda mais promissoras, mesmo para aqueles que defendem horizontes menos ambiciosos, são as iniciativas com conteúdo e perspectivas que vão além do capital.

O desastre resumido no capítulo 3, com as frustrações, o sofrimento e os ressentimentos a ele associados, acabou por ajudar a semear a ascensão do neofascismo e similares ao redor do mundo. Esse processo foi facilitado porque as forças civilizatórias estiveram acuadas e não foram capazes de construir uma alternativa convincente. E não o foram porque, entre outras razões, compraram e continuam comprando as narrativas das "novidades", trabalhando nos limites delimitados pelo capital de forma constrangida e cada vez mais próxima ao extremo desejado por ele.

Não pretendo prescrever nenhum tipo de receita sobre o que deve ser feito para melhorar as condições de luta do trabalho contra o capital, nem abordar todos os aspectos a serem considerados na construção de um projeto dessa natureza. Tampouco vou entrar no mérito dos papéis que cabem aos ou podem ser assumidos por trabalhadores, sindicatos e outras formas de organização, determinadas instituições do Estado e até as frações progressistas da academia, aqui congregados como campo ou forças do trabalho. O objetivo deste capítulo é muito mais modesto, qual seja, indicar alguns pontos que, por sua importância, merecem ser ponderados, à luz do cenário atual e dos eixos em que se apresentam as narrativas das "novidades", a fim de aumentar as chances de sucesso de quaisquer que sejam as iniciativas adotadas e os agentes do campo do trabalho envolvidos.

5.1. Cenário internacional, trabalho e política do pleno emprego

O panorama internacional das últimas décadas foi menos amigável a políticas de desenvolvimento que tivessem como norte o pleno emprego e a proteção ao trabalho. São diversos e de diferentes ordens os fatores que explicam esse cenário, como o esgotamento da conciliação capital x trabalho estabelecida no pós-guerra e o fim da arquitetura institucional, financeira e produtiva que acelerou o desenvolvimento nos países centrais e facilitou o crescimento de parte da periferia. O fim do fantasma soviético ajudou o capital a procurar uma dominação pouco conciliadora, enquanto globalização, neoliberalismo, reestruturação produtiva e financeirização formavam um ambiente com restrições a receitas alternativas.

No cenário internacional atual, ainda é forte o discurso de que é inescapável "diminuir" a interferência do Estado em políticas voltadas ao desenvolvimento, à ampliação e à melhoria dos empregos. Contudo, nos últimos decênios, ao redor do mudo, cortes de gastos públicos, liberalizações financeiras e comerciais, privatizações e reformas trabalhistas e de outros direitos sociais precarizaram o trabalho e aumentaram a desigualdade, sem reduzir o problema do desemprego.

Por outro lado, há vários exemplos de que, mesmo nesse período, quando políticas protetivas foram adotadas, os indicadores do mercado de trabalho melhoraram sem prejuízo para o emprego. No Reino Unido, após a introdução do salário mínimo (que havia sido eliminado no período anterior de reformas), o salário médio aumentou 34% entre 1997 e 2007[1]. No mesmo intervalo, a participação

---

[1] Vale frisar que o salário mínimo britânico, depois de 2008, sofreu queda e só recuperou seu valor, em termos reais, em 2017, o que ajuda a entender a atual manutenção dos salários médios abaixo dos níveis de 2007.

dos salários no PIB passou de 53% para 58,3%[2]. O desemprego, que era de 8,1% em 1996, se reduziu e ficou em 5,3% em 2007[3].

O caso da Alemanha é interessante. A contenção dos salários no período das reformas (2003-2007) pode ter incentivado o aumento das exportações, contudo, segundo um conjunto de autores, "a dinâmica interna mais forte teria compensado a demanda externa mais fraca e o crescimento e o emprego teriam sido maiores"[4] sem a desvalorização interna. De fato, após a crise de 2008, o consumo passou a crescer mais rápido que a exportação, e o desemprego total (desocupação aberta mais subutilização de horas) começou a cair justamente quando políticas de austeridade e de regulação do trabalho sofreram alterações, como a ampliação da cobertura dos acordos coletivos. Entre 2008 e 2018, o custo do trabalho cresceu 24%. Entre 2012 e 2018, o incremento foi de 13,4%, mais que a média de todos os países que têm o euro como moeda. Os salários médios subiram 15,8% entre 2009 e 2019[5]. Enquanto isso, o desemprego total caiu de 13,2%, em 2010, para 6%, em 2019[6]. O percentual de ocupados por tempo parcial, mas que necessitavam trabalhar mais (ou seja, desempregados por subutilização de horas), decresceu seguidamente, saindo de 20,3%, em 2010, até atingir 8,5%, em 2019[7].

Por isso, parece plausível o argumento de Lehndorf de que "o desenvolvimento econômico e do mercado de trabalho relativamente positivo na Alemanha não deve ser atribuído à desvalorização interna acarretada pela 'Agenda 2010' antes da crise financeira, mas sim às primeiras tentativas de limitar os danos causados por essas reformas"[8]. Vale destacar que, com a introdução do salário mínimo na Alemanha, em 2015, em apenas cinco anos (2014-2019) o salário médio cresceu 8,1%[9]. No mesmo período, a desocupação aberta, que era de 5%, caiu para 3,1%, e o desemprego total, de 9,3% para 6%[10].

Por óbvio, os arranjos internacionais produtivos e regulatórios condicionam as estratégias adotadas; contudo, em qualquer país capitalista, o papel do Estado é fundamental para um desenvolvimento civilizado, e ainda mais em um país periférico, com suas debilidades estruturais e desvantagens competitivas. Em países

---

[2] Dados da Ilostat.
[3] Dados da OCDE.
[4] Alexander Herzog-Stein, Fabian Lindner e Rudolph Zwiener, *Is the Supply Side all that Counts? How Germany's One-sided Economic Policy Has Squandered Opportunities and is Damaging Europe* (Düsseldorf, Institut für Makroökonomie und Konjunkturforschung, 2013, IMK-Report n. 87), p. 17.
[5] Dados da OCDE.
[6] Dados da Ilostat.
[7] Dados da OCDE.
[8] Steffen Lehndorf, "Internal Devaluation and Employment Trends in Germany", em Martin Myant, Sotiria Theodoropoulou e Agnieszka Piasna (orgs.), *Unemployment, Internal Devaluation and Labour Market Deregulation in Europe* (Bruxelas, European Trade Union Institute, 2016).
[9] Dados da OCDE.
[10] Dados da Ilostat.

como o Brasil, um modelo passivo de inserção implica aceitar a "escada chutada" por Estados que no passado implementaram políticas ativas e deliberadas para o desenvolvimento de seu capitalismo nacional[11] – e, em muitos casos, continuam implementando, como evidencia a corrida da Indústria 4.0.

A estratégia de inserção passiva do Brasil na ordem internacional, na década de 1990, já prometeu, sem sucesso, dinamizar a economia e reduzir a desocupação. Na década seguinte, ao contrário, a experiência vivida pelo país evidenciou que políticas protetivas não só não prejudicam como podem fortalecer o crescimento e o emprego. Nos anos 2000, sem mudanças significativas na legislação do trabalho, houve aumentos sucessivos do salário mínimo, queda do desemprego e avanço da formalização.

Um primeiro passo para combater a falsa dicotomia entre custo do trabalho e emprego é enfatizar que a dinâmica da ocupação é multicausal e relacionada a uma série de outras políticas (fiscal, monetária, industrial, câmbio, comercial etc.). É por isso que a regulação pública do trabalho, ajudando ou atrapalhando, não determina o resultado final do nível de emprego. Hipoteticamente, a ocupação pode crescer com mercado de trabalho precário ou estruturado, dependendo do conjunto de políticas adotadas pelo Estado e das ações coletivas.

É possível que a regulação do direito do trabalho seja uma das variáveis que influenciam o nível de emprego, a depender de determinadas circunstâncias, mas vários outros fatores podem atenuar ou suplantar esse impacto. Ou seja, mesmo que haja incentivos (ou ainda que ocorram contratações/demissões) relacionados à regulação, eles podem ser suplantados por inúmeras outras variáveis, como preço de *commodities*, liquidez internacional e, especialmente, as características de outras políticas públicas. Essa é uma questão central para o debate, pois afirma seu caráter não determinístico.

Por isso, reforma que "flexibiliza" nunca é a única opção, nem medida suficiente, para a criação de empregos. Mesmo que se considere a hipótese de eventual estímulo positivo de uma reforma, outras políticas também podem promover o emprego. Portanto, reduzir direitos é uma escolha política sobre o que se quer das condições de vida e de trabalho da população. A regulação do direito do trabalho é essencialmente valorativa, depende do tipo de sociedade que queremos promover.

Após esse primeiro passo, é estratégico que a ampliação da proteção ao trabalho e o aumento dos salários sejam pensados como políticas, dentre outras, para induzir o crescimento do emprego, por ampliar e tornar mais estável a demanda efetiva, incrementando o consumo e instigando o investimento. A atual conjuntura facilita esse caminho, pois o contraste dos péssimos resultados das reformas com o sucesso das experiências de elevação de salários e direitos não parece coincidência: há um

---

[11] Ha-Joon Chang, *Chutando a escada: a estratégia do desenvolvimento em perspectiva* (trad. Luiz Antônio Oliveira de Araújo, São Paulo, Editora Unesp, 2004).

problema crônico de demanda efetiva no capitalismo contemporâneo. Trata-se de uma evidência da contradição da narrativa da "novidade", que promete resolver o problema do desemprego cortando demanda, quando o problema é justamente falta de gasto: há muito recurso centralizado que não é reinvestido produtivamente. Isso parece ainda mais acentuado nos países em que a grande desigualdade de renda é acompanhada por baixos níveis de investimento produtivo. As evidências empíricas, associadas às características estruturais e conjunturais de economias como a brasileira, indicam que a redução de direitos e renda do trabalho não promoveram e tendem a não promover o emprego[12].

Mesmo de forma tímida, o Brasil teve sucesso ao adotar, nos anos 2000, algumas políticas públicas consideradas impossíveis ou ineficientes, em particular a elevação do salário mínimo e, em período menor, dos investimentos públicos. Apesar das limitações em sua adoção, elas foram decisivas para garantir um período de mais de uma década de desemprego quase sempre em queda. O aumento salarial contínuo por mais de dez anos, dentro dos marcos da CLT, conviveu com elevação sistemática da formalização dos contratos e com redução do desemprego e da informalidade. Portanto, a elevação da população coberta por direitos e da renda do trabalho, ao elevar o consumo e a produção, instigando novos investimentos, provavelmente colaborou para (ou, no mínimo, não impediu) o crescimento do emprego no país no período de expansão econômica encerrado em 2014.

Essa relação entre indução da demanda e proteção ao trabalho como variável de promoção do emprego tem na Coreia do Sul o caso recente mais destacado. A dinâmica das políticas públicas sul-coreanas, desde 2017, é muito distinta da observada na maioria dos países. Ela começou com uma (anti)reforma trabalhista, cujos três principais objetivos foram justamente fomentar "o crescimento puxado pela renda, pela inovação e a promoção de uma economia mais justa"[13] – ou seja, o oposto da plataforma das "novidades" empresariais. Com a covid-19, o governo associou o cuidado sanitário com a população (o total de óbitos na Coreia do Sul é muito menor que os de um dia no Brasil) ao plano apelidado New Deal para, entre outros, ampliar o nível de atividade e o emprego[14].

Um dos eixos da reforma protetiva na Coreia do Sul, desde 2017, tem sido a elevação do salário mínimo. De fato, há mudança forte desde então, com incremento de 36,4% em 4 anos (até 2020), contra 16,4% na média da OCDE. Não

---

[12] Ver, entre outros, Vitor Araújo Filgueiras, "As promessas da reforma trabalhista: combate ao desemprego e redução da informalidade", em José Dari Krein, Vitor Araújo Filgueiras e Roberto Véras de Oliveira (orgs.), *Reforma trabalhista no Brasil: promessas e realidade* (Campinas/Brasília, Curt Nimuendajú, 2019).

[13] Jeong-Hee Lee, "Promises and Reality of Labor Reform in South Korea", *Cadernos do Ceas – Revista crítica de humanidades*, n. 248, dez. 2019, p. 766-87.

[14] Para um resumo da cena recente coreana, ver Vitor Araújo Filgueiras e Uallace Moreira, "Luz e trevas: Coreia e Brasil cada vez mais distantes", *Jornal GGN*, 13 set. 2021. Disponível *on-line*.

por acaso, na Coreia do Sul, os salários médios cresceram 6,2% entre 2016 e 2018 (o mesmo que nos sete anos anteriores somados). Apenas em 2018, o incremento foi de 4,2%. É sintomático que, naquele país, em 2018, a participação dos salários no PIB tenha crescido 1,5%, atingindo 61% – maior nível desde 2009[15]. Segundo os dados mais recentes, relativos a 2019, o salário médio dos sul-coreanos era 9,4% superior ao verificado em 2016, antes da nova política salarial. No período, a Coreia do Sul ultrapassou os salários médios da Itália e do Japão, de acordo com a OCDE.

A diminuição das jornadas de trabalho, outro eixo da reforma sul-coreana, também é evidente, apesar de elas ainda serem muito longas. A jornada anual dos empregados era de 2.033 horas em 2016, e caiu até 1.957 em 2019, ou seja, 6,3 horas a menos por mês – a redução para 1.927 em 2020 provavelmente esteve mais relacionada à covid-19, como nos demais países. O desemprego médio na Coreia do Sul, em 2016, foi de 3,7%; em 2020, com a pandemia, de 3,9%. Na média dos países da OCDE, a desocupação era de 5,4%, em 2019, e foi a 7,1%, em 2020. A Coreia do Sul mantém níveis de desemprego baixíssimos, ficando em 3,2% em julho de 2021[16].

Há iniciativas alternativas atualmente em pauta em outros países, a exemplo das disputas nos planos Biden, nos Estados Unidos[17], e das políticas recentemente adotadas e debatidas na Espanha (como o aumento do salário mínimo, a revisão da reforma trabalhista e a redução da jornada semanal para quatro dias)[18]. Ainda é cedo para avaliar, mas é possível que surja uma nova tendência de regulação econômica com a crise sanitária, uma espécie de "volta" do Estado como protagonista do desenvolvimento, o que na verdade seria a redução do poder quase absoluto do capital.

Criticar a suposta relação entre direito do trabalho e desemprego não é exatamente uma novidade, pois há muitos precedentes históricos e está na base da própria social-democracia. Contudo, a hegemonia atual é tão mal discutida que seu enfrentamento explícito, explorando a contradição da demanda efetiva e mostrando seu caráter valorativo como problema político de opção de sociedade, pode ser considerado uma grande novidade.

---

[15] Dados da Ilostat.

[16] Em que pese o ceticismo de analistas sul-coreanos como Joeng-Hee, que consideram lenta a implementação da reforma, ao menos na tríade empregos-salários-jornada há resultados positivos, particularmente nos salários. Ver Jeong-Hee Lee, "Promises and Reality of Labor Reform in South Korea", cit.

[17] Para uma síntese das políticas públicas e disputas sobre os planos Biden, ver Vitor Araújo Filgueiras e Sara Costa, "O Brasil na contramão do mundo? Trabalho, proteção social e desenvolvimento nos Estados Unidos", *Jornal GGN*, 22 ago. 2021. Disponível *on-line*.

[18] Para um resumo das medidas recentes na Espanha, ver Vitor Araújo Filgueiras e Alice Azevedo Magalhães, "Brasil: O único remanescente na corrida ao fundo do poço?", *Jornal GGN*, 30 ago. 2021. Disponível *on-line*.

Fortalecer esse debate, tornando-o menos conjuntural e mais consistente, demanda explicitar continuamente alguns pressupostos. Nos debates, muitas vezes surge uma dicotomia entre Estado e mercado, engendrando o que chamamos de liberalismo de *playground*: a crença de que o "tamanho" do Estado prejudica o mercado ou mesmo de que existe capitalismo sem Estado. O Estado é, na realidade, uma instituição que garante a propriedade e outras condições de existência do próprio capitalismo. Apenas em situações de guerra social existe empresa sem poder estatal: quem postula a supressão do Estado é a extrema esquerda, ao contrário do delírio de algumas correntes da direita.

Mesmo um Estado que promova a expansão do emprego dirigindo os recursos para a acumulação produtiva não necessariamente é progressista. Uma intervenção "mais forte" pode criar mais empregos, mas nada garante que será boa para os trabalhadores – é o que se vê de Malthus às muitas ditaduras que, como a instaurada no Brasil, induziram a aceleração da acumulação produtiva.

Assim, ter um Estado protagonista para puxar o crescimento é uma condição necessária, mas não suficiente para quem trabalha. Como o Estado, apesar de capitalista, pode atenuar as desigualdades que ele mesmo institui, precisamos de políticas que enfoquem outras variáveis para promover o emprego e que usem o custo do trabalho na direção contrária à proposta hegemônica, transformando-a numa variável de incentivo à demanda agregada.

O problema é que, mesmo elevando a acumulação do conjunto dos capitais, o pleno emprego tem caráter essencialmente político e tende a encontrar resistência empresarial, tanto pela redução de seu poder de alocação da riqueza quanto pelo menor disciplinamento dos trabalhadores, que tendem a se fortalecer quando o desemprego é baixo[19]. Assim, um cenário civilizado de capitalismo demanda enfrentar a resistência dos empresários não apenas aos direitos sociais, mas ao próprio pleno emprego.

No campo progressista, o problema do pleno emprego tem sido abordado pela hipótese da hegemonia do capital financeiro sobre o produtivo (muitos chamam isso de financeirização da economia). De fato, se deixado livre, o capital financeiro se reproduz mais rápido, como é de esperar. Mas será que os capitais produtivos são subordinados e prejudicados pelo financeiro? Em um cenário como o atual, não estaria a maioria dos capitais satisfeita com a exploração do trabalho favorecida pelo grande desemprego e enfraquecimento dos trabalhadores[20]? A grande coesão dos empresários, de todos os setores, em torno da pauta liberal, com fricções muito

---

[19] Ver texto quase profético de Michał Kalecki, "Aspectos políticos do pleno emprego", trad. José Carlos Ruy, *Jacobin Brasil*, 30 set. 2020. Disponível *on-line*.

[20] Dentro da heterodoxia, autores de matrizes teóricas distintas tendem a se aproximar por meio de um diagnóstico sobre o capitalismo atual que é comum na chamada prevalência do rendimento financeiro e patrimonial (Piketty), no rentismo (Stiglitz), na dominância das finanças (Chesnais) ou na acumulação por espoliação (Harvey). Outros, como Milios e Sotiropoulos, questionam a

pequenas comparadas ao consenso vigente, sugere uma resposta. O crescimento do produto agregado é menor, mas os vencedores conseguem margens brutais de apropriação da riqueza em um ambiente social (ainda) favorável.

Demonstrar como a regulação do trabalho é claramente valorativa e pode auxiliar o crescimento pode ajudar a torná-la uma pauta de compensação para a maioria das pessoas na sociedade capitalista, dando algum nível de proteção aos trabalhadores, mesmo que a economia tenha que ser adaptada para se tornar *wage--led*. No Brasil, há a vantagem de não ser preciso mudar a estrutura produtiva. Na Coreia do Sul, o lema da reforma busca enfrentar isso: "Por uma economia justa". Sendo mais direto, e isso tem de ficar explícito: proteção ao trabalho é uma compensação mínima das políticas públicas para justificar o capitalismo.

Numa perspectiva no interior da ordem vigente, as forças do trabalho precisam apresentar o direito do trabalho e o fortalecimento das entidades dos trabalhadores sempre como contrapartida mínima para o capitalismo existir. Em síntese, o debate tem de colocar em xeque o próprio capitalismo: ele só pode se justificar se garantir vida digna a todos.

5.2. Novas tecnologias, proteção e emancipação do trabalho

Entre as inúmeras contradições do capitalismo, está a tendência de que o avanço tecnológico não apenas não cumpra a promessa de emancipar as pessoas do sofrimento físico e do estranhamento em relação a seu trabalho como, ao contrário, seja concebido e empregado para subordinar ainda mais aqueles que não detêm sua propriedade. Iniciativas das forças do trabalho podem explorar essa contradição redirecionando a concepção e o uso das atuais tecnologias para promover seu potencial emancipatório, seja na regulação protetiva (no âmbito do trabalho assalariado), seja para além da lógica do capital.

O potencial emancipatório da tecnologia é evidente e mesmo intuitivo. Do uso da escada para alcançar locais mais altos ao emprego de robôs para uma miríade de tarefas, é possível liberar as pessoas de esforços físicos indesejados ou penosos, liberar as mentes para tarefas mais criativas, criar novos bens, aumentar a produção de riquezas, satisfazer mais pessoas distribuindo esses produtos. Por definição, os problemas sociais associados às tecnologias derivam da natureza de seu uso (no caso, privado e subsumido à lógica do lucro), e não ao próprio avanço técnico.

É evidente que as tecnologias não são neutras: elas costumam ser desenvolvidas instrumentalmente para o controle sobre o trabalho. Contudo, mesmo nesses casos, elas só ganham significado em operação, ou seja, nas relações que se estabelecem. Desse modo, mesmo que ferramentais técnicos dificultem uma utilização para outros

---

dominância da finança e do rentismo, afirmando que o capitalismo atual é favorável à valorização do capital como um todo e à imposição de estratégias agressivas de exploração do trabalho.

fins, isso normalmente pode ocorrer, a depender das relações que se estabeleçam para operá-las.

Se tornar a operação de uma prensa mecânica menos arriscada e desgastante demanda muita criatividade (se é que isso é possível), as TIC são muito mais flexíveis em termos de concepção, conteúdo e possibilidades de emprego. Assim, atualmente, há janelas de oportunidade claras para usar as tecnologias existentes para a proteção do trabalho, no âmbito do assalariamento, ou para desenvolver iniciativas que usem a técnica em favor do interesse coletivo e da própria emancipação do trabalho.

A) Tecnologia facilita a proteção ao trabalho assalariado

Sabemos que as plataformas, nos moldes mais conhecidos hoje, são desenvolvidas e programadas para ampliar o controle do capital sobre o trabalho. Contudo, sua forma de processamento e armazenamento de dados e informações pode facilitar muito a proteção ao trabalho assalariado. Com as plataformas, efetivar direitos se tornou muito mais fácil operacionalmente: a quantidade de informações é inédita; seu armazenamento, potencialmente perpétuo; seu processamento permite garantir de modo mais preciso, seguro e transparente a efetividade das normas. Alguns países já começaram a tomar medidas para aproveitar essas vantagens, como veremos.

Dar efetividade aos direitos previstos para a classe trabalhadora é um desafio que constitui a própria história do movimento operário e do direito do trabalho. Desde os primórdios das normas de proteção ao trabalho, o capital luta sem cessar contra a aplicação delas. Agora, ao contrário do que usualmente tem sido anunciado, com o advento das novas TIC e seu uso pelas empresas na gestão e controle do trabalho, nunca foi tão fácil, do ponto de vista técnico, efetivar o direito do trabalho. As novas tecnologias tornam muito mais rápido, preciso e incontroverso identificar os trabalhos realizados, seus movimentos e duração, assim como o cumprimento de normas de proteção ao trabalho.

Se antes a comprovação dos acontecimentos no curso da relação de trabalho (por exemplo, data de admissão, tarefas, horas extras realizadas etc.) dependia de testemunhas, papéis e inspeções *in loco*, agora se encontra minuciosa e detalhadamente disponível na rede e nas bases de dados das empresas, para os trabalhadores tomados isolada ou coletivamente: jornadas de trabalho, descansos, pagamentos, tarefas, enfim, todos os aspectos da relação de emprego podem ser apurados. Para acessar essas informações, basta a algum órgão estatal requisitá-las. Isso já foi feito, por exemplo, em Nova York, apurando-se que a grande maioria dos motoristas em serviços de transporte de passageiros recebia menos que o salário mínimo da cidade[21]. Na Espanha, processos têm suscitado a realização de perícias nos "aplica-

---

[21] James A. Parrot e Michael Reich, *An Earnings Standard for New York City's App-based Drivers: July 2018 Economic Analysis and Policy Assessment* (Nova York, CNYCA/CWED, 2018). Disponível *on-line*.

tivos" com resultados igualmente precisos, como pagamentos inferiores aos salários profissionais. Tais precisão e potencial de transparência que as TIC viabilizam têm de ser uma plataforma de luta no campo do trabalho.

Também a efetivação das normas se tornou tecnicamente muito mais fácil com as novas tecnologias. Em vez de audiências, compromissos, eventual uso da polícia, procura por bens etc., basta interpelar diretamente a plataforma, sob ameaça ou realização de bloqueio ou de intervenção em seu funcionamento. Impor limites de duração e intensidade de trabalho, instituir descanso, férias, pagamentos mínimos e de horas extras e procedimentos de segurança do trabalho, entre outras obrigações, torna-se muito simples e eficaz.

Outro exemplo importante da utilização da tecnologia na Espanha para a proteção do trabalho aconteceu com a aprovação, em 2021, da lei que determina que a representação dos trabalhadores nas empresas de entrega tem o direito de

> ser informada pela empresa dos parâmetros, regras e instruções em que se baseiam os algoritmos ou sistemas de inteligência artificial que afetam a tomada de decisões que podem impactar as condições de trabalho, o acesso e a manutenção do emprego, incluindo a elaboração de perfis.[22]

Vimos que, justamente quando é mais fácil proteger o trabalho do ponto de vista tecnológico, mais difícil está implementar essa regulação em termos políticos, em consequência do aprofundamento da assimetria entre capital e trabalho. Contudo, o resultado desse processo não é inexorável. A rigor, o caso espanhol ilustra uma tendência recente nas decisões sobre a natureza do vínculo entre "plataformas" e trabalhadores em vários países, como veremos na seção 5.3, o que pode ensejar uma mudança qualitativa no uso das TIC na regulação do trabalho assalariado.

Parte essencial da resistência ao uso das tecnologias para precarizar o trabalho reside na refutação das narrativas dos empregadores, sua denúncia e reversão da contradição que elas engendram quanto à proteção do trabalho assalariado.

B) Tecnologia para além do capital: socialização das plataformas

Mais que viabilizar a proteção do trabalho assalariado, as tecnologias, em geral, e as novas TIC, em particular, podem promover formas de organização da produção e do trabalho que transcendem o trabalho subordinado. Não se trata do sonho (ou pesadelo) da chamada economia do compartilhamento[23], mas de iniciativas de inversão do uso da técnica para benefício privado.

---

[22] Chefia de Estado da Espanha, *Real Decreto-ley 9/2021*, de 11 de maio de 2021.
[23] Expressão otimista inicialmente usada para identificar os negócios que surgiram com as plataformas. O nome deriva da suposição de que eles seriam baseados no compartilhamento de bens e serviços entre multidões, antes dispersas, de consumidores e produtores.

Nos últimos anos têm ocorrido muitos pedidos de socialização de plataformas, para que as novas tecnologias sejam utilizadas para o interesse coletivo. Surgem também iniciativas de políticas públicas com diversas funções de interesse coletivo, como prestação e informação, visando eliminar as possibilidades de exploração como monopólio e beneficiar a sociedade[24].

No campo do trabalho, como veremos na seção 5.4, estão em construção e operação muitas iniciativas em que os próprios trabalhadores buscam controlar efetivamente o processo de produção e de trabalho, eliminando o uso privado da tecnologia como ferramenta de exploração. Queremos destacar, no momento, que existe um imenso espaço para a implementação de políticas públicas, em escala mundial, que mobilizem as TIC para a melhoria das condições de trabalho e de vida (e até das contas públicas) de um contingente gigantesco de pessoas ocupadas em mercados estabelecidos, mas majoritariamente precários. São muitas as opções de ações que, mesmo sem nenhum conteúdo político revolucionário, podem usar a tecnologia em benefício da coletividade e causar mudanças estruturais em parcela importante dos mercados de trabalho.

Trago aqui o exemplo do trabalho efetivamente autônomo. No mundo todo, há setores econômicos tradicionalmente dominados pelo trabalho por conta própria. Basta pensar na miríade de serviços relacionados às instalações domésticas e aos equipamentos pessoais. Esses trabalhadores normalmente convivem com uma inserção modesta ou precária no mercado. Nos países subdesenvolvidos, é ainda mais acentuada a precarização e maior sua participação no mercado. No Brasil, por exemplo, em 2019, cerca de 25% dos trabalhadores se consideravam autônomos (dado que inclui assalariados disfarçados), e, dentre eles, sete de cada dez não contribuíam para o INSS, segundo a Pnad. Desse modo, a grande maioria dos trabalhadores autônomos em atividade não possui direito a qualquer proteção da seguridade social, como auxílio financeiro em caso de doença ou acidente, pensão por morte ou expectativa de aposentadoria. Ademais, entre os autônomos sem CNPJ, os rendimentos mensais estão praticamente estagnados desde 2015, oscilando em torno de R$ 1,4 mil, ainda segundo a Pnad, o que hoje é pouco mais de um salário mínimo. Portanto, além de desprotegida, essa parcela da população ocupada vive com renda muito reduzida[25].

Diante desse cenário, o projeto Caminhos do Trabalho, por meio de uma parceria entre UFBA, MPT e Unicamp, está desenvolvendo a chamada Plataforma do Trabalho Decente (PTD). A PTD buscará ser empregada como política pública para que os trabalhadores efetivamente autônomos ofereçam seus serviços a uma clientela

---

[24] Ver, por exemplo, propostas de Ursula Huws em "Desmercantilizar as plataformas: entrevista com Ursula Huws", *Digilabour*, 4 out. 2020. Disponível *on-line*.

[25] Para comparar, vale indicar que mesmo os empregados sem carteira de trabalho, cuja desproteção também é evidente, ganham por volta de R$ 2 mil, segundo a Pnad.

maior e com parâmetros mínimos de operação para ampliar a renda e melhorar suas próprias condições de vida. Todos os serviços terão um preço mínimo definido coletivamente (nunca menor que o salário mínimo proporcional), e a plataforma fará (ou garantirá) o recolhimento mensal do INSS para todos os trabalhadores.

A PTD será cogerida pelo poder público e pelos próprios trabalhadores (estes já estão participando desde a concepção)[26] em todos os aspectos de seu funcionamento. Não haverá taxas nem qualquer espécie de obrigação dos participantes. Preços, requisitos de qualificação, formas de prestação dos serviços, captação de clientes, informações dos perfis, tudo será definido pelos trabalhadores, ao mesmo tempo de forma coletiva (os parâmetros mínimos) e individualmente (o que cada um praticará acima do mínimo). Outros direitos (como remuneração de férias), além da seguridade social, também serão decididos coletivamente.

O papel do poder público, em particular dos estados e municípios que aderirem aos termos da PTD, é acompanhar o funcionamento do sistema, seguindo todos os parâmetros constantes na plataforma, para garantir que a iniciativa não seja desvirtuada, a exemplo de tentativas de uso para contratação dos trabalhadores por empresas que não querem admiti-los como empregados formais. Em suma, a PTD é um exemplo de política pública projetada para efetivar no mundo real as promessas de mais poder e flexibilidade feitas pelas empresas que se autodenominam plataformas para ludibriar trabalhadores e suas instituições.

Inicialmente, a PTD vai contemplar os chaveiros, entre outras razões, porque esses profissionais tradicionalmente autônomos têm demanda muito estabelecida e não estão sujeitos a grandes riscos à saúde (como os eletricistas) nem de subordinação aos clientes (como o serviço doméstico). É também uma atividade realizada por uma quantidade significativa de trabalhadores. No Brasil, em 2019, a Cnae que inclui chaveiros, relojoeiros e assemelhados tinha mais de 300 mil trabalhadores autônomos ocupados no Brasil, segundo a Pnad. Só em Salvador, onde provavelmente ocorrerá o primeiro piloto da PTD, são 4,5 mil autônomos, mais de 80% deles sem contribuir para o INSS.

Assim, já em sua primeira etapa, a PTD pode contemplar um número grande de trabalhadores sem acesso aos direitos básicos da seguridade social. Sua ampliação depende, fundamentalmente, da adesão de governos estaduais e municipais. Como muitos destes se apresentam como apoiadores do campo do trabalho, há um potencial enorme de multiplicação da plataforma por vários locais do Brasil. A plataforma terá código aberto, ou seja, pode ser copiada e adaptada em todo o mundo.

No debate sobre o trabalho assalariado, é essencial refutar e denunciar a natureza ideológica do "dilema" entre tecnologia e desemprego, como se trabalha-

---

[26] Treze trabalhadores já foram entrevistados ou ainda mantêm contato com o projeto para apresentar opiniões sobre a plataforma, seu funcionamento etc., e participarão dos testes dos protótipos em todas as suas fases.

dores fossem rivais dos meios de produção. Não há determinismo tecnológico em relação ao emprego, que depende da dinâmica da acumulação. Nesse sentido, a questão é conseguir impor, como justificação para o próprio capitalismo, políticas de crescimento que vão além de compensar a automação e que repartam os ganhos de produtividade. Ou, em uma perspectiva mais libertadora, que o avanço da tecnologia seja pensado como oportunidade para tornar seu uso democrático, visando ao bem comum e não privatizado. Em suma, as forças do trabalho precisam pautar o debate e buscar iniciativas com base na adequação das tecnologias às pessoas e não o contrário, que é o que acontece quando ela é subsumida à lógica do lucro.

5.3. Novas empresas e democratização das relações de trabalho

Se a concepção e o uso da tecnologia, subsumidos ao capital, engendram suas próprias contradições, estas fazem parte daquela que é, talvez, a maior contradição do capitalismo: a promessa de igualdade e liberdade em uma sociedade na qual a produção da riqueza é estruturalmente antidemocrática e, portanto, inviabiliza a realização de suas projeções.

Nas últimas décadas, a narrativa das "novas" empresas e "novas" relações de trabalho tem levado ao extremo essa contradição estrutural do capitalismo. Nos últimos anos, em especial, a retórica parece brincar com fogo, pois anuncia totais autonomia e liberdade dos trabalhadores justamente quando eles estão mais subordinados ao arbítrio patronal.

As forças do trabalho podem expor essa contradição e cobrar essa fatura, ou seja, demandar a efetividade dessas promessas e exigir mais democracia, de fato, no trabalho. O direito do trabalho e as ações coletivas dão alguns passos nessa direção, pois diminuem o despotismo patronal sobre os trabalhadores. Contudo, a imposição de barreiras ao arbítrio do capital precisa ser ativa, não se limitando a adaptar-se aos passos dados pelas empresas. Ainda assim, por mais avançadas que sejam as ações protetivas, elas não alteram a hierarquia que estrutura o trabalho assalariado, de modo que qualquer luta que tenha como horizonte a democracia plena precisa pensar para além do capital.

A) Nova tendência mundial de negação da retórica extrema das "plataformas"

Ao menos desde 2020, uma série de ações das instituições de regulação do direito do trabalho tem batido de frente com a face mais extrema da retórica das "novas" empresas: o argumento de que as "plataformas" são empresas de tecnologia, meras intermediárias, e os trabalhadores seriam autônomos. Em meio ao poder adquirido pelas "novidades", essas iniciativas engendram um alento civilizatório para as relações de trabalho no mundo.

Na Espanha, após disputas na primeira instância, quatro cortes superiores que se pronunciaram sobre o trabalho dos entregadores de "aplicativos" reconheceram seus vínculos de emprego. Em setembro de 2020, o Tribunal Supremo do país confirmou a natureza empregatícia da relação entre corporações e trabalhadores de "aplicativo", com base no fundamento de que a empresa

> não é uma mera intermediária na contratação de serviços entre comerciantes e entregadores. É uma empresa prestadora de serviços de entrega e correio, estabelecendo as condições essenciais para a prestação desse serviço. E é a dona dos bens essenciais para o desempenho da atividade. Para isso, utiliza entregadores que não possuem organização empresarial própria e autônoma, que prestam seus serviços inseridos na organização do trabalho do empregador.[27]

Finalmente, em 2021, foi editada lei (Real Decreto-ley 9/2021) que presume o vínculo de emprego entre entregadores e corporações na Espanha. O reconhecimento do assalariamento dos trabalhadores de "aplicativos" tem sido regra em decisões das altas cortes de vários países. No Reino Unido, a decisão UKSC 2019/0029 da Suprema Corte, de fevereiro de 2021, refuta o argumento da Uber de que os motoristas seriam autônomos, pois, em resumo:

> Pode-se verificar que o serviço de transporte realizado pelos motoristas e oferecido aos passageiros por meio do aplicativo Uber é muito bem definido e controlado pela Uber. Além disso, é projetado e organizado de modo a fornecer um serviço padronizado aos passageiros em que os motoristas são percebidos como substancialmente intercambiáveis e pelos quais a Uber, mais que os motoristas individuais, obtém o benefício da fidelidade do cliente e da boa vontade. Do ponto de vista dos motoristas, os mesmos fatores – em particular, a incapacidade de oferecer um serviço diferenciado ou de definir seus próprios preços e o controle da Uber sobre todos os aspectos de sua interação com os passageiros – significam que eles têm pouca ou nenhuma capacidade de melhorar sua posição econômica por meio de habilidade profissional ou empreendedora. Na prática, a única maneira pela qual eles podem aumentar seus ganhos é trabalhando mais horas e, ao mesmo tempo, atendendo às medidas de desempenho da Uber.[28]

A decisão dá detalhes do controle da empresa sobre os trabalhadores: as imposições unilaterais de contratos e preços do serviço, a proibição da captação de clientes, a punição pela negativa de corridas, em suma, medidas que inviabilizam o "empreendedorismo" dos motoristas.

A divisão de apelação da Suprema Corte de Nova York, nos Estados Unidos, em dezembro de 2020 também apontou que a Uber tem no serviço de transporte seu negócio, controlando completamente as atividades e os trabalhadores, desde o

---

[27] Poder Judicial da Espanha, "El Tribunal Supremo declara la existencia de la relación laboral entre Glovo y un repartidor", *Comunicación Poder Judicial*, 23 set. 2020. Disponível *on-line*.
[28] Caso "Uber BV and others v Aslam and others". Disponível *on-line*.

contato dos motoristas com os consumidores, o preço dos serviços e o percentual de que se apropria. Em março de 2020, o órgão judiciário máximo da França, a Corte de Cassação, reconheceu o vínculo empregatício com a "plataforma", pois o trabalhador não constitui clientela própria, não fixa livremente seus preços nem as condições de exercício de seu serviço de transporte. Ademais, a empresa não deixa o motorista, de fato, escolher livremente rotas nem clientes e pode desligá-lo temporariamente, por recusas de viagens, ou em definitivo, por taxa de cancelamento de pedido ou relatos de "comportamento problemático". Em suma, trata-se de "desempenho de trabalho sob a autoridade de um empregador que tem o poder de dar ordens e diretrizes, de controlar sua execução e punir as violações, e [...], portanto, a condição de trabalhador autônomo do motorista era fictícia"[29].

Vale também citar os casos do Tribunal de Apelação de Amsterdã, na Holanda (fevereiro de 2021), da Bundesarbeitgericht (equivalente ao TST) na Alemanha (dezembro de 2020), além da Commission administrative de règlement de la relation de travail, na Bélgica (janeiro de 2021), e da Corte di Cassazioni, na Itália (janeiro de 2020), todos eles apontando o caráter fraudulento da contratação de trabalhadores pelas "plataformas" como se fossem autônomos. Quiçá as coisas mudem no Brasil, e nossos trabalhadores possam ter seus direitos reconhecidos.

Contudo, reconhecer o vínculo de emprego é o mínimo, apenas o primeiro passo para garantir condições básicas de salário e vida. É preciso avançar para a efetividade dos demais direitos e a redução do despotismo empresarial, a começar pela imposição de convenções coletivas até alcançar a própria gestão do algoritmo. São objetivos ainda mais plausíveis agora, quando nunca foi tão fácil, tecnicamente, permitir a participação dos trabalhadores na gestão de suas condições de trabalho.

B) Direito do trabalho e adaptação do capital aos trabalhadores

O direito do trabalho, seja por meio da legislação, seja por meio de negociações coletivas que avancem além da legislação, atenua o despotismo empresarial. Ele insere outros agentes no processo decisório do assalariamento, em que, por definição, os trabalhadores individuais têm pouquíssima ou nenhuma voz diante do capital. Nesse sentido, o direito do trabalho institui algum nível de democratização nas relações de trabalho.

Nos debates recentes, muitos não percebem (ou fingem não perceber) que o direito do trabalho é uma base protetiva. Ao contrário de retirar a liberdade do trabalhador, reconhece que o poder do empregador sobre ele limita (ou elimina) a liberdade e, com isso em vista, estipula limites ao poder do empregador sobre empregado, conferindo a quem trabalha alguma segurança para poder disputar, em certa medida, as dinâmicas da relação de trabalho. Verbalizar que aceita longas

---

[29] Disponível em: <www.courdecassation.fr/jurisprudence_2/chambre_sociale_576/374_4_44522.html>. Acesso em: 2 nov. 2021.

jornadas, receber menos que o salário mínimo ou não ter descansos não significa liberdade, pelo contrário, porque são "escolhas" impostas pelas empresas – mesmo que não explicitamente, como no caso dos baixos salários para obrigar "escolhas" de longas jornadas.

Ademais, o critério de aplicação das leis do trabalho não é individual e isolado, mas uma decisão coletiva, tomada por uma sociedade que se pretende civilizada para impedir que a assimetria das relações cause exploração sem limites. A piora das condições de trabalho permitida para um sujeito (um empregado que diga não querer ter carteira assinada, por exemplo) rebaixa a condição dos demais, pois estes serão obrigados a aceitar as mesmas condições para conseguir um posto de trabalho.

Nesse sentido, o direito do trabalho, longe de ser "flexibilizado", precisa ser fortalecido. Isso significa impor condições sobre a acumulação de capital, mudando a organização empresarial ao invés de se adaptar às estratégias de gestão das corporações. Exemplos desse papel decisivo do direito do trabalho na história do capitalismo são abundantes, mas conseguir retomar essa pauta na atual conjuntura seria uma grande novidade.

Nas últimas décadas, o capital tem sido apresentado como força irresistível, normalmente identificado genérica e reificadamente como "o mercado". No campo do trabalho, normalmente se admite que é possível aplacar, regular a relação, enquanto na apologia ao capital sequer é possível limitar seu movimento[30]. Contudo, pouco se fala que, mesmo na ordem do capital, ele pode ser instado a se submeter e se reorganizar a partir das forças do trabalho.

O direito do trabalho tem sido encarado como atenuador, um mecanismo que se adapta às ações empreendidas pelo capital. Tal perspectiva parte da premissa de que o capital é uma força com um só sentido (a acumulação, o que é correto) e com um movimento cuja direção é inexorável (aqui reside a controvérsia), cabendo ao direito do trabalho atenuá-la. Ocorre que o direito do trabalho pode transcender o papel de mera limitação defensiva às ações do capital, tornando-se agente ativo e impositivo no movimento da relação. Ainda que não crie empregos diretamente, engendra reorganizações no padrão de contratação, organização e uso da força de trabalho e do processo de trabalho, incluindo no do próprio assalariamento. Por conseguinte, pode submeter a acumulação à norma, ao invés da norma à acumulação. Marx, por exemplo, demonstra como a higiene de trabalho impeliu a concentração e centralização do capital na Inglaterra do século XIX[31].

---

[30] "A questão é a seguinte: será que as leis trabalhistas têm a capacidade de homogeneizar as condições de trabalho de todos os que participam de uma rede de produção? Não. Elas têm seus limites diante das leis do mercado." Ver José Pastore, "Terceirização: uma realidade desamparada pela lei", *Revista TST*, Brasília, v. 74, n. 4, out.-dez. 2008, p. 130.

[31] Karl Marx, *O capital: crítica da economia política*, Livro I: *O processo de produção do capital* (trad. Rubens Enderle, São Paulo, Boitempo, 2013).

Nas últimas décadas, apesar de não terem pautado o debate, há várias iniciativas de imposição das normas sobre o capital que obrigam a adaptação de sua organização da produção e do trabalho[32]. Um exemplo que ilustra bem o papel ativo do direito do trabalho na regulação do trabalho foi verificado numa fazenda de criação de aves, no interior da Bahia. A referida fazenda vende a outros empresários o subproduto conhecido como "cama" (mistura de fezes dos animais com serragem) para utilização como adubo. A retirada da "cama" é condição necessária para o início de um novo ciclo produtivo na criação de frangos. Os compradores do adubo vinham de diferentes cidades da Bahia e até de Sergipe. Trata-se de uma atividade diária e ininterrupta: todos os dias há venda de adubo. Em tais atividades, havia um cenário crítico de desrespeito às normas de proteção ao trabalho. A fazenda não registrava os trabalhadores (inclusive menores de idade) que vinham com os compradores e laboravam fazendo a limpeza dos galpões, ensacando e retirando o adubo. Esses trabalhadores eram transportados na carroceria aberta dos caminhões, não dispunham de mesa nem assento para se alimentar, tampouco de local para higienização, e, eventualmente, dormiam no interior das granjas.

A fiscalização interditou que trabalhadores em qualquer atividade, dentro ou fora da fazenda, fossem transportados na carroceria ou em qualquer espécie de implemento acoplado aos veículos, além de proibir o uso das granjas como área de vivência. Desse modo, inviabilizou o padrão de organização do trabalho vigente. Para continuar com seu negócio operando, a fazenda se viu obrigada a contratar formalmente trabalhadores fixos para fazer a atividade de ensacamento e carregamento dos caminhões, já que o transporte em cima dos veículos foi inviabilizado. Com apenas uma medida, houve melhora das condições de trabalho e inversão completa do modo de organização do trabalho no local.

Com a disseminação do trabalho para as "plataformas" em todo o planeta, cresce a importância desse papel ativo e impositivo do direito do trabalho. Isso porque há "plataformas" que se apresentam como espaços de oferta de bens, como produtos de terceiros, ou serviços, como aluguel de quartos, sem (em tese) se envolver com as condições do negócio. O fato de não gerirem o trabalho (repita-se, em tese, sujeito a demonstração empírica) não as torna menos responsáveis pela forma como as mercadorias são produzidas, pois são as maiores beneficiárias do arranjo. O campo do trabalho precisa pautar o debate e lutar para que essas empresas respondam pelos direitos das pessoas envolvidas na produção, como aquelas que fazem a limpeza dos quartos alugados. Do ponto de vista jurídico, por exemplo, isso pode ser feito na perspectiva do grupo econômico. De todo modo, as forças do trabalho precisam ter como premissa de atuação a adequação dos negócios às vidas das pessoas, e não o contrário.

---

[32] Vitor Araújo Filgueiras, *Estado e direito do trabalho no Brasil: regulação do emprego entre 1988 e 2008* (doutorado em ciências sociais, Salvador, FFCH-UFBA, 2012).

Nos marcos do capitalismo, o horizonte de democratização das relações de trabalho tem sido objeto de iniciativas internacionais. O manifesto "Trabalho: democratizar, desmercantilizar, remediar", já assinado por mais de 6 mil pesquisadores de todo o mundo, foi lançando no bojo da pandemia[33]. Ele indica que, durante a crise sanitária, trabalhadores continuam em atividade, diuturnamente, para garantir que a sociedade se mantenha. Nas atividades empresariais, eles não são apenas uma dentre muitas partes interessadas: "eles possuem as chaves do sucesso de seus empregadores". Ainda segundo o documento, os trabalhadores constituem o núcleo das empresas, mas, ainda assim, são praticamente excluídos da gerência de seus locais de trabalho, que é monopolizada pelo capital. A demanda principal do movimento é não somente

> permitir ao(à) empregado(a) se expressar, mas ser representado(a) no seio das instâncias de decisão da empresa – movimento iniciado na Alemanha desde o fim da Segunda Guerra Mundial – com o objetivo de poder coletivamente validar as decisões da empresa. Será preciso, para tanto, passar de um modelo no qual os(as) acionistas e dirigentes monopolizam o poder de decisão para um modelo de compartilhamento real desse poder com os(as) empregados(as).[34]

Tal iniciativa é louvável e representará um grande avanço, uma verdadeira novidade (mesmo não sendo literalmente nova), se repercutir nas relações concretas. Para isso, serão necessários grandes esforços de mobilização e luta. A questão, do ponto de vista da democracia, é que o direito do trabalho atenua, mas não resolve o principal, pois a propriedade – portanto, a assimetria – persiste. Ademais, no longo prazo, as empresas mantêm a raiz que possibilita o retorno às piores formas de exploração, pois a natureza da relação não muda, e conquistas podem retroagir, como provam as últimas décadas.

O ideal é buscar formas efetivamente democráticas de gestão da produção e do trabalho, para além do que hoje chamamos de empresas. Novas relações de trabalho pressupõem a democratização da produção e da distribuição, acabando com o assalariamento. Trata-se de um desafio hercúleo, mas que precisa ser colocado em pauta.

5.4. Novos trabalhadores, ou para além das empresas

Nas últimas décadas, justamente quando as soluções individuais para o desemprego se tornaram mais difíceis, o capital tem enfatizado que os próprios trabalhadores devem resolver o problema. A despeito dessa contradição, se de fato quisermos

---

[33] Disponível em: <https://democratizingwork.org/#portuguese>. Acesso em: 2 nov. 2021.
[34] Isabelle Ferreras et al. (orgs.), *O manifesto do trabalho: democratizar, desmercantilizar, remediar* (Rio de Janeiro, Lumen Juris, 2021), p. 10.

ter novos trabalhadores, é preciso dar-lhes o poder para determinar os destinos das relações no mercado de trabalho ou para além dele. Nesse sentido, temos uma situação análoga à retórica das novas "empresas". Do mesmo modo que autonomia e liberdade são promessas progressistas, poder para os trabalhadores comandarem a produção também é pauta histórica do campo do trabalho e pode servir como base para cobrar a fatura do capital.

Explorar a contradição entre a atribuição ao trabalhador da responsabilidade pelos problemas econômicos e a inviabilidade de que cada um resolva sozinho a questão do trabalho pode ocorrer de dois modos. Caso se opte por não questionar a ordem, é preciso denunciar essa inconsistência e impor aos verdadeiros empreendedores (capitalistas), via políticas públicas, soluções para o desemprego. Também dentro do sistema, é necessário ampliar o alcance das ações coletivas que enfrentam a retórica das "novidades", a exemplo da representação dos trabalhadores submetidos às "novas" relações por entidades novas ou já existentes que lutem pela garantia e ampliação de seus direitos como assalariados. Ou para além do capital, buscando formas efetivamente democráticas de organização da produção e do trabalho, dando poder para que os trabalhadores associados possam desenvolver experiências que frutifiquem novos horizontes.

A) Ações coletivas nas "novas" formas de trabalho

Muitos têm apontado, com razão, as dificuldades que as entidades tradicionais dos trabalhadores têm encontrado (ou produzido) para representar aqueles que não se enquadram nos contratos típicos. Se isso já ocorria com contratos explícitos de emprego, acentuou-se com as "novas" formas de trabalho que sequer seriam assalariadas. Ainda assim, em diferentes países, há exemplos positivos e bem-sucedidos de ações combativas para representar esses "novos" trabalhadores, indo de encontro à retórica de que seriam "empreendedores".

Na Espanha, os entregadores têm combinado diferentes iniciativas, que são levadas a cabo por novas entidades independentes, como o Rider × Derechos, e também contam com o apoio de organizações já estabelecidas, como a UGT. Uma das estratégias para reivindicar o reconhecimento dos direitos trabalhistas foi por meio da justiça. Em dia de decisão judicial, o clima era assim narrado por Prat: "O julgamento foi como a nossa final de Copa do Mundo. Então começamos a nos preparar para o que estava por vir, com o apoio da UGT de Madrid. Ao mesmo tempo, em outras cidades, nossos colegas se organizaram de forma independente por meio de Riders × Derechos ou em conjunto com outros sindicatos"[35].

---

[35] Felipe Diez Prat, "A des/propósito de… Mi experiencia como repartidor de Deliveroo y el intento por articular nuestra lucha desde la estructura sindical de UGT", *Teknokultura*, v. 17, n. 2, 2020, p. 192.

Após seguidas decisões judiciais (inclusive do Tribunal Supremo), em outubro de 2020 foi formada uma Mesa de Diálogo com a participação de representantes do governo, das empresas, da UGT e das Comissões Obreiras. Dessa iniciativa saiu o acordo que se transformou no Real Decreto-ley 9/2021, segundo o qual as disputas entre trabalhadores e empresas de entrega devem ocorrer a partir, e não aquém, dos direitos trabalhistas.

No Reino Unido, três meses após a sentença da Corte Suprema que classificou os motoristas da Uber como *workers*, a empresa reconheceu a representação sindical e aceitou negociar com o GMB Union (filiado à Trades Union Congress – TUC, maior central do país). Com isso, garantiu que o sindicato acesse os pontos de encontro dos condutores e faça sua representação nas negociações coletivas. Vejamos se o GMB vai conseguir levar a luta além e pôr fim ao modelo *worker* de contratação, que nada mais é que um contrato de emprego com menos direitos que o típico.

Com a negação da condição de "autônomos", trabalhadores e suas instituições têm mais chances de ampliar os direitos previstos em lei via negociação coletiva, inclusive introduzindo cláusulas que aumentem seu poder na definição das condições de trabalho. Ainda que as dificuldades não sejam poucas, uma vez negada a retórica empresarial, é possível que ações coletivas ligadas a entidades novas ou já existentes lutem pela ampliação dos direitos dos "novos" trabalhadores.

B) Novo (verdadeiro) empreendedorismo?

A narrativa empresarial do empreendedorismo é perversa, pois impõe a solução de um problema a quem não pode resolvê-lo. Além disso, o faz com uma promessa que não é factível em seus termos, mas que expressa precisamente a base das aspirações mais progressistas: ela promete que todos podem fazer e produzir de forma autônoma, sem patrão. Dar poder aos trabalhadores para tomar a iniciativa, fazer acontecer, produzir sem subordinação.

Tendo consciência clara do caráter ideológico da narrativa, é possível jogá-la contra as próprias empresas e a favor dos trabalhadores, cobrando sua efetividade plena. Ao invés do faz de conta que impera atualmente, é possível reivindicar um empreendedorismo de verdade. Usar o termo *empreendedorismo* para subvertê-lo no debate traz o problema da duradoura ideologização de seu conteúdo. Por outro lado, permite usar contra o capital seu próprio veneno e reduzir resistências no conjunto da sociedade já acostumada com ele. Denunciando o caráter demagógico do empreendedorismo atual, é possível até contribuir para que a terminologia seja descartada.

Por todo o planeta, há muitas iniciativas dos trabalhadores que buscam superar a forma empresa, tentando instituir democracia no trabalho. O tema não é novo, e é muito delicado e complexo. Mas é um debate que precisa ser feito, se alguém pensa em algo que dê protagonismo aos trabalhadores de modo sustentável, sem depender da correlação de forças de cada conjuntura.

Os empreendimentos que existem vão de setores tradicionais, como produção rural, passando pelas chamadas fábricas recuperadas, até as atividades que se enquadram nas "novidades", como as que utilizam plataformas para gestão do trabalho. As iniciativas mais antigas, muitas vezes, conseguem relativo sucesso em termos de participação e identidade, mas tendem a ser precárias em termos de sustentabilidade, sofrendo restrições econômicas. Quando avançam na parte material, sofrem com as disputas e diferenciação internas.

Nos últimos anos, uma das tentativas de superar a subordinação das "plataformas" é a formação de cooperativas. Os desafios são grandes, pois, além dos obstáculos tradicionais, em geral essas cooperativas precisam competir em mercados monopolizados por megaempresas. Não bastasse isso, cooperativas em atividades como entrega de mercadorias produzidas por empresas ficam imprensadas entre corporações e consumidores, podendo perder o controle da organização do trabalho e, assim, retornar à subordinação, desta vez imposta, por exemplo, pelos restaurantes – vale lembrar que, nos anos 1990, "cooperativas" de motoboys passaram por isso no Brasil.

Há séculos que iniciativas de produção democráticas são tentadas, surgindo praticamente com o próprio capitalismo industrial. Grande parte do campo do trabalho é cética ou torce o nariz para essas organizações autônomas (quer elas se chamem fábricas recuperadas, cooperativas, economia solidária), mesmo quando reconhece as boas intenções dos envolvidos. Isso tem relação com a percepção de que são estratégias de sobrevivência precárias, instáveis, que não se ampliam, não oferecem alternativa de fato e podem até tirar o foco da luta com o capital. Mesmo quando um empreendimento dá certo economicamente, tal sucesso pode corromper seu caráter democrático, e há sempre a chance de degringolar sua natureza.

Essa desconfiança é compreensível. Contudo, se o horizonte de luta é construir uma sociedade efetivamente democrática, não há como fugir desses desafios, pois é pouco crível que democracia no trabalho floresça repentinamente ou por geração espontânea. Ademais, as iniciativas de produção não assalariadas precisam ser valorizadas pois, ao gerar uma alternativa ao *status quo*, podem ajudar a reposicionar os termos do debate. Qualquer tentativa de trabalho associado, seja dialogando com políticas públicas, seja de maneira completamente autônoma, deve enfocar as seguintes questões:

1) *O caráter coletivo das iniciativas*. Para confrontar a narrativa empresarial, é necessário denunciar a abordagem de "empreendedor" individual atualmente hegemônica. A potência do trabalho e do avanço da economia (capitalista, inclusive) é de natureza coletiva. Pessoas atomizadas tendem a não conseguir mais que economia da sobrevivência. Com o nível de produtividade atual, um empreendimento com trabalho efetivamente autônomo tem de ser coletivo. A iniciativa individual é inviável como política pública, pois a força produtiva é social. Do contrário, teremos apenas grãos de areia de sucesso, seja em atividades pontuais (o artista, por exemplo), seja assalariando outras pessoas.

2) *A democracia e a participação dos envolvidos.* Esses são valores de difícil questionamento, mas também de difícil aplicação. Em geral, as pessoas passam a vida no trabalho subordinado. Tomar a iniciativa e de forma partilhada não é fácil. Ademais, o risco de hierarquização é constante, decorrendo de fatores internos (disputas e diferenciação) ou da precarização do empreendimento por adaptação ao mercado (condições dos fornecedores, preferências dos compradores etc.). A formação de redes de fornecedores e consumidores que também não sejam empresas pode ajudar a enfrentar essa dificuldade.

3) *O caráter não compulsivo da produção (riqueza pela riqueza) e a finalidade social de bem coletivo.* Atualmente, o empreendedorismo incentiva o individualismo. O campo do trabalho precisa enfatizar sociedades coletivas e com finalidade de interesse público, como produção de alimentação saudável, preservação do meio ambiente etc., ajudando a criar identidade interna, legitimar socialmente as iniciativas e pautar o debate.

Corroborando a literatura, os achados do projeto Vida Pós-Resgate indicam os dilemas enfrentados pelos empreendimentos geridos pelos próprios trabalhadores. Das 10 organizações rurais pesquisadas, em 2021, todas contam com mais de 30 membros e, em média, 21 anos de existência (apenas uma tem menos de 10 anos), ou seja, não são muito pequenas e operam há tempo suficiente para algumas avaliações. Além das dificuldades com crédito e escoamento, o principal problema enfrentado, segundo os entrevistados, é a falta de participação dos membros nas atividades das organizações. Seis deles fizeram referência explícita a situações como: "nem todos participam efetivamente do trabalho da associação", "o principal conflito hoje é a falta de articulação. Voltou todo mundo a andar só" ou "não tem muito aquela coisa do cooperativismo, eles entram com aquela coisa 'O que eu tenho a ganhar?'".

4) *Insistência* nos empreendimentos dos trabalhadores. Empresas capitalistas não são bem-sucedidas de uma hora para outra. Mais que isso, a maior parte não dá certo e fecha com pouco tempo de operação. Empresas capitalistas abrem e fecham aos milhões. Algumas dão certo, outras não, e mesmo assim sua lógica de operação vai se arraigando. Por isso, tentativas alternativas têm de ser feitas não para dar certo, mas até que deem certo, por meio do aprendizado e dos ajustes no processo. É preciso encarar o problema como dinâmica pedagógica. Os casos de sucesso e de fracasso dessas iniciativas devem ser estudados para aprendermos, já que democracia no trabalho é uma opção valorativa, não apenas uma estratégia.

Se as experiências democráticas não tiverem apoio e engajamento das forças do trabalho, se não houver recursos (como demanda), elas tendem, de fato, a enfrentar muitas dificuldades. Nesse sentido, é importante disputar o orçamento público para os empreendimentos dos trabalhadores, não o faz de conta atual, composto de migalhas. Não se deve achar que o Estado será benfeitor nem que ele será a solução, mas é possível buscar brechas para disputar recursos e estimular esse laboratório dos trabalhadores. Assim como o direito do trabalho é importante mesmo que não vá emancipar o trabalho, o apoio estatal pode ajudar a começar a naturalizar essas experiências.

Por exemplo, no campo das políticas públicas, o projeto Vida Pós-Resgate traz uma inovação às políticas de autonomia no campo. Com os recursos das indenizações pagas pelos empresários por submeter trabalhadores a condições análogas às da escravidão, o Estado irá comprar terras, insumos e demais meios para que os trabalhadores, em seus locais de origem e de forma associada, produzam alimentos em bases agroecológicas, promovendo, ao mesmo tempo, a segurança alimentar e a sustentabilidade ambiental[36].

A democratização da produção é um projeto que se baseia em valores, que não vai dar certo espontaneamente e que se defronta com grandes desafios. Mas se quisermos mudar o *status quo*, se quisermos outra sociedade e se quisermos melhorar um pouco a atual sociedade, iniciativas autônomas ajudam muito, e as dificuldades precisam ser enfrentadas.

5.5. A pandemia e a janela de oportunidade

As transformações pelas quais o capitalismo passou nas últimas décadas até nos levar à situação atual têm sido objeto de muitas críticas, e parte delas nem é tão recente e não se atém às forças do trabalho. Até alguns dos proeminentes defensores da pauta liberalizante, desde prêmios Nobel passando por técnicos do FMI, reconhecem que suas promessas não foram cumpridas[37]. Mesmo que não se refiram explícita ou conscientemente aos ataques do capital contra o trabalho, ao discutir problemas como a desigualdade, é deles que estão tratando.

Neste livro, abordamos um aspecto da ofensiva do capital que tem facilitado sua reprodução e radicalização: a ideia de que sucessivas mudanças que impactam o mundo do trabalho exigiriam a adaptação de trabalhadores e suas instituições. A assimilação, mesmo que parcial, das narrativas das "novidades" pelo campo do trabalho facilita a imposição da agenda do capital e fortalece o desmonte de direitos e a fragilização das ações coletivas. Confrontar esses discursos empresariais, desde seus pressupostos, é fundamental para ser mais efetivo na resistência e na criação de alternativas. Políticas públicas não alinhadas às "novidades", em maior ou menor grau, deram resultados importantes em termos de bem-estar social e do próprio crescimento da economia. A adoção ou o fortalecimento do salário mínimo, em alguns países, é provavelmente o exemplo mais sintomático das últimas décadas. Isso mostra não apenas a viabilidade de alternativas como a necessidade de perceber o caráter ideológico do argumento da inevitabilidade da adaptação.

---

[36] Sobre o projeto, ver: <www.youtube.com/watch?v=0txquHLRg70&>. Acesso em: 2 nov. 2021.
[37] Jonathan D. Ostry, Prakash Loungani e Davide Furceri, "Neoliberalism: Oversold?", *Finance & Development*, Washington, v. 53, n. 2, jun 2016, p. 38-41.

A ofensiva do capital, nas últimas décadas, semeou o terreno para a ascensão da extrema direita em várias partes do planeta. Estabeleceu-se a hegemonia de um capitalismo que radicaliza a concentração de poder e riqueza, mas engendra contradições (como as promessas das "novidades") que criam frustrações, como o desemprego e a ampliação da desigualdade. Dado que essas contradições não foram bem exploradas pelas forças do trabalho, acabaram por formar o caldo de cultura que viabilizou Trump e seus congêneres, como dramaticamente vivemos no Brasil. Mesmo onde não chegou ao poder, como na Espanha, a extrema direita teve grande fortalecimento, atacando o "globalismo" e contra um "sistema" visto como de esquerda porque não elimina diretamente direitos civis, como os relativos a gênero, raça, orientação sexual etc.

Em termos estratégicos, parte desse sucesso decorre da alteração dos parâmetros dos debates na cena política, pela extrema direita, com base em uma retórica radicalizada que cria uma falsa polarização[38]. A extrema direita afirma que tudo que não é idêntico a ela é seu extremo oposto. Assim, qualquer um que defenda a ciência e não seja reacionário, particularmente no campo dos direitos civis e políticos, é tachado de esquerdista ou comunista. Desse modo, surge uma "polarização" em que o "oposto" à extrema direita simplesmente não aparece. A consequência tem sido limitar e atrair o campo do debate para o polo da extrema direita. Ademais, surge uma falsa equivalência entre "polos" que, até aqui, tem servido para normalizar as ideias reacionárias.

A extrema direita tem conseguido restringir o debate imputando ao centro a condição de extrema esquerda, e com isso ajuda a disseminar a ideia, hoje quase um senso comum, de que a direita neoliberal que respeita direitos civis e políticos, mas se opõe de forma extrema aos direitos sociais, é o "centro". Assim, para o capital, temos um cenário de "ganha-ganha", pois, na pior hipótese, assegura a eleição de governos de centro (mas tachados de "extrema esquerda") que, embora possam não atender a 100% de suas demandas, não representam nenhuma ameaça aos padrões atuais de regulação. Quando os próprios conceitos de esquerda e direita se deturpam, o campo do debate é delimitado de forma a beneficiar o capital em qualquer cenário. A lógica é simples: pede mais para garantir "o menos".

A situação piora porque a assimilação da ideia de polarização atrai agentes da esquerda, moderados e instituições para mais próximo do extremo oposto. Neste livro, vimos como a reprodução das "novidades" pelo campo do trabalho promove a busca do "meio-termo" como resposta às demandas empresariais, por instituições públicas ou pelos próprios sindicatos. Independentemente do juízo sobre a postura conciliatória, o problema concreto é que essa estratégia criou um círculo vicioso: quanto mais se concilia, mais o capital força o debate para a direita. Alguns agentes

---

[38] Ver Vitor Araújo Filgueiras e Sávio Machado Cavalcante, "A falsa polarização e a definição de esquerda e direita", *Jornal GGN*, jun. 2020. Disponível *on-line*.

e instituições têm um medo sincero ou retórico de radicalizar a reação do capital se for defendida uma posição progressista[39]. Porém, o capital já está radicalizado e usa essa radicalização justamente para delimitar o debate, atraindo para mais próximo de si o "meio-termo" a cada nova jogada.

Assim, quanto mais radicais forem as propostas do campo do trabalho, mais eficientes tendem a ser seus resultados, porque elas restabelecerão as fronteiras da disputa. É preciso pedir mais, pois, mesmo que ao final da disputa o resultado não seja o extremo desejado, o "meio-termo" resultante tende a ser superior àquele que já parte de um patamar rebaixado. Ademais de questões estratégicas, empurrar as demandas mais para a esquerda, no atual cenário, é uma questão de sobrevivência para quem trabalha, pois a situação é dramática: já vivemos a expansão da ausência absoluta de direitos, situação extrema para a qual as tentativas conciliatórias contribuíram.

A construção de narrativas e iniciativas alternativas pelo campo do trabalho, contudo, não pode se basear em apelos metafísicos, como missões históricas etc. É necessário buscar se aproximar da realidade, ou as tentativas tendem a ser frágeis, mesmo que mobilizem inicialmente. Portanto, narrativas alternativas não podem reproduzir, com sinal trocado, as maluquices da extrema direita, mas, ao contrário, devem usar a estratégia de pedidos extremos com base em fatos reais e justificativas racionais, como o aprofundamento da democracia e da liberdade em nossa sociedade.

Nesses termos, no que concerne às "novidades", usar o léxico dos empresários contra eles mesmos talvez seja uma estratégia a considerar. É possível aplicar o veneno das próprias empresas para conseguir o contrário do que elas fazem – que é fazer alusão a problemas reais para dar saídas que pioram a situação, ou seja, corrompem as demandas dos trabalhadores. O campo do trabalho pode demandar a efetividade do léxico, cobrar que seja cumprida a promessa do capital, pois, no mínimo, sua contradição e demagogia são explicitadas. Ademais, o capital tem se apropriado e distorcido um número crescente de terminologias que fazem ou podem fazer parte da plataforma das forças do trabalho. Há palavras que podem ou devem ser descartadas (como "empregabilidade"), mas isso não pode virar regra, especialmente para termos caros aos trabalhadores, como "liberdade" e "democracia".

De todo modo, é preciso explorar o potencial das contradições das narrativas, tanto no capitalismo quanto para além do capital. Ideias e iniciativas que não são efetivamente novas em conteúdo (como o aumento dos salários para ampliar a demanda efetiva) têm sido e precisam ser tentadas à luz do cenário atual, porque atingem problemas estruturais do capitalismo, e assim aparecem como verdadeiras

---

[39] A compulsão pela conciliação tem relação com cultura e conjuntura políticas, mas também com a posição de agentes que não são de esquerda, mas representam trabalhadores e acham que o ideal é sempre o "meio-termo".

novidades na conjuntura atual, podendo ajudar a mudar a dinâmica das disputas entre capital e trabalho.

As duas recentes tentativas à esquerda mais notórias no mundo, no Reino Unido e nos Estados Unidos, não alcançaram o poder. As razões não foram idênticas – no caso britânico, mais relacionadas à incapacidade de lidar com a fratura do Brexit –, mas, em ambos, foi forte o boicote do centro e da direita no interior dos próprios partidos Trabalhista e Democrata. Ainda assim, nos Estados Unidos, a postura radical da esquerda (à luz do histórico daquele país) reposicionou o debate na cena nacional, conseguindo apoio da grande maioria da população a pautas como saúde universal, aumento do salário mínimo e defesa dos sindicatos, agora normalizadas, de modo que o que se considera o centro político hoje traz posições muito menos à direita do que nos anos 1990-2000. Os planos do governo Biden, representante exemplar da ala neoliberal e majoritária dos democratas, nunca chegariam aos termos apresentados sem essa reordenação do debate e a pressão de uma pauta bem mais progressista que o histórico estadunidense das últimas décadas[40].

A pandemia, como outros momentos de grande crise, abre janelas de oportunidades, cujo desfecho pode enfrentar ou piorar um quadro já extremamente grave. Ou seja, é possível que as forças do trabalho encaminhem algo que melhore o quadro atual ou que o capital consiga manter ou acentuar as características da conjuntura, como foi capaz de fazer após a crise de 2008.

A renda universal, por exemplo, tem ganhado espaço em todo o mundo, mas pode ser apenas um passo, o que não nos tira do cenário atual. Ademais, a depender de seu valor e dos requisitos de implementação (como redução de outros direitos), pode significar um grave retrocesso. Não por acaso, trata-se de uma política que transita por diversos campos ideológicos. O desafio é usar a renda mínima como ponto de partida para ampliar direitos sociais, não o contrário. Com ela, corremos o risco de viver uma espécie de reedição da relação entre as pautas identitárias e as do trabalho, que, instrumentalizada pelo capital, incentivou a divisão e ajudou a pavimentar o caminho para nosso drama atual.

Por fim, vale ponderar que, por manter a raiz do problema, as iniciativas que buscam aumentar a proteção ao trabalho no interior da lógica do capital nos trazem um dilema. Mesmo com a janela de oportunidade, o cenário continua adverso à implementação de políticas protetivas mais substanciais, e isso por questões políticas, e não por qualquer fato de ordem técnica, organizacional ou de outra natureza. Seria preciso criar mobilizações muito fortes para alcançá-las. Um eventual sucesso, ainda assim, está sempre propenso a ser breve, pois o capital tem condições de se reorganizar e voltar com tudo.

Pensar para além do capital pode caminhar em paralelo com as lutas imediatas, fortalecendo as chances de bons resultados mesmo no curto prazo. No caso

---

[40] Ainda é uma incógnita o que vai sair, apesar da animação do centro e da esquerda pelo mundo.

específico do trabalho assalariado, o ponto de partida de qualquer pauta é entender e impor a ideia do contrato de emprego como o mínimo que é, bem como o fortalecimento dos direitos de quem vive do trabalho. O que deve ser apresentado como medida extrema, no mínimo para delimitar os parâmetros dos debates, é a completa democratização das relações de trabalho, com verdadeiras liberdade e autonomia para quem trabalha e produz.

Para sair das cordas, o campo do trabalho precisa ser propositivo, de modo a voltar a ser o agente da transformação, aquele que traz as novidades e é capaz de oferecer esperança, pautar o debate e mobilizar as ações.

Considerações finais

Está em marcha, há pelo menos quatro décadas, uma ofensiva do capital contra o trabalho ao redor do mundo. Os ataques se efetivam nas práticas de organização das empresas, nos métodos de gestão da força de trabalho, nas políticas públicas. Seu objetivo mais geral é aumentar a assimetria entre capital e trabalho, restabelecendo as características do capitalismo do período anterior às grandes guerras. Para isso, buscam-se, comumente com sucesso, o desmantelamento do direito do trabalho e dos demais direitos sociais e o enfraquecimento ou a inviabilização das ações coletivas dos trabalhadores, provocando redução de salários, piora das condições de trabalho e de vida, elevação da desigualdade. É claro que a ofensiva não ocorre sem resistência, mas seu sucesso é predominante e pode ser evidenciado pela concretização e radicalização de seus objetivos com o passar dos anos.

Na conjuntura do pós-Segunda Guerra Mundial, países do centro do capitalismo vivenciaram o Estado de bem-estar social, e a promessa civilizatória da regulação protetiva do trabalho alcançou até os países subdesenvolvidos, como o nosso. Nos últimos decênios, a barbárie voltou a se espalhar no mundo do trabalho, tanto em países mais quanto menos desenvolvidos. É possível observar o aumento de condições de trabalho análogas às do trabalho escravo, jornadas extenuantes, salários declinantes, ambientes de trabalho mais inóspitos, enfim, um cenário em que limites à exploração do trabalho são cada vez menos reconhecidos. É evidente que a destruição ocorre em intensidade desigual, mas ela pode ser identificada como tendência de caráter geral.

É aspecto constituinte dessa ofensiva a elaboração e divulgação de narrativas que buscam impor o significado das mudanças que têm sido verificadas, tentando influenciar o comportamento dos agentes e das classes sociais. Nesse sentido, tem sido muito importante o papel da ideologia neoliberal, que foi gestada no pós--guerra, ascendeu no fim dos anos 1970 e já foi bastante analisada por outros autores[1]. Neste livro, vimos que, usando premissas neoliberais, mas também práticas de gestão (que tendem a se combinar com os argumentos neoliberais), o capital tem conseguido uma estratégia retórica muito frutífera. Reiteradamente, ele tem disseminado narrativas sobre grandes transformações que estariam afetando radicalmente o mundo do trabalho, e que tais "novidades" obrigariam a adaptação de instituições, legislações, políticas públicas, trabalhadores e suas entidades: destruir direitos, aceitar práticas empresariais, mudar ou mesmo eliminar ações coletivas. Em todos os casos, as narrativas prometem mais ou melhores empregos para os obedientes, e desastre completo para aqueles que ousarem resistir a suas fórmulas.

Contudo, essas alegadas "novidades" e suas consequências são exageradas, distorcidas, ou mesmo invertem a natureza dos fenômenos empiricamente constatados. Elas se apresentam como o "novo", mas promovem o velho – não no sentido de antigo, mas de algo que já vivemos antes: um capitalismo quase sem limites à exploração do trabalho[2]. Cada uma das "grandes transformações" é divulgada com alarde nos mais diversos meios. Mesmo que inconsistentes, essas narrativas (ou ao menos seus pressupostos) têm tido papel importante para o sucesso da ofensiva patronal, porque, além de hegemonizarem os debates no conjunto da sociedade, são assimiladas como verdadeiras por parcela das instituições e dos próprios trabalhadores, reduzindo a resistência à agenda do capital e criando assim uma espécie de profecia autorrealizável. Como muitos acreditam nos diagnósticos empresariais (mesmo quando criticam suas consequências), os objetivos presentes nessas narrativas acabam de fato se consumando mais facilmente, pois a contestação é menor ou menos eficaz.

Não é fácil nadar contra as narrativas empresariais, repetidas exaustivamente em todos os meios de comunicação há anos. Ademais, quanto mais o campo do trabalho se fragiliza com o avanço da ofensiva do capital, mais difícil é resistir a sua retórica. Sair dessa encruzilhada demanda olhar criticamente essas narrativas para ter condições de defesa. É preciso ser autocrítico e analisar quanto dessas retóricas assimilamos, mas não procede empiricamente.

Em resumo, a principal ideia que este livro pretendeu trazer é a de que não se pode simplesmente tomar como verdade a narrativa de uma parte interessada em determinado tema para fazer uma análise sobre ele, mais ainda quando essa parte é seu antagonista. Isso vale desde os pressupostos da narrativa em questão. Do contrário, forma-se uma armadilha em que os limites do debate são delimitados pelo adversário, reduzindo ou mesmo inviabilizando a defesa ou a criação de alternativas por quem é atacado.

---

[1] Ver, por exemplo, Harvey, Mészáros, Dardot e Larval.
[2] Há um ponta de ironia no fato de que as empresas usam ideias literalmente velhas para colocar o trabalho como refém de sua dominação, como a relação entre direito do trabalho e desemprego, a "liberdade do trabalho", a relação entre tecnologia e desemprego etc.

Tratamos aqui de um problema político: a relação entre as classes e um aspecto desse processo de luta, qual seja, o discurso. Para sair da situação em que nos encontramos, ao confrontar as narrativas empresariais, é fundamental pensar para além dos limites vigentes nos atuais debates sobre a relação entre capital e trabalho, pois, além de estimular iniciativas que podem melhorar (ou superar) as atuais condições de trabalho e de vida, a ampliação dos horizontes cria condições mais favoráveis de negociação na sociedade atual, pois demarca limites da disputa mais afastados dos interesses do capital, de modo que o "meio-termo" passe a ser mais civilizado.

Na atual conjuntura do mundo do trabalho, a defesa da mercadorização extrema está muito forte. Tal posição constitui-se em um polo que atribui a qualquer questionamento ponderado, por mais débil que seja, a condição de polo oposto. Trata-se da mesma falsa polarização verificada na cena política, em que qualquer posição em defesa de direitos civis e políticos é atribuída à esquerda ou à extrema esquerda. Desse modo, os limites do debate ficam muito próximos da extrema direita, já que propostas da direita tradicional são classificadas como de esquerda ou, no mínimo, de centro.

No campo do trabalho, essa estratégia parte da negação completa do vínculo de emprego ou da própria relação de trabalho. A imposição de absoluta negação de direitos aos trabalhadores por empresas (como os "aplicativos") aparece nas discussões do mundo do trabalho como se fosse algo trivial ou, no máximo, polêmico, e não como prática extrema, e a pauta trabalhista tem consistido basicamente em reconhecer que trabalhadores são trabalhadores, e não empresários. Temas que até bem pouco tempo atrás consistiam no cerne um pouco menos radicalizado da ofensiva patronal têm perdido espaço nos debates. Assim, muitos passam a ver o mero reconhecimento do vínculo de emprego como extremo oposto à negação de direitos e aceitam soluções "intermediárias" que não passam de contratos ainda mais precarizados que os contratos de emprego (já deteriorados pelas reformas em todo o mundo). As empresas, em qualquer hipótese, saem com resultado muito próximo de seu ideal, pois, ainda que "perdendo", se beneficiarão de um contrato muito mais precário.

Se há alguma perspectiva de melhora nas condições de quem vive do trabalho, ela passa pela superação dessa falsa polarização. O reconhecimento da relação de emprego (e seus direitos decorrentes) é o mínimo que se espera de uma sociedade capitalista que se pretende democrática. O extremo oposto à negação de direitos não é o direito do trabalho, mas a democracia no trabalho, portanto, o fim das próprias empresas nos moldes em que as conhecemos. Quanto mais esse extremo for divulgado, reivindicado e praticado, mais o vínculo de emprego volta a ser visto como uma pauta posicionada à direita racional ou, no máximo, ao centro.

Na atual cena política, tem sido comum imputar a qualquer alternativa de resistência ao extremismo do capital a condição de utopia. Tudo o que foge do polo da mercadorização é utópico. A rigor, contudo, a situação em que nos encontramos tem relação com anos de hegemonia de uma efetiva utopia de que direitos civis e políticos são viáveis sem direitos sociais. A direita que diz prezar por direitos civis e políticos, e que é supostamente racional, deveria perceber que continuar a credenciar essa utopia do "livre" mercado apenas preparará o ambiente para que forças autoritárias e reacionárias ameacem qualquer proposta civilizatória. Trata-se da extrema direita que, ironicamente, há poucos anos teria sua ascensão considerada utópica pela direita tradicional.

Vale ressaltar, aliás, que as pautas da extrema direita contra direitos civis e políticos são não apenas factíveis como plenamente coerentes com a destruição que a direita tradicional radicalizada defende para os direitos sociais. Não por acaso, diversas frações do capital dão suporte aos governos reacionários que emergiram nos últimos anos, pois, mesmo que tampem o nariz para alguns temas, estão satisfeitas com a destruição dos direitos sociais que a extrema direita leva adiante sem pudor.

Talvez a experiência traumática do nazifascismo pudesse ter servido de ensinamento, como tragédia, à direita que se considera iluminista. Mas a insistência na utopia do "livre" mercado[3] estimula a repetição da história pelo bolsonarismo e seus equivalentes internacionais. Assim, mais uma vez, não parece que a solução virá do bom senso da direita. A barbárie que retornou ao mundo do trabalho é um dos fatores que alimentam a volta da extrema direita à cena política. Como nos anos 1920-1930, o desastre na relação capital × trabalho está novamente alimentando a direita, mas agora sem uma alternativa fortalecida que se contraponha a ela.

Seja pelo aprendizado histórico (que resultou na social-democracia), seja pelo que está acontecendo agora com as estratégias da extrema direita (que consegue conquistas mais próximas de suas pautas porque tensiona o conteúdo do debate ao máximo), precisamos levar nossa pauta para a extrema esquerda, como efetivo oposto à extrema direita – ou seja, a defesa da razão e da democracia no mundo do trabalho, a radicalização da promessa das luzes.

A pandemia oferece uma janela de oportunidade que, para ser aproveitada, exige capacidade crítica. Precisamos ser autocríticos e não partir ingenuamente das retóricas hegemônicas. Além disso, narrativas alternativas devem ser consistentes, pois simplificações para tentar facilitar a mobilização tendem a tornar as iniciativas pouco profícuas ou mesmo estéreis. Uma narrativa progressista frágil ou inconsistente enfraquece a luta ou sequer identifica corretamente os problemas a serem atacados.

No entanto, o diagnóstico mais preciso, por si, não é suficiente para alterar o *status quo*. Resultados virão do processo de disputa, que está sempre em desenvolvimento (não é estático), e qualquer que seja seu horizonte de mudança, depende de luta. O livro tratou de questões que envolvem basicamente o conjunto da humanidade; portanto, a imposição de transformações demanda grandes mobilizações. Mesmo reconhecendo a envergadura do problema, a autocrítica

---

[3] Karl Polanyi, *A grande transformação* (trad. Fanny Wrabel, Rio de Janeiro, Campus, 2000).

sobre o diagnóstico tem de ser acompanhada da autocrítica sobre o que fazemos para alterar esse cenário. Simplesmente falar do FMI, do capital financeiro, do empresariado brasileiro, de agentes e instituições distantes e difíceis de alcançar, provavelmente não vai contribuir muito. Todos podem se mobilizar de fato, além de reclamar em foros restritos.

De que forma e como podemos ser mais efetivos, são questões que precisamos enfrentar. Ademais, a militância para tarefas mais complexas não exclui atuar onde nossos braços alcançam diretamente, seja na empresa, na associação, no bairro, no Estado, nos meios de comunicação. Ao contrário, podemos agir nas duas frentes e fortalecer ambas, pois elas se retroalimentam. E quem já se mobiliza pode avaliar como racionalizar sua atuação para torná-la mais frutífera ou mesmo evitar alimentar as narrativas do capital. Se somos trabalhadores, nossa participação nas ações coletivas que nos representam é o mínimo que podemos fazer.

Temos muito a contribuir, de forma pragmática, para fortalecer as lutas civilizatórias do trabalho, qualquer que seja nossa ocupação, história acadêmica ou profissional ou presença no mercado de trabalho. Apenas para ilustrar: médicos podem emitir CAT; engenheiros, participar de projetos; programadores, elaborar plataformas alternativas; advogados, entrar com ações gratuitas; professores, ajudar em atividades de formação; estudantes, atuar em projetos que atendam trabalhadores; enfim, a lista é infinita. Desse jeito, é possível contribuir diretamente para melhorar condições de trabalho e de vida, bem como a própria sensibilização e organização de trabalhadores e instituições.

O que você está fazendo? O que você pode fazer?

Referências bibliográficas

ABÍLIO, Ludmila Costhek. *Sem maquiagem:* o trabalho de um milhão de revendedoras de cosméticos. São Paulo, Boitempo, 2014.

_____. De motoboy invisível a entregador organizado: uberização e o trabalhador *just-in-time* na pandemia. In: OLIVEIRA, Dalila Andrade; POCHMANN, Marcio (orgs.). *Devastação do trabalho:* a classe do labor na crise da pandemia. Brasília, Positiva/CNTE, 2020.

_____ et al. Condições de trabalho de entregadores via plataforma digital durante a Covid-19. *Revista Jurídica Trabalho e Desenvolvimento Humano*, Edição especial – Dossiê covid-19, 2020, p. 1-21.

ADAMS, Abi; PRASSL, Jeremias. *Zero-Hours Work in the United Kingdom*. Genebra, OIT, 2018, série Conditions of Work and Employment, n. 101.

ADASCALITEI, Dragos; MORANO, Clemente P. *Labour Market Reforms since the Crisis:* Drivers and Consequences. Genebra, OIT, 2015, *working paper* n. 5.

ALIANÇA BIKE. *Perfil dos entregadores ciclistas de aplicativo*. São Paulo, jul. 2019. Disponível em: <https://aliancabike.org.br/pesquisa-de-perfil-dos-entregadores-ciclistas-de-aplicativo/>. Acesso em: 10 set. 2019.

ALVES, Francisco. Por que morrem os cortadores de cana? *Saúde e Sociedade*, v. 15, n. 3, set.-dez. 2006, p. 90-8.

ANDRADE, Robson Braga de. O admirável e desafiador novo mundo do trabalho. *Agência de Notícias da Indústria*, 20 dez. 2018. Disponível em: <https://noticias.portaldaindustria.com.br/artigos/robson-braga-de-andrade/ o-admiravel-e-desafiador-novo-mundo-do-trabalho/>. Acesso em: 4 out. 2021.

ANTUNES, Ricardo. *Adeus ao trabalho?* Ensaio sobre as metamorfoses e a centralidade do mundo do trabalho. São Paulo, Cortez, 1995.

_____. *Os sentidos do trabalho*: ensaio sobre a afirmação e a negação do trabalho. São Paulo, Boitempo, 2000.

_____. Trabalho intermitente e uberização do trabalho no limiar da indústria 4.0. In: ANTUNES, Ricardo (org.). *Uberização, trabalho digital e indústria 4.0*. São Paulo, Boitempo, 2020.

_____; BRAGA, Ruy (orgs.). *Infoproletários*: degradação real do trabalho virtual. Boitempo, São Paulo, 2009.

ASSOCIAÇÃO NACIONAL DOS MAGISTRADOS DO TRABALHO (ANAMATRA); CENTRO DE ESTUDOS SINDICAIS E DE ECONOMIA DO TRABALHO (CESIT). *Trabalho, justiça e sociedade:* o olhar da magistratura do trabalho sobre o Brasil do século XXI. Campinas,

IE-Unicamp, 2008. Disponível em: <www.anamatra.org.br/attachments/article/54/00000990.pdf>. Acesso em: 14 out. 2021.

AUTOR, David; SALOMONS, Anna. *Robocalypse Now*: Does Productivity Growth Threaten Employment? Cambridge, NBER, 2017.

BALARAM, Brhmie; WALLACE-STEPHENS, Fabian; WARDEN, Josie. *Good Gigs:* A Fairer Future for the UK's Gig Economy. Londres, RSA, 2017.

BALTAR, Paulo. *Crescimento da economia e mercado de trabalho no Brasil*. Brasília, Ipea, 2015, texto para discussão 2.036. Disponível em: <http://repositorio.ipea.gov.br/bitstream/11058/3596/1/td_2036.pdf>. Acesso em: 14 out. 2021.

BANCO MUNDIAL. *The Changing Nature of Work:* World Development Report 2019. Washington, Banco Mundial, 2019.

BANCO DE ESPAÑA. Competitive Adjustment and Recovery in the Spanish Economy. In: *Annual Report 2015*. Madri, Banco de España, 2015, p. 39-63.

BASSO, Pietro. *Tempos modernos, jornadas antigas:* vidas de trabalho no início do século XXI. Trad. Patrícia Villen. Campinas, Editora Unicamp, 2018.

BBC. Uber Drivers Strike Over Pay and Conditions. *BBC*, Londres, 8 maio 2018. Disponível em: <www.bbc.com/news/business-48190176>. Acesso em: 25 jul. 2018.

BENANAV, Aaron. Automation and the Future of Work – 1. *New Left Review*, n. 119, set.-out. 2019.

BERG, Janine. *Income Security in the On-Demand Economy*: Findings and Policy Lessons from a Survey of Crowdworkers. Genebra, OIT, 2016, série Conditions of Work and Employment, n. 74.

_____. The Inefficient Technological Revolution: The Organization of Work in the Gig Economy. *VI Regulating for Decent Work Conference*, Genebra, jul. 2017.

_____; DE STEFANO, Valerio. It's Time to Regulate the Gig Economy. *Open Democracy*, 18 abr. 2017. Disponível em: <www.opendemocracy.net/en/beyond-trafficking-and-slavery/it-s-time-to-regulate-gig-economy>. Acesso em: 14 out. 2021.

BHADURI, Amit; MARGLIN, Stephen. Unemployment and the Real Wage: The Economic Basis for Contesting Political Ideologies. *Cambridge Journal of Economics*, v. 14, n. 4, 1990, p. 375-93.

BOM DIA SP; SP1. Motorista de aplicativo é espancado no ABC; Grande SP registra 5 mortes em setembro. *G1*, 30 set. 2019. Disponível em: <https://g1.globo.com/sp/sao-paulo/noticia/2019/09/30/motorista-de-aplicativo-e-espancado-no-abc-setembro-registra-5-mortes-na-grande-sp.ghtml>. Acesso em: 10 nov. 2019.

BRIDGES, William. *Mudanças nas relações de trabalho:* como ser bem-sucedido em um mundo sem empregos. Trad. José Carlos Barbosa dos Santos, Rio de Janeiro, Makron, 1995.

BURAWOY, Michael. From Polanyi to Pollyanna: The False Optimism of Global Labor Studies. *Global Labour Journal*, v. 1, n. 2, 2010, p. 301-13.

CÂMARA DOS DEPUTADOS. *Comissão Especial destinada a proferir parecer ao Projeto de Lei nº 6.787, de 2016, do Poder Executivo que "altera o Decreto-Lei nº 5.452, de 1º de maio de 1943"* – Voto do relator, dep. Rogério Marinho. Brasília, Câmara dos Deputados, 2017. Disponível em: <www.camara.leg.br/proposicoesWeb/prop_mostrarintegra?codteor=1544961>. Acesso em: 14 out. 2021.

CAMINHOS DO TRABALHO. *Dossiê de pesquisa 1*. Salvador, UFBA, 2020. Disponível em: <http://abet-trabalho.org.br/wp-content/uploads/2020/11/Dossie_Call_Center_Caminhos_do_Trabalho.pdf>. Acesso em: 14 out. 2021.

CAMPOS, Nauro F.; NUGENT, Jeffrey B. *The Dynamics of the Regulation of Labor in Developing and Developed Countries since 1960*. Bonn, IZA, 2012, *discussion paper* n. 6.881.

CARDOSO, Adalberto Moreira; AZAÏS, Christian. Reformas trabalhistas e seus mercados: uma comparação Brasil-França. *Caderno do CRH*, v. 32, n. 86, 2019, p. 307-323.

CARVALHO, Laura; RUGITSKY, Fernando. *Growth and Distribution in Brazil the 21st Century:* Revisiting the Wage-Led versus Profit-Led Debate. São Paulo, FEA-USP, 2015, *working paper* n. 2015-25.

CARVALHO, Rui de Quadros. Projeto de primeiro mundo com conhecimento e trabalho do terceiro? *Estudos Avançados*, v. 7, n. 17, abr. 1993, p. 35-79.

CASTRO, Gabriel. Por que o número de beneficiários do Bolsa Família só cresce. *Veja*, São Paulo, 13 jan. 2014. Disponível em: <https://veja.abril.com.br/politica/por-que-o-numero-de-beneficiarios-do-bolsa-familia-so-cresce/>. Acesso em: 4 out. 2021.

CENTRAL ÚNICA DOS TRABALHADORES (CUT); DEPARTAMENTO INTERSINDICAL DE ESTATÍSTICA E ESTUDOS SOCIOECONÔMICOS (DIEESE). *Terceirização e desenvolvimento*: uma conta que não fecha – dossiê acerca do impacto da terceirização sobre os trabalhadores e propostas para garantir a igualdade de direitos. São Paulo, CUT, 2014. Disponível em: <www.cut.org.br/system/uploads/ck/files/Dossie-Terceirizacao-e-Desenvolvimento.pdf>. Acesso em: 4 out. 2021.

CHANG, Ha-Joon. *Chutando a escada*: a estratégia do desenvolvimento em perspectiva. Trad. Luiz Antônio Oliveira de Araújo. São Paulo, Editora Unesp, 2004.

CHESALINA, Olga. Social Security for Platform Economy as a Challenge for Social Security in Germany and in Russia: A Comparative Study. *Spanish Labour Law and Employment Relations Journal*, v. 7, n. 1-2, 2017, p. 17-28. Disponível em: <https://e-revistas.uc3m.es/index.php/SLLERJ/article/view/4433>. Acesso em: 20 ago. 2019.

CHESNAIS, François (org.). *A finança mundializada*: raízes sociais e políticas, configuração, consequências. Trad. Rosa Maria Marques e Paulo Nakatani, São Paulo, Boitempo, 2005.

CLAUWAERT, Stefan; SCHÖMANN, Isabelle. *The Crisis and National Labour Law Reforms*: A Mapping Exercise. Bruxelas, European Trade Union Institute, 2012, *working paper* 2012.04.

COLEMAN, Clive. Bike Couriers Launch Legal Fight over Workers' Rights. *BBC News*, Londres, 22 abr. 2016. Disponível em: <www.bbc.com/news/uk-36103978>. Acesso em: 8 jun. 2020.

COLLIER, Ruth Berins; DUBAL, V. B.; CARTER, Christopher. *Labor Platforms and Gig Work*: The Failure to Regulate. Berkeley, Institute for Research on Labor and Employment, 2017, *working paper* n. 106-17.

COLOMBI, Ana Paula Fregnani. As centrais sindicais e a reforma trabalhista: enfrentamentos e dificuldades. *Tempo Social*, v. 31, n. 3, 2019, p. 217-36.

COMISSÃO EUROPEIA. *European Semester*. Country Report: Spain 2016. Bruxelas, Comissão Europeia, 26 fev. 2016.

COMPANHIA DE ENGENHARIA DE TRÁFEGO (CET). *Relatório anual de acidentes de trânsito – 2019*. São Paulo, CET, 2019.

CONFEDERAÇÃO NACIONAL DA INDÚSTRIA (CNI). O custo do trabalho na modernização do país. *Indústria e Produtividade*, v. 30, n. 303, 1997.

_____. *Competitividade e crescimento*: a agenda da indústria. Brasília, CNI, 1998.

_____. *Propostas aos presidenciáveis*. Brasília, CNI, 2002.

_____. *Agenda Legislativa 2006*. Brasília, CNI, 2006.

_____. *Crescimento*. A visão da indústria. Brasília, CNI, 2006.

_____. *Nota técnica n. 4*. Brasília, CNI, 2006, p. 11

_____. *A indústria e o Brasil*: uma agenda para crescer mais e melhor. Brasília, CNI, 2010.

_____. *101 propostas para modernização trabalhista*. Brasília: CNI, 2012.

_____. *Custo do trabalho e produtividade*: comparações internacionais e recomendações. Brasília, CNI, 2014.

_____. *Modernização das relações do trabalho:* caminho para equilibrar proteção, competitividade e desenvolvimento econômico e social. Brasília, CNI, 2017. Disponível em: <https://conexaotrabalho.portaldaindustria.com.br/media/publication/files/Relacoes%20do%20Trabalho_Modernizacao%20Trabalhista_v5_web.pdf>. Acesso em: 4 out. 2021.

_____. *Relações trabalhistas no contexto da indústria 4.0*. Brasília, CNI, 2017. Disponível em: <https://conexaotrabalho.portaldaindustria.com.br/media/publication/files/Relacoes_trabalhistas_web.pdf>. Acesso em: 4 out. 2021.

CONFEDERAÇÃO NACIONAL DO TRANSPORTE (CNT). *Pesquisa CNT:* perfil dos caminhoneiros 2016. Brasília, CNT, 2016.

COURNÈDE, Boris et al. Enhancing Economic Flexibility: What Is in It for Workers? *OECD Economic Policy Paper*, n. 19, nov. 2016.

COWLING, Marc; MITCHELL, Peter. The Evolution of UK Self-Employment: A Study of Government Policy and the Role of the Macroeconomy. *The Manchester School*, v. 65, n. 4, 1997, p. 427-42.

DARDOT, Pierre; LAVAL, Christian. *A nova razão do mundo:* ensaio sobre a sociedade neoliberal. Trad. Mariana Echalar. São Paulo, Boitempo, 2016.

DE STEFANO, Valerio. *The Rise of the "Just-in-Time Workforce"*: On-Demand Work, Crowdwork and Labour Protection in the "Gig-Economy". Genebra, OIT, 2016, série Conditions of Work and Employment, n. 71. Disponível em: <www.ilo.org/wcmsp5/groups/public/---ed_protect/---protrav/---travail/documents/publication/wcms_443267.pdf>. Acesso em: 14 out. 2021.

_____. Labour is not a Technology: Reasserting the Declaration of Philadelphia in Times of Platform-Work and Gig-Economy. *IUSLabor*, n. 2, 2017. Disponível em: <www.upf.edu/documents/3885005/58976718/Labour_is_not_technology_DeStefano.pdf/f0ae7b4f-d39e-0ff-7-1421-2cb0eb512977>. Acesso em: 14 out. 2021.

_____. *"Negotiating the Algorithm"*: Automation, Artificial Intelligence and Labour Protection. Genebra, OIT, 2018, Employment *working paper* n. 246.

DIAZ, João César. Associação que reúne apps como Rappi pede debate sobre entregadores. *UOL*, 7 fev. 2021. Disponível em: <https://economia.uol.com.br/noticias/redacao/2021/02/07/associacao-que-reune-apps-como-rappi-pede-debate-sobre-entregadores.htm>. Acesso em: 4 out. 2021.

DOMÉNECH, Rafael; GARCÍA, Juan Ramón; ULLOA, Camilo. *The Effects of Wage Flexibility on Activity and Employment in the Spanish Economy*. Madri, BBVA Research, 2016, *working paper* n. 16/17.

DONAGHY, Rita. *One Death is too Many*: Inquiry into the Underlying Causes of Construction Fatal Accidents. Report to the Secretary of State for Work and Pensions, jul. 2009. Disponível em: <https://assets.publishing.service.gov.uk/government/uploads/system/uploads/attachment_data/file/228876/7657.pdf>. Acesso em: 14 out. 2021.

DOSI, Giovanni et al. *The Effects of Labour Market Reforms upon Unemployment and Income Inequalities*: An Agent Based Model. Bruxelas, ISI Growth-União Europeia, 2016, *working paper* n. 23. Disponível em: <www.isigrowth.eu/wp-content/uploads/2016/07/working_paper_2016_23.pdf>. Acesso em: 4 out. 2021.

DRUCK, Graça. Trabalho, precarização e resistências: novos e velhos desafios? *Caderno do CRH*, v. 24, n. 1, 2011, p. 35-55.

_____; BORGES, Ângela. Terceirização: balanço de uma década. *Caderno do CRH*, v. 15, n. 37, jul.-dez. 2002, p. 111-39.

_____; FILGUEIRAS, Vitor Araújo. A epidemia da terceirização e a responsabilidade do STF. *Revista do Tribunal Superior do Trabalho*, v. 80, 2014, p. 106-25.

DUELL, Nicola. *Case Study:* Gaps in Access to Social Protection for Mini-Jobs in Germany. Bruxelas, Comissão Europeia, 2018.

EHMKE, Ellen; LINDNER, Fabian. *Labour Market Measures in Germany 2008-13:* The Crisis and Beyond. Genebra, OIT, 2015. Disponível em: <www.ilo.org/wcmsp5/groups/public/---dgreports/---inst/documents/publication/wcms_449926.pdf>. Acesso em: 14 out. 2021.

ELLIOTT, Jamie. *The Great Payroll Scandal*. Londres, Ucatt, 2012.

_____. *The Umbrella Company Con-Trick*. Londres, Ucatt, 2014.
ESTADOS UNIDOS. *Seven Years after Rana Plaza, Significant Challenges Remain*. Washington, Committee on Foreign Relations, 2020.
FARRELL, Diana; GREIG, Fiona. *Paychecks, Paydays, and the Online Platform Economy:* Big Data on Income Volatility. JP Morgan Chase & Co Institute, fev. 2016. Disponível em: <https://papers.ssrn.com/sol3/papers.cfm?abstract_id=2911293>. Acesso em: 14 out. 2021.
FEDERAÇÃO DAS INDÚSTRIAS DO ESTADO DE SÃO PAULO (FIESP). *Livre para crescer:* proposta para um Brasil moderno. São Paulo, Cultura Editores Associados, 1990.
_____. *Proposta para um Brasil moderno. Anais do Seminário realizado em 1990 para discutir o livro Livre para crescer*. São Paulo, Fiesp, 1990.
FERRERAS, Isabelle et al. (orgs.). *O manifesto do trabalho*: democratizar, desmercantilizar, remediar. Rio de Janeiro, Lumen Juris, 2021.
FIGUEIREDO, Patrícia. Irmão diz que entregador morto depois de sofrer AVC durante entrega trabalhava mais de 12 horas por dia. *G1*, São Paulo, 12 jul. 2019. Disponível em: <https://g1.globo.com/sp/sao-paulo/noticia/2019/07/12/irmao-diz-que-entregador-morto-depois-de-sofrer-avc-durante-entrega-trabalhava-mais-de-12-horas-por-dia.ghtml?utm_source=facebook&utm_medium=social&utm_content=post&utm_campaign=g1>. Acesso em: 5 ago. 2019.
FILGUEIRAS, Vitor Araújo. *Estado e direito do trabalho no Brasil:* regulação do emprego entre 1988 e 2008. Tese (doutorado em ciências sociais), Salvador, FFCH-UFBA, 2012.
_____. Novas/velhas formas de organização e exploração do trabalho: a produção "integrada" na agroindústria. *Mediações*, v. 18, n. 2, 2013, p. 230-45.
_____. O Ministério Público do Trabalho e a flexibilização do direito do trabalho. *Anais do Encontro Nacional da Associação Brasileira de Estudos do Trabalho (Abet)*, Curitiba, 2013.
_____. Justiça do Trabalho e a conciliação impossível. *Revista do Tribunal Regional do Trabalho da 15ª Região*, Campinas, v. 1, 2014.
_____. *NR 12*: máquinas, equipamentos, dedos, braços e vidas: padrão de gestão da força de trabalho pelo empresariado brasileiro. Indicadores de Regulação do Emprego no Brasil, 2014. Disponível em: <http://indicadoresderegulacaodoemprego.blogspot.com.br/2014/06/nr-12-maquinas-equipamentos-dedos.html>. Acesso em: 14 out. 2021.
_____. Terceirização e os limites da relação de emprego: trabalhadores mais próximos da escravidão e morte. *Revista do V Congresso Internacional de Direito do Trabalho e Processo do Trabalho de Santa Maria*, v. 3, 2014, p. 20.
_____. Padrão de atuação da fiscalização do trabalho no Brasil: mudanças e reações. *Revista de Ciências Sociais Política & Trabalho*, v. 2, n. 41, jan. 2015, p. 147-73.
_____. Terceirização e acidentes de trabalho na construção civil. In: _____ (org.). *Saúde e segurança do trabalho na construção civil*. Aracaju, J. Andrade, 2015.
_____. Mercado de trabalho e coerção sobre os trabalhadores: Brasil, Reino Unido e o avanço do "moinho satânico". *Revista da Abet*, v. 15, n. 2, jul.-dez. 2016, p. 107-26. Disponível em: <https://periodicos.ufpb.br/ojs2/index.php/abet/article/view/32910/17127>. Acesso em: 4 out. 2021.
_____. Regulação da terceirização e estratégias empresariais: o aprofundamento da lógica desse instrumento de gestão da força de trabalho. *Cadernos do Ceas*, n. 239, 2016, p. 742-70.
_____. As promessas da reforma trabalhista: combate ao desemprego e redução da informalidade. In. KREIN, José Dari; FILGUEIRAS, Vitor Araújo; OLIVEIRA, Roberto Véras de (orgs). *Reforma trabalhista no Brasil:* promessas e realidade. Campinas/Brasília, Curt Nimuendajú, 2019.
_____ (org.). *Saúde e segurança do trabalho na construção civil*. Aracaju, J. Andrade, 2015.
_____ (org.). *Saúde e segurança do trabalho no Brasil*. Brasília, Movimento, 2017.
_____; ANTUNES, Ricardo. Plataformas digitais, uberização do trabalho e regulação no capitalismo contemporâneo. In: ANTUNES, Ricardo (org.). *Uberização, trabalho digital e indústria 4.0*. São Paulo, Boitempo, 2020.

_____; CAVALCANTE, Sávio Machado. Terceirização: debate conceitual e conjuntura política. *Revista da Abet*, v. 14, 2015, p. 15-36. Disponível em: <http://periodicos.ufpb.br/ojs/index.php/abet/article/view/25699/13875>. Acesso em: 4 out. 2021.

_____; _____. A falsa polarização e a definição de esquerda e direita. *Jornal GGN*, 8 jun. 2020. Disponível em: <https://jornalggn.com.br/artigos/a-falsa-polarizacao-e-a-definicao-de-esquerda-e-direita-por-vitor-filgueiras-e-savio-cavalcante>. Acesso em: 4 out. 2021.

_____; _____. O trabalho no século XXI e o novo adeus à classe trabalhadora. *Princípios*, v. 159, n. 39, 2020, p. 11-41. Disponível em: <https://revistaprincipios.emnuvens.com.br/principios/issue/view/2>. Acesso em: 4 out. 2021.

_____; _____. What Has Changed: A New Farewell to the Working Class? *Revista Brasileira de Ciências Sociais*, v. 35, n. 102, 2020. Disponível em: <www.scielo.br/scielo.php?script=sci_arttext&pid=S0102-69092020000100512&lng=pt&nrm=iso&tlng=en>. Acesso em: 8 jun. 2020.

_____; COSTA, Sara. Trabalho descartável: as mudanças nas formas de contratação introduzidas pelas reformas trabalhistas no mundo. *Cadernos do Ceas*, n. 248, set.-dez. 2019, p. 578-607.

_____; _____. O Brasil na contramão do mundo? Trabalho, proteção social e desenvolvimento nos Estados Unidos. *Jornal GGN*, 22 ago. 2021. Disponível em <https://jornalggn.com.br/destaque-secundario/o-brasil-na-contramao-do-mundo-trabalho-protecao-social-e-desenvolvimento-nos-estados-unidos-por-sara-costa-e-vitor-filgueiras/>. Acesso em: 4 out. 2021.

_____; DUTRA, Renata Queiroz. O Supremo e a repercussão geral no caso da terceirização de atividade-fim de empresas de telecomunicações: o que está em jogo? *Indicadores de Regulação do Emprego no Brasil*, 25 jun. 2014. Disponível em: <http://indicadoresderegulacaodoemprego.blogspot.com.br/2014/06/o-supremo-e-repercussao-geral-no-caso.html>. Acesso em: 4 out. 2021.

_____; _____. The So-called Outsourcing (Subcontracting) Question and its Regulation. *Direito e Práxis*, v. 11, n. 4, 2020, p. 2.543. Disponível em: <https://www.scielo.br/scielo.php?script=sci_arttext&pid=S2179-89662020000402543&lng=en&nrm=iso&tlng=en>. Acesso em: 14 out. 2021.

_____; KREIN, José Dari. Reforma da previdência para quem? Proposta para uma reforma efetiva e pragmática. *Plataforma Política Social*, 17 maio 2016.

_____; _____. A raiz da greve dos caminhoneiros e a regulação do trabalho. *IHU On-line*, São Leopoldo, 29 maio 2018. Disponível em: <www.ihu.unisinos.br/78-noticias/579431-a-raiz-da-greve-dos-caminhoneiros-e-a-regulacao-do-trabalho>. Acesso em: 8 jun. 2020.

_____; MAGALHÃES, Alice Azevedo. Brasil: O único remanescente na corrida ao fundo do poço?. *Jornal GGN*, 30 ago. 2021. Disponível em: <https://jornalggn.com.br/artigo/brasil-o-unico-remanescente-na-corrida-ao-fundo-do-poco/>. Acesso em: 4 out. 2021.

_____; MOREIRA, Uallace. Luz e trevas: Coreia e Brasil cada vez mais distantes. *Jornal GGN*, 13 set. 2021. Disponível em: <https://jornalggn.com.br/artigos/luz-e-trevas-coreia-e-brasil-cada-vez-mais-distantes-por-uallace-moreira-e-vitor-filgueiras>. Acesso em: 4 out. 2021.

_____; _____; SOUZA, Ilan Fonseca. Os impactos jurídicos, econômicos e sociais da reforma trabalhista: análise de experiências internacionais. *Caderno do CRH*, v. 32, n. 86, 2019, p. 231-51.

_____; RIBEIRO JÚNIOR, Raymundo Lima. O Ministério Público do Trabalho e a regulação do direito do trabalho no setor sucroalcooleiro de Sergipe. *Anais do Encontro Nacional da Abet*. Campinas, Abet, 2015.

_____; SCIENZA, Alfredo. Tecnologia para quê(m)? Resistência empresarial e reprodução das mortes na construção civil. In: FILGUEIRAS, Vitor Araújo (org.). *Saúde e segurança do trabalho na construção civil brasileira*. Aracaju, J. Andrade, 2015.

_____; SOUZA, Ilan Fonseca. Criatividade do capital e exploração do trabalho no bojo da acumulação flexível: o esquema de intermediação da força de trabalho numa fábrica de veículo. *Anais do XII Encontro Nacional da Abet*. João Pessoa, Abet, set. 2011.

_____ et al. *Levantamento sobre o trabalho dos entregadores por aplicativos no Brasil:* relatório 1 de pesquisa. Salvador, Projeto Caminhos do Trabalho-UFBA, 2020. Disponível em: <http://abet-trabalho.org.br/wp-content/uploads/2020/08/Relato%CC%81rio-de-Levantamento-sobre-Entregadores-por-Aplicativos-no-Brasil.pdf>. Acesso em: 14 out. 2021.

FISCHER, Gabriele et al. *Situation atypisch Beschäftigter und Arbeitszeitwünsche von Teilzeitbeschäftigten. Quantitative und qualitative Erhebung sowie begleitende Forschung.* Endbericht, IAB-Forschungsprojekt im Auftrag des Bundesministeriums für Arbeit und Soziales, 2015.

FOCUS ON LABOUR EXPLOITATION (FLEX), *Tackling Exploitation in the UK Labour Market.* Londres, Department for Business Inovation and Skills, 2017.

FORD, Martin. *Rise of the Robots:* Technology and the Threat of a Jobless Future. Nova York, Basic Books, 2015. [Ed. bras.: *Os robôs e o futuro do emprego,* trad. Claudia Gerpe Duarte, Rio de Janeiro, Best Business, 2019.]

FORUM ECONÔMICO MUNDIAL. *The Future of Jobs Report.* Genebra, FEM, 2018.

_____. *Towards a Reskilling Revolution*: Industry-Led Action for the Future of Work. Genebra, FEM, 2019.

FUNDO MONETÁRIO INTERNACIONAL (FMI). *Annual Report.* Washington, FMI, 1990.

_____. *Spain:* Selected Issues. Washington, FMI, 2017, IMF Country Report n. 17/320.

_____. *Technology and the Future of Work.* Washington, FMI, 2018. Disponível em: <www.imf.org/external/np/g20/pdf/2018/041118.pdf>. Acesso em: 4 out. 2021.

_____. *Future of Work:* Measurement and Policy Challenges. Washington, FMI, 2018. Disponível em: <www.imf.org/external/np/g20/pdf/2018/071818a.pdf>. Acesso em: 4 out. 2021.

_____. *Brasil:* declaração final do corpo técnico sobre a missão de consulta de 2018 nos termos do Artigo IV. 2018. Disponível em: <www.imf.org/pt/News/Articles/2018/05/25/mcs052518-brazil-staff-concluding-statement-of-the-2018-article-iv-mission>. Acesso em: 14 out. 2021.

G1. FMI recomenda revisão do salário mínimo e reforma trabalhista no Brasil. *G1,* 29 set. 2016. Disponível em: <http://g1.globo.com/economia/noticia/2016/09/fmi-recomenda-revisao-do-salario-minimo-e-reforma-trabalhista-no-brasil.html>. Acesso em: 4 out. 2021.

GALVÃO, Andréia. *Neoliberalismo e reforma trabalhista no Brasil.* 2003. Tese (doutorado em ciências sociais), Campinas, IFCH-Unicamp, 2003.

GANGMASTERS AND LABOUR ABUSE AUTHORITY (GLAA). Cambridgeshire "Trafficking" Arrests. Londres, GLAA, 2 maio 2014. Disponível em: <https://www.gla.gov.uk/whats-new/press-release-archive/2514-cambridgeshire-trafficking-arrests/>. Acesso em: 6 out. 2021.

_____. *The Nature and Scale of Labour Exploitation across All Sectors within the United Kingdom.* Londres, GLAA, 2018.

GANGMASTERS LICENSING AUTHORITY (GLA). *Strategy for Protecting Vulnerable and Exploited Workers:* 2014-2017. Londres, GLA, 2014.

_____. *Strategy for Protecting Vulnerable and Exploited Workers*: 2015-2018. Londres, GLA, 2015.

GIUPPONI, Giulia; XU, Xiaowei. *What Does the Rise of Self-employment Tell us about the UK Labour Market?* Londres, The Institute for Fiscal Studies, 2020. Disponível em: <https://ifs.org.uk/uploads/BN-What-does-the-rise-of-self-employment-tell-us-about-the-UK-labour-market-1.pdf>. Acesso em: 4 out. 2021.

GORZ, André. *Farewell to the Working Class.* Londres, Pluto, 1982. [Ed. bras.: *Adeus ao proletariado:* para além do socialismo, trad. Ângela Ramalho Vianna e Sérgio Goes de Paula, Rio de Janeiro, Forense Universitária, 1982.]

_____. *Les Chemins du paradis:* l'agonie du capital. Paris, Galilée, 1983.

_____. *Critique of Economic Reason.* Londres, Verso, 1989. [Ed. bras.: *Metamorfoses do trabalho:* crítica da razão econômica, trad. Ana Montoia, São Paulo, Annablume, 2003.]

GRAHAM, Mark; HJORTH, Isis, LEHDONVIRTA, Vili. Digital Labour and Development: Impacts of Global Digital Labour Platforms and the Gig Economy on Worker Livelihoods. *Transfer: European Review of Labour and Research*, v. 23, n. 2, 2017, p. 135-62.

HAMMER, Nikolaus et al. *New Industry on a Skewed Playing Field:* Supply Chain Relations and Working Conditions in UK Garment Manufacturing. Focus Area – Leicester and the East Midlands. Leicester, University of Leicester, 2015.

HARRIS, Seth D.; KRUEGER, Alan Y. *A Proposal for Modernizing Labor Laws for Twenty-First-Century Work:* "The Independent Worker". Washington, The Hamilton Project, dez. 2015, *discussion paper* 2015-10. Disponível em: <www.hamiltonproject.org/assets/files/modernizing_labor_laws_for_twenty_first_century_work_krueger_harris.pdf>. Acesso em: 20 nov. 2018.

HARVEY, David. *O novo imperialismo*. Trad. Adail Sobral e Maria Stela Gonçalves. 2. ed. São Paulo, Loyola, 2005.

HARVEY, Mark; BEHLING, Felix. *The Evasion Economy*: False Self-Employment in the UK Construction Industry. Londres, Ucatt, 2010.

HEALTH AND SAFETY EXECUTIVE (HSE). *Causal Factors in Construction Accidents*. Norwich, HSE, 2003.

HERZOG-STEIN, Alexander; LINDNER, Fabian; ZWIENER, Rudolph. *Is the Supply Side All that Counts?* How Germany's One-Sided Economic Policy Has Squandered Opportunities and Is Damaging Europe. Düsseldorf, Institut für Makroökonomie und Konjunkturforschung, 2013, IMK-Report n. 87.

HIRATUKA, Célio. Mudanças na estrutura produtiva global e a inserção brasileira: desafios ao cenário pós-crise. In: CENTRO DE GESTÃO E ESTUDOS ESTRATÉGICOS (CGEE). *Dimensões estratégicas do desenvolvimento brasileiro*, v. 5: Continuidade e mudança no cenário global – desafios à inserção do Brasil. Brasília, CGEE, 2016.

HOME OFFICE. Equality Duty. *Tackling Exploitation in the Labour Market*. Londres, Department of Business, Innovation and Skills, 2016.

HOWELL, David (org.). *Fighting Unemployment:* The Limits of Free Market Orthodoxy. Nova York, Oxford University Press, 2005.

ISAAC, Mike. How Uber Got Lost. *The New York Times*, Nova York, 23 ago. 2019. Disponível em: <www.nytimes.com/2019/08/23/business/how-uber-got-lost.html>. Acesso em: 4 out. 2021.

JAEHRLING, Karen. The Atypical and Gendered "Employment Miracle" in Germany: A Result of Employment Protection Reforms or Long-Term Structural Changes? In: PIASNA, Agnieszka; MYANT, Martin (orgs.). *Myths of Employment Deregulation:* How It neither Creates Jobs nor Reduces Labour Market Segmentation. Bruxelas, European Trade Union Institute, 2017.

JONES, Rupert. Uber Driver Earned Less than Minimum Wage, Tribunal Told. *The Guardian*, Londres, 20 jul. 2016. Disponível em: <https://www.theguardian.com/business/2016/jul/20/uber-driver-employment-tribunal-minimum-wage>. Acesso em: 4 out. 2021.

KALECKI. Michał. Aspectos políticos do pleno emprego. Trad. José Carlos Ruy, *Jacobin Brasil*, 30 set. 2020. Disponível em: <https://jacobin.com.br/2020/09/aspectos-politicos-do-pleno-emprego>. Acesso em: 4 out. 2021.

KITTUR, Aniket et al. The Future of Crowd Work. *ACM Conference on Computer Supported Coooperative Work*, San Antonio, 23-27 fev. 2013, p. 1.301-18. Disponível em: <https://hci.stanford.edu/publications/2013/CrowdWork/futureofcrowdwork-cscw2013.pdf>. Acesso em: 25 mar. 2018.

KREIN, José Dari. *O aprofundamento da flexibilização das relações de trabalho no Brasil nos anos 90*. Dissertação (mestrado em economia social), Campinas, IE-Unicamp, 2001.

LEE, Jeong-Hee. Promises and Reality of Labor Reform in South Korea. *Cadernos do Ceas* – Revista crítica de humanidades, n. 248, dez. 2019, p. 766-87. Disponível em: <https://cadernosdoceas.ucsal.br/index.php/cadernosdoceas/article/view/590>. Acesso em: 7 out. 2021.

LEHNDORF, Steffen. Internal Devaluation and Employment Trends in Germany. In: MYANT, Martin; THEODOROPOULOU, Sotiria; PIASNA, Agnieszka (orgs.). *Unemployment, Internal Devaluation and Labour Market Deregulation in Europe*. Bruxelas, European Trade Union Institute, 2016.

LOBEL, Fabrício. Número de motoristas do Uber cresce dez vezes em um ano no Brasil. *Folha de S.Paulo*, São Paulo, 30 out. 2017. Disponível em: <www1.folha.uol.com.br/cotidiano/2017/10/1931013-numero-de-motoristas-do-uber-cresce-dez-vezes-em-um-ano-no-brasil.shtml>. Acesso em: 10 out. 2018.

MADRI. *Juzgado de lo social n. 19 de Madrid, n. de Resolución 188/2019*, Madri, 2019.

MANKIW, N. Gregory. *Introdução à economia*. Trad. Allan Vidigal Hasting e Elisete Paes e Lima. Rio de Janeiro, Campus, 2005.

MANYIKA, James et al. Independent Work: Choice, Necessity, and the Gig Economy. *Mckinsey Global Institute*, 10 out. 2016. Disponível em: <www.mckinsey.com/featured-insights/employment-and-growth/independent-work-choice-necessity-and-the-gig-economy>. Acesso em: 14 out. 2021.

MARSHALL, Aarian. On Eve of Uber's IPO, Ride-Hail Drivers Stage Protests. *Wired*, 5 ago. 2018. Disponível em: <www.wired.com/story/eve-ubers-ipo-ride-hail-drivers-stage-protests>. Acesso em: 23 jul. 2019.

MARTELLO, Alexandro. Nova lei trabalhista deve gerar mais de 6 milhões de empregos, diz Meirelles. *G1*, Brasília, 30 out. 2017. Disponível em: <https://g1.globo.com/economia/noticia/nova-lei-trabalhista-vai-gerar-mais-de-6-milhoes-de-empregos-diz-meirelles.ghtml>. Acesso em: 4 out. 2021.

_____. Governo estuda sistema alternativo de carteira de trabalho para o futuro, diz Guedes. *G1*, Brasília, 7 fev. 2019. Disponível em: <https://g1.globo.com/economia/noticia/2019/02/07/guedes-diz-que-estuda-sistema-alternativo-onde-trabalhadores-escolhem-que-direitos-ter.ghtml>. Acesso em: 4 out. 2021.

_____. Programa do microempreendedor completa 10 anos com 54% de empresários inadimplentes. *G1*, Brasília, 21 jul. 2019. Disponível em: <https://g1.globo.com/economia/pme/noticia/2019/07/21/programa-do-microempreendedor-completa-10-anos-com-54percent-de-empresarios-inadimplentes.ghtml>. Acesso em: 5 ago. 2019.

MARTÍNEZ, Domingo Antonio Manzanares; ALCARAZ, José Luján. Cambios y reformas laborales en un contexto de crisis. *AREAS Revista Internacional de Ciencias Sociales*, n. 32, 2013, p. 7-15.

MARX, Karl. *O capital:* crítica da economia política. Livro I: O processo de produção do capital. Trad. Rubens Enderle, São Paulo, Boitempo, 2013.

MATOSO, Filipe. Temer defende reforma trabalhista e diz que é saída para manter empregos. *G1*, Brasília, 24 ago. 2016. Disponível em: <http://g1.globo.com/politica/noticia/2016/08/temer-defende-reforma-trabalhista-e-diz-que-e-saida-para-manter-empregos.html>. Acesso em: 14 out. 2021.

MCILROY, John. Os sindicatos e o Estado. Trad. Angela Araújo. In: ARAÚJO, Angela M. Carneiro (org.). *Do corporativismo ao neoliberalismo:* Estado e trabalhadores no Brasil e na Inglaterra. São Paulo, Boitempo, 2002, p. 89-132.

MEDEIROS, Marcelo; SOUZA, Pedro de; CASTRO, Fábio de. A estabilidade da desigualdade de renda no Brasil, 2006 a 2012: estimativa com dados do imposto de renda e pesquisas domiciliares. *Ciência e Saúde Coletiva*, v. 20, n. 4, 2015, p. 971-86.

MERCANTE, Carolina Vieira. A terceirização na indústria de confecções e a reincidência do trabalho análogo ao escravo. *XIV Encontro Nacional da Abet*. Campinas, set. 2015.

MILIOS, John; SOTIROPOULOS, Dimitris P. Financeirização: disciplina do mercado ou disciplina do capital? Trad. Eleutério Prado. *Conferência Understanding the Economic Crisis: The Contribution of Marxisant Approaches*, Atenas, 4 dez. 2009. Disponível em: <http://users.ntua.gr/jmilios/financeirizac3a7c3a3o-disciplina-do-mercado-ou-disciplina-do-capital.pdf>. Acesso em: 14 out. 2021.

MINISTÉRIO PÚBLICO DO TRABALHO. *Ação civil pública com pedido de antecipação de tutela*. Curitiba, Ministério Público do Trabalho/Procuradoria Regional do Trabalho da 9ª Região, 7 dez. 2007. Disponível em: <http://actbr.org.br/uploads/arquivo/188_MPTPRxsouzacruz_fumicultores.pdf>. Acesso em: 1º maio 2011.

MOLINA, Federico Rivas. La justicia argentina falla contra Glovo y otras dos plataformas de reparto. *El País*, Buenos Aires, 3 ago. 2019. Disponível em: <https://elpais.com/economia/2019/08/03/actualidad/1564859872_223414.html>. Acesso em: 5 ago. 2019.

MORAES, Rodrigo Bombonati de Souza; OLIVEIRA, Marco Antonio Gonsales de; ACCORSI, André. Uberização do trabalho: a percepção dos motoristas de transporte particular por aplicativo. *Revista Brasileira de Estudos Organizacionais*, v. 6, n. 3, 2019, p. 647-81.

MYANT, Martin; BRANDHUBER, Laura. *Uses and abuses of the OECD's Employment Protection Legislation Index in Research and EU Policy Making*. Bruxelas, European Trade Union Institute, 2016, *working paper* 2016.11.

NEDELKOSKA, Ljublica; QUINTINI, Glenda. *Automation, Skills Use and Training*. OECD, Paris, 2018, OECD Social, Employment and Migration Working Papers n. 202.

NEWMAN, Andy. My Frantic Life as a Cab-Dodging, Tip-Chasing Food App Deliveryman. *The New York Times*, Nova York, 21 jul. 2019. Disponível em: <www.nytimes.com/2019/07/21/nyregion/doordash-ubereats-food-app-delivery-bike.html?campaign_id=61&instance_id=0&segment_id=15421&user_id=5bf7995c71ce091a49dd1544ed286c53&regi_id=17377528ries>. Acesso em: 5 ago. 2019.

NIZAMI, Nausheen. Impact of Automation on Employment in Information Technology Industry in India: When Advantage Becomes Disadvantage Due to Technical Progress. *5th Regulating for Decent Work Conference on "Future of Work"*, Genebra, jul. 2017.

NÜBLER, Irmgard. *New Technologies:* A Jobless Future or Golden Age of Job Creation? Genebra, OIT, 2016, *working paper* n. 13.

O'CONNOR, Sarah. "Bogus" Self-Employment Deprives Workers of their Rights. *Financial Times*, Londres, 18 ago. 2015. Disponível em: <www.ft.com/cms/s/0/e6231ad6-45a6-11e5-af2f-4d6e0e5eda22.html#axzz3k7YZIUhX>. Acesso em: 10 maio 2017.

OFFE, Claus. *Trabalho e sociedade*: problemas estruturais e perspectivas para o futuro da sociedade do trabalho, v. 1. Trad. Gustavo Bayer e Margrit Martincic. Rio de Janeiro: Tempo Brasileiro, 1989.

OITAVEN, Juliana Carreiro Corbal; CARELLI Rodrigo de Lacerda; CASAGRANDE, Cássio Luís. *Empresas de transporte, plataformas digitais e a relação de emprego:* um estudo do trabalho subordinado sob aplicativos. Brasília, Ministério Público do Trabalho, 2018.

OLÍAS, Laura. Isaac Cuende: el repartidor que ganó a Glovo em el Supremo. *El Diario*, Madri, 23 set. 2020. Disponível em: <www.eldiario.es/economia/repartidor-gano-glovo-supremo-empresa-ofrecio-dinero-dejarlo-primer-juicio-millon-euros_128_6241632.html>. Acesso em: 14 out. 2021.

OLIVEIRA, Filipe. Brasil fica entre os últimos lugares em ranking de automação de empresas. *Folha de S.Paulo*, São Paulo, 7 ago. 2018. Disponível em: <www1.folha.uol.com.br/mercado/2018/08/brasil-fica-entre-os-ultimos-lugares-em-ranking-de-automacao-de-empresas.shtml>. Acesso em: 14 out. 2021.

OLIVEIRA, Flávia. É trabalho, não emprego. *O Globo*, Rio de Janeiro, 1º nov. 2015.

OLIVEIRA, Kaiza Correia. Reformas trabalhistas e desemprego: análise teórica e empírica de experiências internacionais. *Cadernos do Ceas*, n. 248, set.-dez. 2019, p. 544-77.

OFFICE FOR NATIONAL STATISTICS (ONS). *Labour Force Survey*. Londres, ONS, 2014.

_____. *Analysis of Employee Contracts that Do Not Guarantee a Minimum Number of Hours*. Londres, ONS, 2018.

ORGANIZAÇÃO INTERNACIONAL DO TRABALHO (OIT). *The Construction Industry in the Twenty-first Century:* Its Image, Employment Prospects and Skill Requirements. Genebra, OIT, 2001.

_____. *Saúde e vida no trabalho:* um direito humano fundamental. Genebra, OIT, 2009, p. 6-11. Disponível em: <www.ilo.org/wcmsp5/groups/public/---ed_protect/---protrav/---safework/documents/publication/wcms_151830.pdf>. Acesso em: 4 out. 2021.

_____. *G20:* Creating Safe and Healthy Workplaces for All. Melbourne, OIT, 2014.

_____. *Safety and Health at Work:* A Vision for Sustainable Prevention. Genebra, OIT, 2014.

_____. *Non-Standard Forms of Employment:* Report for Discussion at the Meeting of Experts on Non-Standard Forms of Employment. Genebra, OIT, 2015.

_____. *World Employment and Social Outlook 2015*: The Changing Nature of Jobs. Genebra: OIT, 2015.

ORGANIZAÇÃO PARA A COOPERAÇÃO E DESENVOLVIMENTO ECONÔMICO (OCDE). *Jobs Study:* Facts, Analysis, Strategies. Paris, OCDE, 1994.

_____. *Pushing ahead with the Strategy*. Paris, OCDE, 1996. Disponível em: <www.oecd.org/els/emp/1868601.pdf>. Acesso em: 4 out. 2021.

_____. *Technology, Productivity and Job Creation*: Best Policy Practices. Paris, OCDE, 2001. Disponível em: <www.oecd.org/sti/ind/2759012.pdf>. Acesso em: 4 out. 2021.

_____. *OECD Employment Outlook:* Boosting Jobs and Incomes. Paris, OCDE, 2006.

_____. *Economic Policy Reforms 2012*: Going for Growth, Paris, OCDE, 2012.

_____. *Relatórios econômicos OCDE:* Brasil (Resumo). Paris, OCDE, fev. 2018.

_____. *OECD Employment Outlook*. Paris, OCDE, 2018.

OSTRY, Jonathan D.; LOUNGANI, Prakash; FURCERI Davide. Neoliberalism: Oversold? *Finance & Development*, Washington, v. 53, n. 2, jun. 2016, p. 38-41.

PALHARES, Isabela. Rappi e Uber negam responsabilidade legal em caso de entregador morto; Procon discorda. *O Estado de S. Paulo*, São Paulo, 26 jul. 2019. Disponível em: <https://sao-paulo.estadao.com.br/noticias/geral,rappi-e-uber-negam-responsabilidade-legal-com-entregador-morto-procon-discorda,70002941095>. Acesso em: 4 ago. 2019.

PARROT, James A.; REICH, Michael. *An Earnings Standard for New York City's App-based Drivers:* July 2018 Economic Analysis and Policy Assessment. Nova York, CNYCA/CWED, 2018. Disponível em: <tinyurl.com/36w4tknh>. Acesso em: 15 nov. 2019.

PASTORE, José. A morte do emprego. *Jornal da Tarde*, São Paulo, 15 set. 1994. Disponível em: <www.josepastore.com.br/artigos/em/em_004.htm>. Acesso em: 4 out. 2021.

_____. Terceirização: uma realidade desamparada pela lei. *Revista TST*, Brasília, v. 74, n. 4, out.-dez. 2008.

PAULANI, Leda. Acumulação e rentismo: resgatando a teoria da renda de Marx para pensar o capitalismo contemporâneo. *Revista de Economia Política*, v. 36, n. 3, jul.-set. 2016, p. 514-35.

PEREIRA, Cláudia; AZEVEDO, Joana (orgs.). *New and Old Routes of Portuguese Emigration:* Uncertain Futures at the Periphery of Europe. Nova York, Spring, 2019.

PIKETTY, Thomas. *O capital no século XXI*. Trad. Monica Baumgarten de Bolle. Rio de Janeiro, Intrínseca, 2014.

PINHEIRO, Vinícius Carvalho; ARRUDA, Geraldo Almir. *Informe da Previdência Social*, v. 13, n. 10, out. 2001.

POLANYI, Karl. *A grande transformação*: as origens de nossa época. Trad. Fanny Wrabel. Rio de Janeiro, Campus, 2000.

POULANTZAS, Nicos. *Poder político e classes sociais*. Trad. Francisco Silva. São Paulo, Martins Fontes, 1977.

PRAT, Felipe Diez. A des/propósito de… Mi experiencia como repartidor de Deliveroo y el intento por articular nuestra lucha desde la estructura sindical de UGT. *Teknokultura*, v. 17, n. 2, 2020, p. 187-93.

PROGRAMA DAS NAÇÕES UNIDAS PARA O DESENVOLVIMENTO (PNUD). *Relatório de desenvolvimento humano 2015*. Nova York, Pnud, 2015. Disponível em: <http://report.hdr.undp.org>. Acesso em: 15 abr. 2016.

PWC. *UK Economic Outlook*. PWC, mar. 2017. Disponível em: <www.pwc.co.uk/economic-services/ukeo/pwc-uk-economic-outlook-full-report-march-2017-v2.pdf>. Acesso em: 14 out. 2021.

RAMESH, Randeep. Is Britain a Nation of Lazy Scroungers? *The Guardian*, Londres, 24 abr. 2013. Disponível em: <www.theguardian.com/politics/reality-check/2013/apr/24/benefits>. Acesso em: 20 abr. 2016.

REINO UNIDO. *Business Population Estimates for the UK and Regions*. Londres, Department for Business, Energy and Industrial Strategy, 2012.

_____. *Business Population Estimates for the UK and Regions*, Londres, Department for Business, Energy and Industrial Strategy, 2014.

_____. *Employment Status Report*. Londres, Office of Tax Simplification, mar. 2015.

_____. *Employment Intermediaries:* Temporary Workers – Relief for Travel and Subsistence Expenses. Londres, HM Revenue and Customs, 16 dez. 2014.

_____. *Growth Dashboard*. Londres, Department for Business, Innovation and Skills, 22 jan. 2015.

REPÓRTER BRASIL. Nota da M. Officer sobre o segundo flagrante de trabalho escravo na confecção de peças da grife. *Repórter Brasil*, 16 maio 2014. Disponível em: <https://reporterbrasil.org.br/2014/05/nota-da-m-officer-sobre-o-segundo-flagrante-de-trabalho-escravo-na-confeccao-de-pecas-da-grife/>. Acesso em: 4 out. 2021.

RIESCO-SANZ, Alberto. Empresas evanescentes, falsos autónomos y cooperativas de trabajo asociado en la industria cárnica. In: _____ (org.). *Fronteras del trabajo asalariado*. Madri, La Catarata, 2020.

RIFKIN, Jeremy. *O fim dos empregos*. Trad. Ruth Gabriela Bahar. São Paulo, Makron, 1996.

ROGALY, Ben. Intensification of Workplace Regimes in British Horticulture: The Role of Migrant Workers, *Population, Space and Place*, v. 14, n. 6, 2008, p. 497-510.

ROSENFIELD, Cinara. Autoempreendedorismo: forma emergente de inserção social pelo trabalho. *Revista Brasileira de Ciências Sociais*, São Paulo, v. 30, n. 89, 2015, p. 115-28.

SALGADO, Júlia; BAKKER, Bruna. "Quando a crise faz o empreendedor": desemprego e empreendedorismo no jornal *O Estado de S. Paulo*. *Contemporânea: Comunicação e Cultura*, v. 15, n. 2, maio-ago. 2017, p. 590-608. Disponível em: <https://periodicos.ufba.br/index.php/contemporaneaposcom/article/view/17858/15118>. Acesso em: 4 out. 2021.

SCHLINGEMANN, Frederik P.; STULZ, René M. *Has the Stock Market Become Less Representative of the Economy?* Cambridge, National Bureau of Economic Research, out. 2020, *working paper* 27.942. Disponível em: <www.nber.org/papers/w27942>. Acesso em: 14 out. 2021.

SCOPINHO, Rosemeire Aparecida et al. Novas tecnologias e saúde do trabalhador: a mecanização do corte da cana-de-açúcar. *Cadernos de Saúde Pública*, v. 15, n. 1, jan-mar. 1999, p. 147-61. Disponível em: <https://www.scielo.br/j/csp/a/QRKqnCmLrKthKT7HbJ4Fpxn/?lang=pt&format=pdf>. Acesso em: 14 out. 2021.

SEELY, Antony. *Personal Service Companies:* Recent Debate. Londres, House of Commons, 30 mar. 2016, *briefing paper* n. 05976.

_____. *Self-Employment in the Construction Industry*. Londres, House of Commons, 23 ago. 2019, *briefing paper* n. 000196.

SILVA, Maria Aparecida de Moraes. Morte e acidentes nas profundezas do "mar de cana" e dos laranjais paulistas. *InterFacehs*, v. 3, n. 2, abr.-ago. 2008. Disponível em: <http://www3.sp.senac.br/hotsites/blogs/InterfacEHS/wp-content/uploads/2013/07/art1-2008-2.pdf≥>. Acesso em: 15 maio 2010.

SILVA, Sandro Pereira. Estratégia argumentativa da reforma trabalhista no Brasil à luz de dados internacionais. *Mercado de Trabalho: Conjuntura e Análise*, n. 64, abr. 2018, p. 99-110.

STANDING, Guy. *The Precariat:* The New Dangerous Class. Londres, Bloomsbury, 2011. [Ed. bras.: *O precariado:* a nova classe perigosa, trad. Cristina Antunes, Belo Horizonte, Autêntica, 2017.]

_____. Understanding the Precariat through Labour and Work. *Development and Change*, v. 45, n. 5, 2014, p. 963-98.

_____. A Revolt Is Coming for Cloud Labor. *Huffpost*, 27 out. 2016. Disponível em: <www.huffingtonpost.com/guy-standing/cloud-labor-revolt_b_8392452.html>. Acesso em: 4 out. 2021.

TELES, Nuno. O trabalho como variável de ajustamento: da teoria à prática. In: SILVA, Manuel Carvalho da; HESPANHA, Pedro; CALDAS, José Castro (orgs.). *Trabalho e políticas de emprego:* um retrocesso evitável. Lisboa, Almedina, 2018, p. 35-79.

THE SUN. "My Budget for Working People" – Osborne Reveals Plans to Reward Graft over Welfare. *The Sun*, Londres, 5 jul. 2015. Disponível em: <www.sunnation.co.uk/my-budget-for-working-people-osborne-reveals-plans-to-reward-graft-over-welfare>. Acesso em: 20 abr. 2016.

THÉBAUD-MONY, Annie. Precarização social do trabalho e resistências para a (re)conquista dos direitos dos trabalhadores na França. *Caderno CRH*, v. 24, n. 1, 2011.

TRÓPIA, Patrícia Vieira. *O impacto da ideologia neoliberal no meio operário:* um estudo sobre os metalúrgicos da cidade de São Paulo e a Força Sindical. Tese (doutorado em ciências sociais), Campinas, IFCH-Unicamp, 2004.

TUC. Two Million Self-Employed Adults Earn less than the Minimum Wage. *TUC*, 28 set. 2018. Disponível em: <www.tuc.org.uk/news/two-million-self-employed-adults-earn-less-minimum-wage>. Acesso em: 4 out. 2021.

UXÓ, Jorge, ÁLVAREZ, Ignacio; FEBRERO, Eladio. Internal Devaluation in a Wage-Led Economy: The Case of Spain. *Cambridge Journal of Economics*, v. 43, n. 92, 2018, p. 335-60.

VALENDUC, Gérard. New Forms of Work and Employment in the Digital Economy. In: SERRANO-PASCUAL, Amparo; JEPSEN, Maria (orgs.). *The Deconstruction of Employment as a Political Question*. Londres, Palgrave Macmillan, 2019, p. 63-80.

VLANDAS, Tim. Labour Market Performance and Deregulation in France During and After the Crisis. In: PIASNA, Agnieszka; MYANT, Martin (orgs.). *Myths of Employment Deregulation:* How It neither Creates Jobs nor Reduces Labour Market Segmentation. Bruxelas, European Trade Union Institute, 2017.

WOODCOCK, Jamie. O panóptico algorítmico da Deliveroo: mensuração, precariedade e a ilusão do controle. Trad. Murillo van der Laan e Marco Gonsales. In: ANTUNES, Ricardo (org.). *Uberização, trabalho digital e indústria 4.0*. São Paulo, Boitempo, 2020.

O projeto Caminhos do Trabalho, realizado pela UFBA em parceria com o MPT, presta serviço público e gratuito para trabalhadores que necessitem de apoio em questões relativas a direitos trabalhistas e previdenciários.

Publicado em novembro de 2021, um mês após a Justiça do Trabalho reconhecer o vínculo de emprego entre a Uber do Brasil e um entregador, em ação promovida pelo projeto Caminhos do Trabalho, coordenado pelo autor da presente obra, este livro foi composto em Adobe Garamond Pro, corpo 11/13,2, e impresso em papel Pólen Soft 80 g/m² pela gráfica Lis para a Boitempo, com tiragem de 2 mil exemplares.